北大社·普通高等教育"十三五"规划教材
21世纪高等院校规划教材·公共课系列

现代礼仪

(第二版)

主　　编　郭学贤
副 主 编　李　群　关　卓
参编人员　魏梦璐　赵慧军　李树民　温忠斌

图书在版编目(CIP)数据

现代礼仪/郭学贤主编. —2 版. —北京：北京大学出版社，2022.1
21 世纪高等院校规划教材.公共课系列
ISBN 978-7-301-32631-2

Ⅰ.①现… Ⅱ.①郭… Ⅲ.①礼仪–高等学校–教材 Ⅳ.①K891.26

中国版本图书馆 CIP 数据核字（2021）第 207644 号

书　　　名	现代礼仪（第二版）
	XIANDAI LIYI（DI-ER BAN）
著作责任者	郭学贤　主编
策 划 编 辑	巩佳佳
责 任 编 辑	巩佳佳
标 准 书 号	ISBN 978-7-301-32631-2
出 版 发 行	北京大学出版社
地　　　址	北京市海淀区成府路 205 号　100871
网　　　址	http://www.pup.cn　新浪微博：@北京大学出版社
电 子 邮 箱	编辑部 zyjy@pup.cn　总编室 zpup@pup.cn
电　　　话	邮购部 010-62752015　发行部 010-62750672　编辑部 010-62704142
印 刷 者	天津和萱印刷有限公司
经 销 者	新华书店
	787 毫米 ×1092 毫米　16 开本　18.25 印张　395 千字
	2013 年 9 月第 1 版
	2022 年 1 月第 2 版　2025 年 8 月第 5 次印刷
定　　　价	52.00 元

未经许可，不得以任何方式复制或抄袭本书之部分或全部内容。
版权所有，侵权必究
举报电话：010-62752024　电子邮箱：fd@pup.cn
图书如有印装质量问题，请与出版部联系，电话：010-62756370

前　言

礼仪是在人类社会发展中逐渐形成并积淀下来的一种文化，在传统文化中占有重要地位。中国作为世界文明古国之一，礼仪文化源远流长，素以"礼仪之邦"著称于世。在中华民族的历史长河中，礼仪不仅是普通老百姓修身养性、持家立业的基本需要，也是管理阶层治理国家、掌管天下的必备条件。因此，古人把礼仪提升到"修身、齐家、治国、平天下"的高度是有充分根据的，重礼仪、讲道德是中华民族的优良传统。

随着经济社会的迅速发展，人与人之间、群体与群体之间以及世界各国之间的交往越来越频繁，人们社会活动的范围、规模都在日益扩大。不同地区、不同民族、不同国家之间的文化交流，使得社会礼仪得到了不断的充实和发展，应用也越来越普遍。礼仪不仅是个人的素质、风度、气质的表现，也是每个社会组织、群体的形象和文明程度的显现，更是一个民族综合素质和国家综合实力的展示。同时它还是维护人们正常的社会交往和促进交往不断深入发展的必备条件。特别是在国家倡导构建新时代中国特色社会主义、人类命运共同体的今天，继承和发扬中华民族流传百世的礼仪精华，掌握符合时代发展潮流的礼仪知识，是个人成功、群体发展、民族兴旺、国家繁荣、世界和谐的迫切需要。

正是基于上述实际需求，我们编写了本教材。本教材以二十大精神为指导，从个人到群体、从家庭到学校、从生活到工作、从商务行为到社会交际、从国内活动到国际交往等方面，系统地阐述了礼仪的具体内容，特别是针对青年学生，撰写了学校礼仪、恋爱礼仪、日常生活礼仪和毕业求职礼仪，结合人们现代生活的多样化需求撰写了网络礼仪、出游礼仪、涉外礼仪等内容。本教材图文并茂，具有全面性、实用性和可操作性的特点。本教材适用面广，不仅适用于高等学校、各类职业技术学院、中等专业学校、职业培训学校的教学，也适用于各种社会组织、企事业单位的相关礼仪培训，还可作为各类学校的教师以及各级管理人士修身学习之用。

本教材共包括十章内容。第一章、第三章由郭学贤编写，第二章由关卓编写，第四章由赵慧军编写，第五章由李树民编写，第六章、第七章、第八章由李群编写，

第九章由温忠斌编写，第十章由魏梦璐编写。郭学贤担任主编，除负责上述章节内容编写外还负责全书的组稿、统稿、修改和定稿工作；李群担任副主编，除负责上述章节内容编写外还负责协助主编审稿、统稿；关卓担任副主编，除负责上述章节内容编写外还负责本教材全部图片的制作。温忠斌负责课件制作。

我们要感谢北京大学出版社的编辑同志，他们以一流出版社、一流的服务态度给予我们许多具体帮助和指导。东北师范大学人文学院老校长穆树源教授，院长吕英华教授给予我们真诚的关怀和大力支持，在此一并表示感谢。

本教材在编写过程中，参阅了有关中外礼仪文化的相关资料，我们在本教材末尾以"参考文献"的形式标示出来，借此向所有资料的有关作者表示感谢。由于编者水平有限，书中难免出现疏漏，请专家和读者不吝赐教，批评指正。

郭学贤

2023年12月于长春

本教材配有教学课件或其他相关教学资源，如有老师需要，可扫描右边的二维码关注北京大学出版社微信公众号"未名创新大学堂"(zyjy-pku)索取。

- 课件申请
- 样书申请
- 教学服务
- 编读往来

目 录

第一章 礼仪概述 (1)
  第一节 礼仪的形成和发展 (1)
    一、礼仪的含义 (2)
    二、礼貌、礼节、礼仪的区别 (3)
    三、礼仪的起源和特点 (4)
    四、礼仪的发展历史 (7)
  第二节 礼仪的表现形式和分类 (12)
    一、礼仪的表现形式 (12)
    二、礼仪的分类 (15)
  第三节 践行礼仪应遵循的基本原则和影响礼仪发展的社会因素 (17)
    一、践行礼仪应遵循的基本原则 (17)
    二、影响礼仪发展的社会因素 (19)
  第四节 礼仪的社会作用 (21)

第二章 个人礼仪 (26)
  第一节 仪容礼仪 (26)
    一、仪容礼仪的含义 (26)
    二、践行仪容礼仪应遵循的原则 (27)
    三、仪容礼仪的内容 (28)
    四、大学生的仪容礼仪 (32)
  第二节 举止礼仪 (34)
    一、举止的含义 (34)
    二、基本的举止礼仪 (35)
  第三节 言谈礼仪 (44)
    一、践行言谈礼仪应遵循的基本原则 (45)
    二、言谈的基本礼仪 (46)
    三、言谈的技巧 (47)
  第四节 服饰礼仪 (48)

一、着装的美学常识 ………………………………………………… (48)
　　二、着装的基本原则 ………………………………………………… (51)
　　三、服饰礼仪 ………………………………………………………… (52)
　　四、饰品的佩戴礼仪 ………………………………………………… (59)

第三章　家庭礼仪 …………………………………………………………… (65)
　第一节　家庭礼仪概述 …………………………………………………… (65)
　　一、家庭的含义 ……………………………………………………… (65)
　　二、家庭礼仪的特点 ………………………………………………… (67)
　　三、家庭礼仪的社会价值 …………………………………………… (68)
　第二节　家庭成员礼仪 …………………………………………………… (69)
　　一、夫妻之间的礼仪 ………………………………………………… (69)
　　二、子女与父母相处的礼仪 ………………………………………… (72)
　　三、父母与子女相处的礼仪 ………………………………………… (74)
　　四、兄弟姐妹之间的礼仪 …………………………………………… (76)
　　五、公婆与儿媳相处之礼 …………………………………………… (78)
　　六、岳父岳母与女婿相处之礼 ……………………………………… (80)
　第三节　家庭仪式礼仪 …………………………………………………… (81)
　　一、结婚庆典礼仪 …………………………………………………… (81)
　　二、家庭成员生日礼仪 ……………………………………………… (87)
　　三、丧葬礼仪 ………………………………………………………… (88)
　　四、家庭节日礼仪 …………………………………………………… (89)
　第四节　家庭交往礼仪 …………………………………………………… (94)
　　一、邻里交往礼仪 …………………………………………………… (95)
　　二、亲朋交往礼仪 …………………………………………………… (96)

第四章　日常交往礼仪 ……………………………………………………… (99)
　第一节　介绍礼仪 ………………………………………………………… (99)
　　一、介绍的基本规则 ………………………………………………… (99)
　　二、自我介绍 ………………………………………………………… (100)
　　三、介绍他人 ………………………………………………………… (102)
　第二节　名片礼仪 ………………………………………………………… (104)
　　一、名片的格式 ……………………………………………………… (104)
　　二、名片的使用 ……………………………………………………… (105)
　第三节　会面礼仪 ………………………………………………………… (107)

一、问候礼……………………………………………………………（107）
　　二、握手礼……………………………………………………………（108）
　　三、鞠躬礼……………………………………………………………（108）
　　四、致意礼……………………………………………………………（110）
　　五、拥抱礼……………………………………………………………（111）
 第四节　称呼礼仪……………………………………………………（111）
　　一、姓名称呼…………………………………………………………（112）
　　二、亲属称呼…………………………………………………………（113）
　　三、职务职衔称呼……………………………………………………（113）
　　四、使用称呼时应注意的问题………………………………………（114）
 第五节　公共场所礼仪………………………………………………（115）
　　一、公共场所礼仪的主要内容………………………………………（116）
　　二、公共交通礼仪……………………………………………………（117）
 第六节　网络礼仪……………………………………………………（121）
　　一、网络礼仪的含义、特点和作用…………………………………（122）
　　二、网络礼仪的基本内容……………………………………………（124）
　　三、践行网络礼仪的基本前提………………………………………（126）
　　四、网络礼仪的教育途径……………………………………………（127）

第五章　学校礼仪………………………………………………………（133）
 第一节　学校礼仪概述………………………………………………（133）
　　一、学校礼仪的含义…………………………………………………（133）
　　二、学校礼仪的特点…………………………………………………（134）
　　三、学校礼仪的作用…………………………………………………（135）
　　四、践行学校礼仪应遵循的原则……………………………………（136）
 第二节　教师礼仪……………………………………………………（137）
　　一、教师礼仪的具体要求……………………………………………（138）
　　二、课堂教学礼仪……………………………………………………（141）
　　三、课外师生交谈礼仪………………………………………………（142）
　　四、构建和谐的师生关系……………………………………………（143）
 第三节　学生礼仪……………………………………………………（144）
　　一、课堂礼仪…………………………………………………………（144）
　　二、公共场所礼仪……………………………………………………（146）
　　三、学校活动礼仪……………………………………………………（149）

四、人际交往礼仪 ………………………………………………………… (152)
　　五、毕业求职礼仪 ………………………………………………………… (156)

第六章　社交礼仪 …………………………………………………………………… (165)
　第一节　社交礼仪概述 …………………………………………………………… (165)
　　一、社交礼仪的含义和特点 ……………………………………………… (165)
　　二、践行社交礼仪应遵循的基本原则 …………………………………… (167)
　　三、社交关系的类型 ……………………………………………………… (168)
　第二节　拜访礼仪和聚会礼仪 …………………………………………………… (170)
　　一、拜访礼仪 ……………………………………………………………… (170)
　　二、聚会礼仪 ……………………………………………………………… (174)
　第三节　舞会礼仪与晚会礼仪 …………………………………………………… (175)
　　一、舞会礼仪 ……………………………………………………………… (175)
　　二、晚会礼仪 ……………………………………………………………… (179)
　第四节　宴请礼仪 ………………………………………………………………… (181)
　　一、宴请的方式 …………………………………………………………… (181)
　　二、宴请礼仪 ……………………………………………………………… (183)
　　三、赴宴礼仪 ……………………………………………………………… (187)
　第五节　馈赠礼仪 ………………………………………………………………… (190)
　　一、选择礼品 ……………………………………………………………… (190)
　　二、赠送礼品 ……………………………………………………………… (191)
　　三、接受礼品 ……………………………………………………………… (192)
　　四、赠送礼品的禁忌 ……………………………………………………… (193)
　　五、送花礼仪 ……………………………………………………………… (194)

第七章　职场礼仪 …………………………………………………………………… (198)
　第一节　职场礼仪概述 …………………………………………………………… (198)
　　一、职场礼仪的含义及特点 ……………………………………………… (198)
　　二、职场礼仪的作用 ……………………………………………………… (200)
　　三、职场礼仪的基本法则 ………………………………………………… (200)
　第二节　职场常规礼仪 …………………………………………………………… (201)
　　一、着装礼仪 ……………………………………………………………… (201)
　　二、举止礼仪 ……………………………………………………………… (203)
　　三、言谈礼仪 ……………………………………………………………… (204)
　第三节　职场日常工作礼仪 ……………………………………………………… (205)

一、职场人际关系礼仪……………………………………………（205）
　　二、职场环境礼仪…………………………………………………（208）
　　三、职场沟通礼仪…………………………………………………（209）
　　四、职场接待礼仪…………………………………………………（210）
　　五、职场通信礼仪…………………………………………………（211）

第八章　商务礼仪……………………………………………………（217）
　第一节　商务礼仪概述………………………………………………（217）
　　一、商务礼仪的含义………………………………………………（217）
　　二、商务礼仪的作用………………………………………………（218）
　第二节　商务接待礼仪和商务洽谈礼仪……………………………（219）
　　一、商务接待礼仪…………………………………………………（219）
　　二、商务洽谈礼仪…………………………………………………（221）
　第三节　商务会议礼仪和商务庆典礼仪……………………………（223）
　　一、商务会议礼仪…………………………………………………（223）
　　二、商务庆典礼仪…………………………………………………（226）
　第四节　一些主要国家的商务礼仪…………………………………（227）
　　一、亚洲国家………………………………………………………（227）
　　二、欧洲国家………………………………………………………（232）
　　三、美洲国家………………………………………………………（236）

第九章　出游礼仪……………………………………………………（241）
　第一节　出游礼仪概述………………………………………………（241）
　　一、出游礼仪的含义及特点………………………………………（241）
　　二、践行出游礼仪应遵循的原则…………………………………（243）
　　三、出游礼仪的作用………………………………………………（244）
　第二节　游览景点的礼仪……………………………………………（245）
　　一、游览景点的礼仪规范…………………………………………（245）
　　二、游览景点的礼仪禁忌…………………………………………（248）
　　三、出国（境）旅游的礼仪禁忌…………………………………（249）
　第三节　出游安全礼仪………………………………………………（251）
　　一、人身安全礼仪…………………………………………………（251）
　　二、交通安全礼仪…………………………………………………（252）
　　三、财产安全礼仪…………………………………………………（252）
　　四、食品安全礼仪…………………………………………………（252）

五、住宿安全礼仪 …………………………………………………… (253)

第十章　涉外礼仪 ……………………………………………………… (256)

第一节　涉外礼仪概述 …………………………………………… (256)

一、涉外礼仪的含义 …………………………………………… (256)

二、涉外礼仪的特点 …………………………………………… (257)

三、践行涉外礼仪应遵循的原则 …………………………………… (258)

第二节　涉外日常礼仪 …………………………………………… (260)

一、着装礼仪 ………………………………………………… (260)

二、拜访礼仪 ………………………………………………… (261)

三、国旗礼仪 ………………………………………………… (263)

四、通信礼仪 ………………………………………………… (264)

五、给付小费礼仪 ……………………………………………… (269)

第三节　涉外接待礼仪 …………………………………………… (270)

一、迎送礼仪 ………………………………………………… (270)

二、会面礼仪 ………………………………………………… (273)

三、宴会礼仪 ………………………………………………… (274)

参考文献 ………………………………………………………………… (280)

第一章 礼仪概述

本章提要

礼仪不仅在传统文化中占有重要地位,而且在现代生活和各类社交活动中的重要性也日益突显。本章从礼仪的含义、特点,礼仪的起源、礼仪的发展历史、礼仪的表现形式和分类、践行礼仪应遵循的基本原则、影响礼仪发展的社会因素,以及礼仪的社会作用等方面进行了总体的介绍。

本章学习目标

1. 掌握礼仪的含义、特点;
2. 理解礼仪的历史发展过程;
3. 理解礼仪的表现形式和分类;
4. 掌握践行礼仪应遵循的基本原则和影响礼仪发展的社会因素;
5. 掌握礼仪的社会作用。

第一节 礼仪的形成和发展

中国作为东方文化的发源地,自古以来就有文明之国、"礼仪之邦"的美誉,讲"礼"重"仪"是中华民族的优秀传统。礼仪文明作为中国传统文化的重要组成部分,对中国社会的发展产生了广泛而深远的影响。随着社会的不断进步,跨国交际日益增多,国与国之间、人与人之间的交往日益频繁,世界各地的礼仪互相影响与融合。无论是国家的政治、经济、文化生活,还是人民的日常生活,都被时代赋予了新的内容。这使得礼仪在现代生活和各类社交活动中的重要性越来越突显。

一、礼仪的含义

"礼仪"是"礼"和"仪"的合成词。"礼"和"仪"在我国最早表示两个虽有联系但意义不尽相同的两个概念。在古代典籍中,"礼"主要有三层意思:一是指政治制度,泛指奴隶社会、封建社会的等级制度以及由此形成的社会规则、行为规范;二是表示敬意的礼貌、礼节,具体指人际交往中,通过语言、动作向交往对象表示谦恭和尊敬;三是指隆重的典礼、礼物,具体指人们在交往中举行的必要的活动仪式,以及赠送的代表一定意义的礼品。"仪"有四层意思:一是指容貌和举止;二是指仪式和礼节;三是指准则和法规;四是指表率和典范。而将"礼"和"仪"连用,则始于《诗经·小雅·谷风之什·楚茨》:"为豆孔庶,为宾为客。献酬交错,礼仪卒度,笑语卒获。"

礼仪是适应社会的需要而产生、随着社会的发展而发展的。在现代社会中,礼仪是指人们在日常生活和社交中所形成的互相之间表示友好、尊重并展示文明的行为规范与准则。

从以上对"礼仪"含义的分析,可以总结出礼仪有以下三个方面的基本内涵。

(一)礼仪是人们自觉遵守的行为规范和行为模式

行为规范就是人们的行为标准;行为模式是人们行动的惯用形式。两者都是人们共同践行的,都以自觉地遵守为前提,本身不具有强制性。例如,见了面要主动问候、握手,临走时要自觉地说声"再见",这些都是人们在交往中习以为常的、惯用的做法,是人们自觉自愿履行的行为,没有人强制要求这样做。当然,不这么做可能就会被人认为不懂礼仪,没有礼貌。

(二)礼仪是人们共同遵守的行为方式

礼仪准则或规范是人们约定俗成、共同认可、共同遵守的行为方式。起初礼仪往往表现为一些不成文的规矩、习惯,例如,高兴时拍手,再见时挥手等。久而久之,这些习惯成为人与人交往的行为规范。这些规范在实践中逐渐上升为大家认可的,可以用语言、文字、动作进行准确描述和规定的行为准则,并成为社会共识,可以自觉学习和遵守的,能增强人们之间情感的行为规范,如鞠躬施礼、点头致意、挥手告别等。礼仪渗透于社会的各种关系之中,可以说,只要有人和人的关系的存在,就有作为人的行为规范与准则的礼仪存在。

(三)礼仪是人们文明交往的必要条件

礼仪是人们在交往中,待人接物时必须遵守的一些行为规范。这种规范不仅约束着人们在交际场合的言谈举止,使之合乎礼仪规范,而且是人们在交际场合必须采用的一种"通用语言",是衡量他人和判断自己是否自律、敬人的一种尺度。因而,礼仪的存在是合乎人际关系调节需要的,它有利于规范人们的行为,创造文明的交往环境。自从人类产生,礼仪也就随着人与人之间的复杂关系的产生而出现,并且越来越完善。在人类社会发展的过程中,礼仪对于协调和谐的人际关系,塑造良好的社会风气,以及建立文明社会,都起到了重要的促进作用。

二、礼貌、礼节、礼仪的区别

在现代社会中,"礼"是表示尊重敬意的通称,是人们约束自己的行为以示敬重他人的准则。与"礼"联系在一起的有礼貌、礼节、礼仪,在学习和应用礼仪时,不可避免地涉及"礼貌"和"礼节",它们之间既有密切联系,又有一定的区别。

(一)礼貌是在人际交往中表示谦虚和恭敬的言行

礼貌是人们的思想道德水平、文化修养的外在表现,是人们在交往过程中表示对他人友好而表露出的一种情感。这种情感通过优雅的行为举止、良好的言谈表情等表现出来。礼貌侧重于表现人的内在品质和素质,通常分为礼貌行为和礼貌语言两部分。礼貌行为是一种道德规范,例如,在公共汽车上给老人让座是尊老,给小孩让座是爱幼,如果给病人、孕妇让座,是爱护弱者。尊老爱幼是社会公德意识和个人道德修养的良好体现。对于这样的行为,人们的评价就是"这个人真懂礼貌",这里的"礼貌"就意味着遵守和维护某种社会规范和道德规范。在日常交往中,人们之间的礼让、致意、微笑、鞠躬等,都体现了礼貌行为。礼貌语言是人们在交往中使用的表达尊重和友好的词语,是真实情感和文明程度的体现。例如,我们国家倡导使用的"礼貌十个字":"您好""请""谢谢""对不起""再见",就是人们在社会生活中普遍使用的礼貌语言。人们之间的一声问好、一句祝愿等都是礼貌用语,礼貌语言的应用使人显得谦恭、有教养。

(二)礼节是人们在社交场合表示尊重、友好的惯用形式

礼节是人们在社会生活中,特别是在社交场合,相互之间表示尊重、欢迎、慰问、致意等友好意愿的规则和方式。礼节是礼貌外化的具体表现形式,礼貌注重

的是人的内在品质和素质,而礼节注重的是具体表现形式,这种表现形式是社交中必须遵循的。例如,与美国人打交道问候时,可以以热情的拥抱表示对对方的友好。与日本人见面时多是鞠躬,无论问候还是告别都要鞠躬。这都是表示尊重、友好的惯用形式,即礼节。在礼节方面,各个国家或区域是有差异的,与中国人打交道见面要握手,可以适时地进行自我介绍或交换名片,留下联系方式,不需要拥抱和鞠躬。因此,使用礼节时也应该注意其区域性、民族性的特点。

(三) 礼仪是在人际交往中表现律己敬人的程序和方式

礼仪是礼貌、礼节的统称,既有文明的内在修养,又有必要的规范形式,主要表现为律己敬人。律己,即对自我的要求,是礼仪的基础和出发点,学习、应用礼仪最重要的就是要自我要求、自我约束、自我控制。敬人,就是要求在交往的过程中,与交往对象要互谦互让、互尊互敬、友好相待,把对交往对象的重视、恭敬放在第一位。无论律己还是敬人,都有一定的表现方式。同时,礼仪又是有章可循的。例如,与他人交往一般要经过介绍、称呼、握手、交谈和交换名片等过程,这个过程必须遵循一定的程序,双方才能建立联系进而展开交流。

从含义上可以看出,礼仪主要应用于人际交往。只要有人的存在,就需要和别人打交道,就需要礼仪。虽然礼仪不具有强制性,但它本身与人们的生活和工作有着紧密的联系,对人们的行为有外在的约束作用。如果不注重礼仪,就显得不懂礼貌,不懂礼节,就会与社会文明和进步格格不入。

三、礼仪的起源和特点

礼仪是伴随着人类的历史和文化同步产生并发展的,经历了从低级到高级、从局部到整体的演变过程。在此过程中,伴随着一定的社会条件和社会背景,礼仪形成了自己的特点。

(一) 礼仪的起源

了解礼仪的起源,有助于我们更好地理解礼仪形成的社会背景和发展的历史轨迹,对于深刻理解礼仪的内涵和本质也有重要作用。礼仪起源于最早的人类社会——原始社会。

1. 起源于对自然界的神秘感和敬畏感

原始社会时期,社会生产力水平低下,人们处在蒙昧状态,对日月星辰、风雨雷电、山崩海啸等自然现象无法解释,就凭借主观的猜测和想象认为照耀大地万物生长的太阳是神,还有风神、雨神……从而对自然界产生了神秘感和敬畏感。人们形成了对大自然的崇拜,并通过一定的仪式来祭祀天地神灵,以求保佑人间风调雨顺、丰衣足食。这些祭天敬神的活动不是随意进行的,而是按照一定的程序、一定的方式进行的,渐渐地,这些祭祀形式就演变成了约定俗成的礼仪规范。

2. 起源于对宗教的信仰

在原始社会,人们对于自身的生理、心理等现象无法解释,因而对这些现象就产生了恐惧感和神秘感,于是就产生了"灵魂不死"的观念,人们用一定仪式悼念和祈祷祖先、故人,希望他们显灵,拜求他们降福后代、保佑后代平安。这种仪式逐步演变为信仰神灵的宗教活动。伴随着这些宗教活动,礼仪也就应运而生了。我国考古工作者在北京周口店龙骨山石灰岩洞中发现的"山顶洞人"的遗迹表明,他们在埋葬死者时,会在死者身上洒上红褐色的赤铁矿粉末。这样做的目的是为死者增添血色,希望其复生。这种原始人的崇拜神灵、带有宗教色彩的活动,就包含着一定的宗教礼仪的萌芽。

3. 起源于人际交往的需要

原始社会自然条件恶劣,人类处于弱势,为了生存和发展,为了与洪水猛兽抗争,人们就在一起过着群居生活,从而形成了各种复杂的人与人之间的关系。为了处理好这些关系,人与人之间,部落与部落之间,逐渐形成了一些约定俗成的规范。例如,在共同居住过程中,氏族内部根据男女有别、老少各异、扶老携幼等而形成了一定的秩序,以协调人与人之间各种各样的关系。同一部落成员在共同的采集、狩猎、饮食生活中使用的习惯性语言和动作,逐渐成为人们日常劳动和生活方面的礼仪。不同部落的成员,彼此间为了求得信任、谅解、协作,经常使用一些语言、表情、体态等表示一定意义,这些语言、表情、体态逐渐成为人们交往时的礼仪。遵守礼仪不仅使人们在交往中关系更加紧密,也使交往活动规范有序、有章可循。可以说,最早的礼仪的形成是为了维持人类群体的自然生存和繁衍,维持群体生活的自然人伦秩序,这是礼仪产生的原始动力。

(二) 礼仪的特点

礼仪是为了适应人类生存而产生,随着人类的发展而丰富和完善的。礼仪对人类社会的文明进步起着重要作用,并在自身的发展中形成了鲜明的特点。

1. 规范性

礼仪是一种规范,即一种标准。这种规范不是人们抽象思维的结果,而是对人们在社交实践中所形成的一定利益关系的概括和反映。一方面,礼仪是一定社会或阶级根据他们的共同利益而提出的对人们行为的要求,并通过某种风俗、习

惯和传统的方式固定下来。另一方面,它又是一定社会或阶级对社会要求和生活实践的认识,并且把这种要求和认识进行概括和总结,见之于人们的生活实践,从而形成人们普遍遵循的行为准则。这种行为准则,不断地支配或控制着人们的行为,要求其遵守一定的规矩和标准,推动着人们的生活和交往按秩序正常进行。所以,规范性是礼仪的一个重要特点。

2. 普遍性

在人类社会历史上,礼仪始终如影随形地渗透在社会的各个领域。没有哪个民族、哪个国家在哪个时期,其社会活动中没有礼仪规范。尽管礼仪的具体内容和表现形式不尽相同,但人类都普遍存在礼仪的行为准则。礼仪存在于人们相互交往的各种活动中,普遍地存在于家庭、学校、职场、公共场所等各个领域,起着调节人际关系、制约人们的行为、促进社会稳定和进步的作用。现代社会的发展与文明,使人们普遍地认识到礼仪对于社会和个人的重要意义,从而更自觉地去了解礼仪、学习礼仪,使之在更广泛的领域得到运用和发展。人类社会越文明、越进步,礼仪的应用就越普遍。

3. 继承性

任何民族和国家的礼仪都是在长期的社会生活和实践中逐步形成,并经过一代又一代的继承,不断丰富和发展的。礼仪的继承性,不是原封不动、全盘承接,而是批判地继承,表现为有保留、有克服,即把那些符合社会进步需要,仍具有积极意义的礼仪内容,进行吸收、升华和发展,而把那些落后于时代的消极内容,进行批判和抛弃。同时,继承性还体现在对其他民族和国家的礼仪进行去粗取精、去伪存真的改造,并将其赋予本民族、本国家特色。礼仪的继承性的特点使一个民族或国家的礼仪能充分吸收和继承传统的优良因素及精华,突显民族和时代的特色,不断充实和发展。

4. 差异性

在人类社会的发展历史中,由于种种原因,形成不同社会、不同民族、不同地区发展不平衡的状态,从而使得人们的交往习惯、礼仪规范表现出一定的差异性。即使同一国家,在不同地区,由于生活环境、文化氛围不同,礼仪规范也不尽相同。礼仪的差异性体现了礼仪的个性、特殊性,使礼仪变得丰富多彩,展示各个国家、地区、民族礼仪的不同特色。了解礼仪的差异性,有助于人们更准确地了解礼仪的特点,更好地学习和应用礼仪,体现更深层次的文化修养和对他人的尊重,进而收到更理想的社交效果。

5. 时代性

礼仪规范不是一成不变的,它是随着社会的发展而不断演变更新的。一方面,社会自身的发展促使礼仪不断充实、完善,随着时代的变化而不断发展。另一方面,随着对外交流范围的扩大,各国的礼仪互相影响、互相渗透,使其在历史传统的基础上注入了新的内容。随着时代的进步,世界各国都比较重视礼仪的研究和改革,总的趋势是使礼宾活动更加文明、简洁、实用。例如,见面礼仪从早期的跪拜作揖发展到现在的握手、点头、微笑、拥抱等方式,拜年礼仪从传统登门入户拜访发展到电话拜年、短信拜年、微信拜年等形式。这些都体现了礼仪的时代性,体现了社会的文明和进步。

四、礼仪的发展历史

几千年的人类发展史证明,礼仪是社会进步和文明的产物,它伴随着人类的产生而产生,随着社会生产力的发展和生活方式的变化不断丰富和发展。

(一)原始社会礼仪

礼仪起源于最早的人类社会——原始社会。原始社会礼仪主要包括对大自然的崇拜礼仪、对图腾的崇拜礼仪和表现欢乐庆典、悲痛哀悼的宗教礼仪、婚姻礼仪、敬神礼仪等,其中敬神礼仪最为突出。

1. 祭拜礼仪代表全民意向

原始社会时期,人类的生产力水平极其低下,生存条件非常险恶艰难,人们无时无刻不为温饱、安全而苦苦挣扎。因此,人们之间的交往以及举办的各种祭拜活动,都是出于生存、安全和发展的需要。

当时主持各项礼仪的"司仪"有着显赫的地位,其地位仅次于氏族首领。他们执掌各种仪式举行的时间、内容、形式、规范等职权。氏族首领们会议之前的仪式和会后的仪式,也要由司仪操持。这种礼仪体现着全民意向,无论是敬天神、祭地仙,还是祭人鬼,都是氏族社会全体成员的共同活动。尤其是对人鬼的崇拜,是最切合氏族生存和繁衍观念的礼仪,对每个氏族成员都有强制性和约束力。这种对维系以血缘为基础的氏族社会有很大的实用价值和宗教意义的祭祀礼仪,强烈地显示了全民意向,进而维护了氏族社会的稳定并推动其发展。

2. 崇拜性礼仪占有突出地位

原始社会的生产力水平低下,人们缺乏与社会、自然,尤其是与大灾害抗衡的能力,只好寄托于崇拜和祈祷。当时普遍存在着图腾崇拜、自然崇拜、神灵崇拜、英雄崇拜等。有崇拜就必然有相应的崇拜仪式以及完整的礼仪要求,所以,原始社会的礼仪就和各种崇拜结下了不解之缘。人们以某种物品、某种动物、某种器官为崇拜对象,并赋予其一定的象征意义,举办相应的繁杂的仪式,寄托人们美好的理想和愿望。这种崇拜性的礼仪，在整个社会的各种活动中占据着十分突出的地位。

3. 民主平等的朴素礼仪观念

原始社会没有阶级，也没有剥削和压迫的现象，可以说，原始社会中人与人的关系是平等的。即使是首领与部下之间也不是等级关系，而是类似于兄弟辈分、父子辈分的关系，体现在礼仪方面，就是朴素的民主平等性。氏族首领开会时，大家常围坐在一堆篝火旁，座位的安排则以年龄、辈分的关系来划定。遇到一些难以解决的问题时，氏族首领便召集全体成员一起来讨论。每个成员在人身、自由、权利方面都是平等的，首领也没有任何特权，他们只是主持商讨问题，监督节约用水、祭祀祖先等活动。

在氏族之间，保持自治的权利，活动的内容、形式，都由各氏族首领共同制定。所以，原始社会的氏族成员，对当时的各种交际礼仪活动极感兴趣，总是满怀热诚地从各个遥远的地区成群结队赶来参加。氏族成员发自内心的热诚，以及他们经久不变的高昂兴趣，实际上正是这些礼仪活动中民主、平等精神的一种反映。

（二）奴隶社会礼仪

从原始社会走向奴隶社会的大变革过程中，礼仪在阶级对抗中曲折发展，并被统治者所利用，打上了鲜明的阶级烙印。

1. 以尊君为核心

奴隶社会中君主是最高的统治者，原始社会以崇拜神灵为核心的礼仪转变为崇拜屈从君主的礼仪，神权和政权被合二为一。尊君、忠君成了奴隶社会礼仪的核心。奴隶社会礼仪通过多种繁杂的、愚尊愚忠的规范和礼节，束缚着劳动人民的思想观念和行为，维护着奴隶主对奴隶的残酷统治。

2. 强制性的不平等

奴隶主阶级为了巩固自己的地位，维护自己的利益和特权，不可能给奴隶自由，也不可能与之平等，他们之间存在一些带有强制性、屈辱性的不平等礼仪。奴隶主不仅直接掠夺奴隶的劳动成果，而且完全占有奴隶的人身。奴隶主可以任意地处置奴隶，就像处置自己的其他物品一样，奴隶主与奴隶之间没有平等而言，奴隶主不把奴隶当人看，奴隶只是奴隶主的会说话的工具。

3. 男尊女卑，男主女从

在奴隶社会，一切生产资料都归奴隶主私有，奴隶也成为奴隶主可以虐杀、买卖、陪葬的工具。奴隶社会的礼仪逐渐成为维护统治阶级尊严和权威、调整统治阶级内部关系、麻醉和统治人民的工具。这种残酷的阶级压迫关系反映在社会和家庭中的男女地位方面,就是妇女地位低下,逐渐沦为以男性为中心的家庭私有财产,男尊女卑、男主女从是当时男女社会地位的显著特征。在奴隶社会的大量坟墓中,以人殉葬的不在少数,而其中以女子殉葬的居多,她们都屈膝陪葬在墓主之侧。这说明在奴隶社会,妇女的地位低下,挣扎在社会最底层,许多礼仪都成为束缚妇女的枷锁。

4. 礼仪理论体系初步确立

在奴隶社会,奴隶主阶级为了维护自己的统治地位,不仅把原始社会的礼仪发展为符合奴隶社会政治需要的礼仪与制度,而且形成了比较系统的理论体系。我国最早的礼仪著作是周代的"三礼",即《周礼》《仪礼》《礼记》。这些论著比较全面系统地反映了周代的礼仪制度——由原来的祭祀天地祖先的形式,跨入了制约人的行为的领域,标志着当时的社会礼仪已达到比较成熟的阶段。统治阶级视"三礼"为治国安邦的法宝,平民视其为修身处事的典训。

(三) 封建社会礼仪

在奴隶社会礼仪的基础上,封建社会礼仪顺应统治阶级的需要,经过一系列的政治教化,变得更加规范化,成为指导当时人们思想和行为的准则。

1. 建立"君权神授"的理论体系

奴隶社会的尊君礼仪观念在封建社会得到了进一步的深化,发展为"君权神授"的理论体系。封建社会的最高统治者——皇帝自命为天子,皇帝的话就是天意,就是金科玉律。朝见皇帝要三拜九叩,高呼万岁。奴隶社会强制的不平等关系在封建社会被发展为尊君抑臣、尊夫抑妇、尊父抑子、尊神抑人的礼仪体系。

西汉儒家董仲舒是封建礼仪的代表人物,他提出"天人感应"的理论,说皇帝是受命于天的人,皇权是神给的,所以"天不变,道亦不变"。这里的"道"就是著名的"三纲五常","三纲"指的是"君为臣纲、父为子纲、夫为妻纲","五常"指的是"仁、义、礼、智、信"。统治阶级进一步把神权、君权、父权、夫权结合在一起,形成了封建社会系统的礼仪规范。

2. "三从""四德"束缚妇女的礼仪规范

在封建社会,统治阶级进一步发展了"男尊女卑、男主女从"的礼仪规范,"三从""四德"就是这一时期对妇女提出的礼仪标准和行为规范。

"三从"出自《仪礼·丧服·子夏传》,指"未嫁从父,既嫁从夫,夫死从子"。意思是说女性在未出嫁之前要听从父亲的教诲,出嫁之后要礼从夫君,如果夫君不幸先已而去,则要继续服从儿子,"三从"确立了男性在家庭中的主体地位。

"四德"出自《周礼·天官·九嫔》，指"妇德、妇言、妇容、妇功"。妇德是指妇女必须有贤妻良母的品德，须正身立本；妇言即言语，是指妇女与人交谈要言辞恰当，语言得体；妇容即相貌，是指妇女要端庄稳重持礼，不要轻浮随便；妇功是指妇女要有治家之道，包括相夫教子、尊老爱幼、料理家务等方面。这一时期广大妇女不仅受君权、神权、族权的统治，还要受夫权的压制，生活在社会的最底层，成为封建礼教的牺牲者。

3. 封建社会礼仪的封闭性

封建社会的经济是一种自给自足的自然经济，封建社会是封闭性很强的社会，同样，封建社会礼仪也具有封闭性，体现了专制者顽固的自我中心论。

封建社会礼仪对内表现为唯我独尊。封建专制者自封天子，自认为思想和行为都代表天意，在自己封闭的天地里自以为是、目空一切，这是历代封建王朝共有的特征。对外表现为称王争霸，在外交上表现尤为突出。凡是外国、外邦都是属国、番邦、臣子，凡外国来使（包括元首）来访都称朝拜，来使称贡使，礼品称贡品，根本不存在平等原则。封建社会礼仪的这种封闭性使其成为妨碍人们个性发展、阻挠人们平等交往、禁锢人们思想自由的精神枷锁。

（四）资本主义社会礼仪

资本主义社会取代封建主义社会是人类历史的一大进步，同样，资本主义社会礼仪也在封建社会礼仪的基础上取得了一定的进步。特别是一些发达的资本主义国家，对礼仪发展的贡献是不容忽视的。但是由于历史条件的局限性，资本主义社会的礼仪也必然存在局限性、狭隘性的特点。

1. 形式的平等性

资本主义社会的礼仪从形式上改变了以往社会人与人之间的附属关系，变得人性化、文明化。这个时期的社会活动倡导人与人的平等，大至自由、平等、博爱、绅士风度，小至衣着服饰、进餐程式等，都主张改变过去社会中的地位歧视、等级差异，这种人与人关系的形式变化可谓是巨大的。在处理人际交往的关系方面，资本主义社会的礼仪显得相对简洁、庄重、高雅。尽管这是不彻底的"变革"，也体现了人类社会发展的进步、文明的总趋势，因而很快在全世界广泛传播。

2. 文明的有限性

资本主义社会虽然标榜奉行"自由平等"的原则，但是由于阶级利益的需要，不可能实现真正的自由平等。相反，资产阶级始终没有停止过对其他民族和国家的侵略和掠夺，这一本质特征决定了资本主义社会的礼仪不可能实现真正的文明。例如，欧美殖民者驱赶和屠杀印第安人，霸占他们的土地；帝国主义联合侵华，焚烧圆明园等。这些野蛮的侵略行为，都说明资本主义的文明是有限的。

3. 本质的虚伪性

资本主义社会根本不可能给一切人自由平等的权利,却又高呼人人平等的口号。他们对外不仅没有停止过侵略和渗透,而且还到处高举"自由、平等、博爱"的旗帜。对内,不同阶级、不同阶层的礼仪也有显著差别,资产阶级和无产阶级不可能平等相处。因此,资本主义社会礼仪虽然自我标榜为"文明礼仪""全民礼仪",但和以往阶级社会的礼仪并无本质上的区别。资本主义社会礼仪在口号上是迷惑人的,形式上是进步的,表面上是平等的,但对劳动人民有很大的欺骗性,充分反映了资本主义社会礼仪的虚伪本质。

(五) 现代社会礼仪

现代社会礼仪,主要是指社会主义时期的礼仪。随着经济的飞速发展和社会的不断进步,礼仪在这个新的时期也有了新的发展和特点,充分体现了这一时期的文化特征。

1. 以道德为基础

随着时代的发展和社会的进步,现代社会礼仪被越来越多的人所关注和重视。它以社会主义道德为基础,并在实际工作、生活和学习等各种场合中得到广泛应用。礼仪如果不同高尚的道德准则相联系,便不能实现其自身的主要目的——促使人们相互尊重和社会文明发展。现代社会礼仪是人们交往中互相尊重、联络感情、增进友谊的行为方式,与道德的关系极为密切。礼仪越为人们所关注,对社会人际交往行为的渗透就越深,对道德修养的依赖也就越强。行为心表、言为心声是人所共知的。因此,礼仪只有以道德为基础,以个人的文化素质、品德修养为内涵,才能体现真正的文明和修养,而不是仅仅表现在形式上。

以道德为基础,就是说不仅要遵守社会公德,还要遵守职业道德、家庭道德等,在道德的层面上表现为约束自己、尊重他人。这就是要求在自尊、自爱的同时,尊重他人的人格、劳动和价值,尊重他人的爱好和情感,以平等的身份同他人交往,而不应强求他人按自己的爱好和志趣来生活、行事。俗语道:"你敬我一尺,我敬你一丈。"这表达了"尊重应该是相互的"含义。这种尊重是以道德素质为基础的,道德素质越高,对他人的尊重就越真实、越持久,同样,也会越得到他人的尊重。

2. 礼仪知识受到普遍关注

礼仪受到普遍关注是社会文明和进步的表现。在现代社会的交往中,人们越来越认识到人际关系的重要性,礼仪是建立良好人际关系的重要方式,所以人们开始更多地了解和关注礼仪知识。例如,社交中的称呼、介绍、名片和交谈等方面的内容,特别是有关职业方面的礼仪知识更具有普遍性,可以很快地运用到工作

中,体现出它的价值。目前有些学校把礼仪学列入教学计划,让师生普遍学礼仪、行礼仪,对建立文明的师生关系和良好的校风,起到了重要作用。许多企业也开始关注工作人员的职业道德和礼仪培训,对提高企业员工的综合素质,打造具有本企业特色的礼仪文化起到了推动作用。

3. 实践性越来越强

在人际交往日益广泛的现代社会中,仅仅掌握礼仪的含义和内容等理论知识是远远不够的。大家应该在实践中运用它,使彼此在文明气氛较浓的环境中接受感染和熏陶,以增强自身的文明意识,培养文明行为,改变粗俗不雅的不良习惯。在现实社会中,我们欣喜地看到党政机关、学校、企业等都在积极组织学习、宣传和践行礼仪。如若大家都能积极投身于现实的社会礼仪实践,体验礼仪的社会功能和效果,继承优秀传统礼仪文化的精华,不断充实和丰富现代礼仪的内容,那么,我们的礼仪修养将不断提高,礼仪的科学体系将得以不断完善。

第二节　礼仪的表现形式和分类

一、礼仪的表现形式

礼仪既然是人们在日常生活和社交中的行为规范,就必然要通过人们的语言技巧、仪容仪表、行为举止等具体形式表现出来。

(一)语言技巧

语言是人类交往最常见的形式之一。

语言是有技巧的,主要表现为在不同的时间、地点,针对不同的交往对象和内容,能用恰当的语言表达自己的情感和意向,使对方感受到真诚和善意。因此,语言技巧是人们成功地交往和情感交流的一门艺术,也是礼仪修养的具体表现形式。

1. 语言技巧是交往成功的助推器

与人交谈时,特别是与刚结识的人交谈时,用恰当的语言表达自己的诚意和对对方的尊重,是交往成功的至关重要的因素。

语言是联系人们之间思想情感、形成良好人际关系的重要因素。俗话说,"良言一句三冬暖,恶语伤人六月寒"。一个人善于交谈,善于用对方喜欢的语言交流,就能广交朋友,给人以温暖和愉悦,赢得他人的好感和友情。为了达到进一步交往以建立良好的人际关系的目的,在讲话之前应有充分准备,应根据会见对象的特点,认真考虑讲话内容和技巧。这样,在会面时才会有话可说、流畅自如,给对方留下一个好印象。同时,语言表达一定要含义明确、简练,这样才能有效地传递信息,取得较好的交流效果。

2. 语言技巧有助于反映人内心的真诚

礼仪需要真诚,人们在交往时都希望对方是真诚可信的。在用语言表达意愿时,可利用语气技巧,使用体现诚恳、发自肺腑的语言,坦诚相见,真心实意地交流,这样才能触动对方的心弦,激起对方感情的共鸣。在交谈中不仅要态度认真、诚恳,还要用表达真情的语言,让对方感到你的开朗大方、稳重成熟、热情诚恳,使对方心情放松,从而拉近情感的距离,从内心愿意与你结为朋友,愉快地接受你的建议和友谊。

3. 语言技巧有助于展示人的修养

语言表达不仅可以交流感情,体现真诚,还可以展示双方的知识修养。文明、礼貌的语言,真实坦诚的态度,能使双方感受到对方的谦逊和友好,进而形成相互信任、亲切、友善的交谈气氛,为交往成功奠定良好的基础。

(二) 仪容仪表

仪容仪表即人的外表,既包括容貌、服饰等静态因素,也包括姿态、风度等动态因素。优雅的仪容仪表是现代礼仪的重要表现形式。在人际交往中,它能展示出个人的形象魅力和品位风格,从而达到最佳的交际效果。

1. 仪容仪表能展示人的形象魅力

端庄、大方的仪容仪表会使人感到愉悦,产生强烈的感染力和影响力。它在人的整体形象中占据着最为显著的地位,常常向他人传递最直接、最生动的交往信息,反映着人的精神面貌。俗话说的"仪表堂堂,风度翩翩"就是形容一个人的形象魅力。

人的形象魅力主要表现为仪容仪表对他人的吸引力、诱导力和凝聚力等,是感召和征服人的精神力量。形象魅力的核心是"动人",特别是对以前并不认识的人。端庄的仪容、文明的仪表,往往引人注目,给人以亲切感和可信感,在对方心目中形成综合化、系统化的印象,让对方愿意接受你、选择你,这就是"先入为主"的"首因效应"。因此,一个人的仪容仪表可以使其充满魅力,这种魅力是人们在社交中不可缺少的条件,是交往能否融洽、深入发展乃至成功的关键。

2. 仪容仪表是人的气质的反映

人的气质是由内心养成滋生出来的,是形象魅力的组成部分,良好的气质表现为举止高雅和仪表端庄的人格魅力,具有个性的稳定的心理特征。它的形成是

一个过程,家庭环境、受教育水平、社交、文化熏陶、人生阅历等都是气质形成的重要因素。

气质是一个人的风度和素质的表现,它会给人以温文尔雅、气度不凡、端庄成熟、品格高尚等感觉。一个人的气质,一般都表现在他的眉眼神情、举手投足、着装打扮等方面,气质达到一定境界时,他的仪容仪表也会达到众人共同认可与喜欢的高度。气质的培养和展现,是增加人际交往吸引力和竞争力的根本要求。

3. 仪容仪表是人的综合素质的表现

人的综合素质包括心理素质、道德修养、文化素质、身体素质等,是人的内在气质、外貌形象和精神风貌的高度统一。在人际交往过程中,它通过人的神态、仪表、言谈、举止等表现出来。因此,人的仪容仪表是综合素质的组成部分,是综合素质的表面特征。

人的综合素质是通过长期的社会教育和实践以及自我完善和提高形成的。人的综合素质越高,其仪容仪表也越文明,越体现出高尚的人格魅力,给人一种完美的个人形象。人们在社会活动中总是喜欢和综合素质高的人交往,这是因为人的综合素质越高,其可信任度就越强,越能令人觉得可靠和心里踏实,也越能加深交往并取得成功。

(三) 行为举止

行为举止也是人际交往过程中的重要表现形式,是通过人的肢体动作和表情来表达行为主体思想感情的一种肢体语言。行为举止的文明能展现个人的文化修养和综合素质。正确运用肢体语言,能提高交际质量,保证交际效果。

1. 行为举止体现人的道德修养

行为举止作为礼仪的重要表现形式,是人们在日常生活和交往中应遵循的行为准则,必然体现在人与人、人与社会的关系中。因此,其与道德的关系极为密切。这是因为,文明的行为举止是以一定的道德知识、道德信念为基础的。人们遵守公共秩序,讲究卫生,忠于职守,尊老爱幼,待人谦逊,举止得体等,都源于良好的道德品质。在日常生活中,人们只有具有良好的道德品质,才会有优雅得体的举止和文明礼貌的言谈。因此,通过一个人的行为举止,可以了解其教养程度和道德水平;通过一个国家公民的行为举止和习惯,就可以察知这个国家的社会风貌、道德状况和公民素质。可见,道德是行为举止的基础,行为举止是道德的外在形式。它们通过社会规定和公认的具体规范或标准来约束人们的行为,创建良好的人际关系与和谐的社会环境。

2. 文明的行为举止有助于塑造美好的个人形象

美好的个人形象是通过文明的行为举止来展示和塑造的。健美的站姿、敏捷的行姿、端庄的坐姿、恰当的手势、善意的目光、甜美的微笑等,都会增加人的感染力和亲和力,给人以一种文雅、稳重、大方的美感,反映出积极的精神状态和美好的个人形象。

行为举止在社交活动中具有自律克己、自重自尊的特点。人们通过符合社交规范的行为,有分寸地约束自己的举止,可达到得体适度、恰到好处的效果。通过文明优雅的行为,展示自己稳重大方和充实的文化底蕴,让人感受既潇洒又稳重,既有活力又不轻浮,既有个性魅力又平易近人,充分表现出端庄文雅的静态美与稳重大气的动态美相统一的个人风格,以及成熟优雅、有行有态的美的形象。

3. 良好的行为举止有助于增进友谊和促成合作

人际交往是复杂的互动过程,表现为双方的思想、情感的交流与沟通,包含着双方情感和情绪的因素。这些情感和情绪除了可以通过语言交流体现出来,还可以通过人的行为举止表现出来。举止优雅得体,神态自然大方,可以展示个人健康的体魄、良好的心理素质和健全的人格,表现出诚恳、善意、宽容大度的心态,使交往对象感到友好、真诚、被尊重的情感,得到交往对象的信任和尊重。这是友谊得以延续发展以及交往得以成功的重要条件。

二、礼仪的分类

礼仪作为一种社会规范,被人们广泛地应用于各个场合,渗透到社会生活的各个方面,很大程度上调整着社会成员在交往中的各种关系。根据社交的对象和性质的不同,我们可以把礼仪分为三种类型。

(一) 家庭礼仪

家庭是人们生活的重要领域之一,它不仅是家庭成员相处和维持相互之间的亲密关系的稳定场所,也是家庭成员与外界联系和对外交往的重要纽带。

家庭是以人们的婚姻关系为基础,以血缘关系为纽带,存在于一定范围内亲属之间的社会生活组织形式。家庭不仅包括夫妻关系,而且包括父母、子女及其近亲之间的关系。家庭作为社会生活的基本单位,与社会的关系十分密切,无论家庭的生产功能、消费功能,还是抚育赡养功能、教育功能,都与社会有着千丝万缕的联系,必然形成与社会的交往关系。因此,家庭不仅存在家庭成员之间、亲属之间的交往关系,而且也存在与朋友之间和其他社会成员之间的交往关系。正确处理好这些关系,是家庭健康存在和发展的基本条件,这就要求我们必须研究家庭成员的行为准则、礼节和仪式,即家庭礼仪。家庭礼仪既是调节家庭成员的相互关系,实现家庭和睦和幸福的基础,也是社会和谐以及国家稳定的重要条件。

(二) 职业礼仪

职业礼仪是从事一定职业的人们在职业活动中行为规范的总称,它包括职业行为准则以及各种职业礼节和仪式等。职业礼仪对于人们遵守职业行为规范,实现职业理想和各种职业的发展及前途有重要意义。

职业礼仪是人们在特定的职业生涯中产生的。人们在从事的职业中追求生存和发展,承担对他人和社会的责任,应遵守一定的职业行为规范。不同的职业有不同的职业行为规范,从而形成不同的职业礼仪。奉行职业礼仪有助于职业成员提高职业道德和文化素养,树立良好的职业形象;有助于充实职业文化的内涵,培养一支高素质的职业队伍,扩大本职业的社会影响,取得更好的社会效益。

(三) 公共礼仪

公共礼仪是人们保持社会正常公共生活秩序而必须共同遵守的行为规范的总称。它主要包括社会公共生活准则,即社会公德,以及公共生活中的礼节和仪式等。公共礼仪与社会公德密不可分,社会公德是公共礼仪的基础,是形成公共礼仪的前提。因此,研究公共礼仪,必须关注社会公德,以便更全面、更深刻地理解公共礼仪。

社会公德是全体公民在社交的公共生活中应该遵守的行为准则,包括文明礼貌、助人为乐、爱护公物、保护环境、遵纪守法等内容。它涵盖了人与人、人与社会、人与自然之间的主要关系。对个人来说,社会公德能够反映出其文明教养程度;对社会来讲,社会公德可以反映整个社会的普遍文明水平。因此,社会公德就是人们在社会的公共生活中,在一般的人际交往关系中,对所有公民都应当起作用的最基本的行为准则。它的突出特点是它的社会公共性质,它是维持社会公共生活正常秩序,保证绝大多数人的根本利益的最起码的道德条件,是人类社会文明发展的一种反映和标志。可以说,社会公德是公共礼仪的主要内容,没有社会公德的礼仪是虚伪的,而礼仪是社会公德健康发展的结果,是完美的社会公德的集中表现。公共礼仪有助于纠正和克服人们的不良习气,有助于建设一个守秩序、讲文明、懂礼貌、和睦相处的良好的社会环境。

第三节　践行礼仪应遵循的基本原则和影响礼仪发展的社会因素

在人类社会发展的历史长河中,礼仪的形成、发展和完善都要受到各种社会因素及历史条件的影响。只有认真研究礼仪的基本原则及影响礼仪发展的社会因素,才能更全面、更深刻地理解礼仪的内涵。

一、践行礼仪应遵循的基本原则

原则即做人做事的基本准则。践行礼仪的过程中主要应遵循以下几个基本原则。

(一)平等

现代礼仪中的平等原则,是指以礼待人,互相尊重,既不盛气凌人,也不卑躬屈膝。平等原则是现代礼仪的基础,是现代礼仪有别于以往礼仪的主要特征。平等原则的适用范围非常广泛,从家庭到社会,从亲朋到公众,从国内到国际,都应遵循平等原则。夫妻、长幼、同事之间,领导和群众之间,上下级之间,都应当平等相待。平等原则既反对上级对下级的趾高气扬,也反对下级对上级的阿谀逢迎。在亲朋之间,礼尚往来应平等相处,不应嫌贫爱富论等分级。在公众交往中,应以礼待人,做到自尊而不自傲,自信而不自负。在国内事务中,要坚持平等、互相合作、团结友爱的人际关系。在对外交往中,要坚持平等互利原则,国家不分大小,一律平等相待。

(二)尊重

在交往过程中,尊重是礼仪的首要原则。尊重原则要求人们要尊重他人的人格尊严和社会价值,以平等、谦恭的态度待人。每一个人都有自己的尊严,人们对自身尊严的理解,是认识自身价值和社会责任的一种方式。人们在要求他人尊重自己的同时,也要尊重他人。因此,践行礼仪过程中的尊重原则,既包括敬人,也包括律己。只有做到严于律己,才能真正做到礼貌待人。在与人交往的过程中,不论对方的社会地位、经济状况或相貌如何,都应彬彬有礼、一视同仁,以同样的礼仪标准对待他们。只有这样,才能做到真正地尊重他人,使对方感受到自身的价值,感受到你的谦恭、真诚、热情,为进一步交往奠定良好的感情基础,形成和谐

愉快的人际关系。

(三) 诚信

诚信即诚实守信,是建立良好人际关系的基本条件。诚实就是待人真实诚恳,是真诚的外在表现,也是一种美德,是一个人外在行为与内在道德的有机统一。人们在与人交往的过程中,要心口一致、表里一致、言行一致,这反映着一个人言行的规律性和稳定性,只有这样才能取得他人的信任。只有建立在真诚可信基础上的人际关系才可能是持久的。守信就是有信用,言必信,行必果。一个守信的人,在与人交往中会前后一致、严格守约,承诺的事一定完成。因此,要取得他人的信任和尊敬,促进交际的正常、稳定、持续发展,就必须践行诚信的原则。

(四) 宽容

宽容就是心胸宽阔,能设身处地为他人着想,能原谅他人的过失,这是现代人的一种礼仪素养和美德。在人际交往中遵循宽容的原则就必须注意:应理解他人,体谅他人,对他人不求全责备。俗话说"金无足赤,人无完人",现实生活中的人,没有十全十美的。只要原则上不出现过错,许多现实中的小过失是可以原谅的,没必要斤斤计较。"严于律己,宽以待人",对他人的缺点和过失要给予谅解和宽容,虚心接受他人对自己的批评意见。俗话说"人非圣贤,孰能无过",有了过错后允许他人批评帮助,才能得到大家的理解和尊重。也许有的时候批评者的意见是错误的,但只要不是出于恶意,就应以宽容大度的姿态对待,有则改之,无则加勉。

(五) 适度

适度原则是指人们在交往中应注意把握各种情况下人际关系的距离,把握与特定环境相适应的彼此间的交往尺度,以建立和保持健康、良好、持久的人际关系。遵循适度原则,就是要求在践行礼仪的过程中,无论举止、言谈,还是情感、态度、装扮等,都不能表现得"过火"或"不及",要礼遇适当、自然得体、恰到好处。"过火"即超过了"度",常常表现为言过其实、虚伪客套、矫揉造作,甚至轻浮。"不及"就是施行礼仪不到位,常常表现为懈怠散漫、敷衍了事、缺少诚意、没有礼貌,甚至粗俗无礼。上述两种情况,都违背了礼仪的适度原则,不仅不能表达敬重之情,还会引起对方的误解甚至反感,很难达到建立感情、深入沟通、继续交往的目的。

总之,通过礼仪教育和礼仪训练,人们逐渐会遵循礼仪的基本原则,树立起一种内心的道德信念和礼仪修养准则,这样就会获得一种内在的自觉力量。在这种力量的支配下,人们会不断提高自我约束、自我克制的能力,在与他人交往时,就会自觉地按礼仪原则去做,即铭记在心间,贯穿于言行之中,进而就会让礼仪在社交中发挥它应有的作用。

二、影响礼仪发展的社会因素

礼仪作为人类社会生活的行为规范和社会文化的重要内容,是随着人类社会的产生而形成,随着人类社会的进步而发展的。因此,任何一种礼仪形式都有一个产生、形成、演变和发展的过程,都要受到多种社会因素的影响和制约。影响礼仪发展的社会因素主要有以下几个。

(一) 社会物质生活条件

礼仪作为人类的精神财富,是社会物质生活条件的反映。所谓社会物质生活条件,就是人类社会赖以生存和发展的物质要素的总和,它包括人口因素、地理条件和生产方式等。其中主要因素是生产方式,它是社会存在的基础和社会发展的决定力量,也是礼仪存在和发展的基本动力。无论是个人礼仪,还是社会礼仪,我们都可以在其存在的社会物质生活条件中找到它的社会根源。

任何个人都不能脱离社会,不能脱离一定的物质生活条件而存在,人们的思想观念、道德品质和行为举止,总是受其所依赖的物质生活条件的影响。一个人刚出生时是不懂得什么礼仪规则的,只有当他进入社会生活,面对现实的物质生活条件和各种社会关系,经过一定的生活实践后,才能逐渐形成对礼仪的认识,产生一定的礼仪情感并形成礼仪的行为习惯。正是由于物质生活条件不同,社会地位不同,人们才形成了对礼仪的不同理解,进而形成了不同的礼仪行为规范。同时,不同的时代有不同礼仪也缘于各个时代的物质生活条件的不同。例如,原始社会的物质生活条件十分落后,当时生产力低下,人们没有同大自然抗争的能力,科学文化水平低下,不能正确解释自然现象,从而产生了自然崇拜、神灵崇拜、图腾崇拜等崇拜性礼仪。

(二) 传统的风俗习惯

礼仪是一个历史范畴,它有一定的继承性和延续性,与传统的风俗习惯息息相关。传统的风俗习惯是在一定社会、一定民族的长期共同生活中形成的稳定的、习以为常的行为倾向、心理特征和生活方式。它体现了比较稳定的信念和习俗,表现为人们不言自明的、常规的行为戒律,对礼仪有重要的影响和制约作用。

传统的风俗习惯是一个民族或者群体在漫长的历史发展中逐渐形成的,它不仅源远流长,而且根深蒂固甚至难以动摇。尽管传统的风俗习惯会因民族、时代、地域的不同而形成不同的风格和特点,但是它一经形成,在一定范围内,都是以群众性为特点的,它被群众普遍熟悉和认同,是大家共同遵守的一种行为习惯。在一定意义上,它是群众自发的重复和相传的行为,来自人们生活过程中的直接体验和行为的积累,使人们感到"历来如此""大家都如此",从而心安理得、习以为常地支配自己的行为。它用合俗或者不合俗来评价人们的行为,使本民族、本地区的传统习惯以"礼仪"的形式让人们"入乡随俗",扩大影响,延续发展。但是,我们必须注意到,在现实生活中,总是存在新与旧、进步与落后、积极与消极两种传统风俗习惯的比较和斗争。因此,大家一定要认真进行具体分析,抛弃糟粕,吸收精华,使其为社会主义的文明礼仪发展所用。

(三)民族和个人的素质

民族和个人的素质直接影响礼仪。民族素质高,国民修养好,人们才能自觉地讲文明、懂礼貌,才能形成良好的礼仪风范。可以说,提高民族和个人的素质,是关系到社会文明发展和民族兴旺的大事。

民族和个人素质的内容是多方面的,主要包括身体素质、思想道德素质、科学文化素质、心理素质等。其中,思想道德素质和科学文化素质与礼仪的关系极为密切。人们只有具备了高尚的思想道德素质,才能明确善恶荣辱,知道什么事可以做,什么事不可以做,什么是必须提倡的,什么是应该坚决反对的。人们的科学文化素质越高,越能准确地辨别是非、正误、真伪,崇尚科学文明,提倡移风易俗,反对愚昧落后。科学文化知识越丰富的人,越容易成为有修养的人,越能做到思考问题周密,分析问题透彻,处理问题有方,在人际交往中就越能显示出独特的魅力。社会礼仪既与民族素质息息相关,又与个人素质紧密相连,提高民族和个人的综合素质,既是社会和个人全面发展的迫切需要,也是现代社会礼仪的重要内容。

(四)经济发展水平

经济是一个社会或国家发展的物质基础,经济发展水平决定了一个国家的综合实力和文明程度,同时也制约着礼仪的发展水平。

经济发展了,国家才能富强,人民的生活水平才能提高,"衣食足而知礼节",这是被实践证明了的真理。纵观历史发展的长河,任何一个时代,经济发展得好,则国富民康,人民衣食富足,万民安顺,天下太平。相反,经济落后,人们生活贫困,民心思乱,则"饥寒生盗心",天下大殃。因此,欲使国民知礼节、行其善,必须发展社会经济,满足人民的物质生活需要,不断提高人民的生活水平,使人民安居乐业、丰衣足食,进而才能为民众创造良好的、文明的社会环境,创造知荣明耻、践行礼仪的根本条件。因此,可以说经济发展水平是礼仪存在和发展的坚实物质基础和巨大动力。

第四节　礼仪的社会作用

礼仪是人们日常生活、职业活动、公共领域活动必须遵循的行为规范,是社会进步和文明的表现。礼仪的社会作用主要体现在以下几个方面。

(一) 促进人格的完善

人格是一个人在社会中的地位、尊严和作用的统一体,是做人的资格和权利。它是一定文化在人身上的烙印和凝结,是人自我完善程度的表现。人们通过人格来判断分析个体的社会角色和个性特征,而礼仪对人格的自我完善起着重要作用。

人格的形成和发展主要指人格结构的形成和建构。人格结构既包括行为模式的表层结构,也包括对社会环境的倾向性、心理特征、自我意识等深层结构。人们正是根据一个人的外在的礼仪行为来评价、判定其人格的,也是在外在的社会舆论的评价中,督促自己重视礼仪、践行礼仪,不断规范自己的行为模式,从而逐渐形成个体人格完善的外在约束力量。

人格结构是一个整体,它的表层结构与深层结构是相互制约和相互作用的。表现于行为模式中的礼仪,发源于人们的心理特征、自我意识等深层结构,同时又对这些深层结构有重要影响。礼仪通过行为规范的外在约束力来制约人们的动机和兴趣,影响人们的性格、气质、理想、信念等心理特征和对社会环境的倾向性,提高人们的自我认识、自我评价、自我控制等,使人们的自我意识越来越趋向理性。人的理性越强,其自我调节能力就越强,必然影响和支配着人们的行为规范,使人们更自觉地严于律己,养成良好的道德习惯,崇尚文明,遵守礼仪规范。由此可见,礼仪在人格结构因素的相互制约中,促进着人格的完善。

(二)构建良好的人际关系

良好的人际关系是个人全面发展和事业成功的必备条件。礼仪以它的文明内涵在人们的交往中起着协调作用,促进良好的人际关系的形成和完善。

人们在交往之初,由于双方之间不是十分了解,彼此间必然存在一些戒备心理或距离感。此时如果交往双方都能做到施之以礼,以尊重、平等、真诚、守信的文明精神和行为,给对方以人格的尊重,必然会赢得对方的好感和信任,消除互相之间的心理隔阂,拉近双方的情感距离,为进一步交往打下良好的基础。

礼仪还能化解矛盾,增进友谊,促进人际关系的进一步发展。在日常的人际交往中,由于利益的关系,人们之间难免会产生一些矛盾和纷争。在这种情况下,双方如果能采取宽容待人、通情达理的态度,以"礼让"的美德,互相理解,互相谦让,就会平息事态、化解矛盾,平衡利害关系。如若这样,双方不仅不伤和气,还会成为朋友,建立更加紧密的合作伙伴关系。因此,礼仪是人际关系的"纽带"和"调节器",它有助于人与人、集体与集体、个人与集体之间建立起理解、信任、友爱、互助、和谐、融洽的人际关系。

(三)塑造良好的公众形象

形象是社交中个体在众人心目中形成的综合性、系统性的印象,它是影响交往能否进行和能否成功的重要因素。

由于自尊的需要以及人际关系和谐、融洽的需要,人们都希望自己在公众面前树立良好的形象,以得到别人的尊重和信任。那么,一个人以何种形象呈现给公众,归根到底是由其在公众场合的具体行为决定的。礼仪有助于个体塑造良好的公众形象。在人际交往中,言谈讲究礼仪,给人以文明形象;举止讲究礼仪,给人以端庄形象;穿着讲究礼仪,给人以高雅形象;行为讲究礼仪,给人以高尚形象;处世讲究礼仪,给人以诚信形象。总之,一个人若讲究礼仪,就会使自己的形象大方美好,就会使自己变得充满魅力。一个企业若讲究礼仪,可以展现这个企业的先进文化,在公众心目中树立团结向上、文明和谐的社会形象,进而在激烈的市场竞争中赢得人们的信赖,占领市场,创造良好的社会效益和经济效益。

在社交和公关活动中,个人形象往往代表单位或组织的形象,人们往往通过对个体的良好印象进而产生对其所在单位或组织的好感和敬佩。同时,单位或组织的形象也影响个人,人们常常通过对单位或组织的印象来评价其员工,如果单位或组织的公共形象在群众中是美好的,人们对其员工也会产生尊敬和羡慕之情。因此,用礼仪来塑造文明的公众形象,无论对个人素质的提高,还是对单位或组织的发展,都是非常必要的。

(四)升华社会文明水平

礼仪是人的社会化的重要内容之一,是社会进步和发展的必然结果。礼仪内容的丰富和发展,是人类先进文化的延续,也是社会进步和文明的重要标志。

社会文明是指人类社会的进步状态,它体现在人类创造的一切积极成果之中。社会文明包括物质文明和精神文明,它们是社会进步程度在物质上和精神上的结晶和标志。物质文明是人类改造自然的物质成果的总和,精神文明是社会精神生产和精神生活的进步状态,它包括文化和思想两个方面。礼仪属于人类社会精神文明的重要内容。它的发展受物质文明的制约,是物质文明和社会制度的反映。但是,礼仪在形成和发展过程中,也一直反作用于物质文明,它以社会生活中人们行为规范的形式,以大方的举止、端庄的气质、高雅的形象和深刻的文化内涵,展示着个人和时代的精神文明,反映着人类物质生活条件的进步状态。同时,礼仪还在促进人们的道德风貌发展,形成良好的社会风尚,促进社会生产、科学技术及经济等迅速发展,推动物质文明的进步和发展等方面发挥着重要作用。

总之,礼仪进步的过程就是社会文明发展的过程。礼仪是人类社会历史发展的结果,又是衡量社会进步的标志,展现着社会文明内涵,升华着社会文明水平。

案例分析

> 小汪利用假期到郊区的朋友小明家拜访,他坐了2小时的公共汽车才到达。由于当时气温很高,他下车后就脱掉外衣,光着上身,穿着短裤,这让他感到十分凉快、舒服。他把外衣随意搭在肩上,走到朋友家一看,这里已经变成乡镇的养老院,朋友已乔迁新居。他想,这里一定有朋友的老邻居或认识朋友父母的人。于是他问正在院里乘凉的老人:"喂,老头儿,你知道小明家搬到哪儿去了吗?"老人看了看他,说:"不知道!"小汪以类似的口气连续问了几个人,有的人都不正眼看他就回答:"不知道!"后来他去院长室才打听到小明家搬到离这不过200米的新房。来到小明家,他一边叫着小明的名字,一边往屋内走,到了客厅,还没见到人,他就把外衣往沙发上一扔,自己跷起二郎腿,拿起茶几上的饮料喝起来。过了几分钟,有两位老人来到客厅,见到他,非常惊讶,大声问:"你是什么人?为什么在我们家?"这时小汪也一下站了起来,问:"这不是

小明家吗?"老人说:"是呀,你是谁?"这时小汪才想起来做自我介绍。两位老人听完,平静地说他们是小明的父母,孩子在外地,要两三天才能回来,由于对小汪不熟悉,也不好留他住宿。小汪本想马上与小明联系,但是看到两位老人脸上严肃的表情,只好尴尬地走了。

从"礼仪"的重要性的角度,分析小汪到朋友家拜访失败的原因并指出正确的做法。

本章小结

1. 礼仪是指人们在日常生活和社交中所形成的互相之间表示友好、尊重并展示文明的行为规范与准则。

2. 礼仪起源于人们对自然界的神秘感和敬畏感,起源于对宗教的信仰以及人际交往的需要。礼仪具有规范性、普遍性、继承性、差异性和时代性等特点。

3. 礼仪随着社会生产力的发展和生活方式的变化不断丰富和发展。不同社会形态下的礼仪具有不同的特点。

4. 礼仪通过一定的形式表现出来,具体包括语言技巧、仪容仪表和行为举止等。

5. 礼仪作为一种社会规范,被人们广泛地应用于各个场合,根据社交的对象和性质的不同,我们可以把礼仪分为家庭礼仪、职业礼仪和公共礼仪三种类型。

6. 践行礼仪的过程中必须遵循平等、尊重、诚信、宽容、适度五大原则。

7. 任何一种礼仪形式都会受到社会物质生活条件、传统的风俗习惯、民族和个人的素质以及经济发展水平等多种社会因素的影响和制约。

8. 礼仪是人们日常生活、职业活动、公共领域活动必须遵循的行为规范。礼仪的社会作用主要体现在促进人格的完善、构建良好的人际关系、塑造良好的公众形象和升华社会文明水平五个方面。

复习思考题

1. 如何理解礼仪的含义?
2. 礼貌、礼节、礼仪的区别是什么?
3. 简述礼仪的起源。
4. 礼仪有哪些特点?
5. 简述礼仪的历史演变过程。

6. 礼仪的表现形式有哪些？
7. 礼仪的分类及其影响因素有哪些？
8. 践行礼仪的过程中应遵循哪些基本原则。
9. 简述礼仪的社会作用。

第二章 个人礼仪

本章提要

个人礼仪是个体的生活行为规范与待人处世的准则,是个人的仪容、举止、言谈、服饰等方面的具体规定,也是个人道德品质、文化素养等精神内涵的外在表现。本章从仪容礼仪、举止礼仪、言谈礼仪、服饰礼仪四个方面详细介绍了个人礼仪的具体内容和规范要求。

本章学习目标

1. 掌握个人礼仪的基本知识和行为准则;
2. 能在社会活动中准确实践个人礼仪,特别是正确实践服饰礼仪;
3. 培养礼仪方面终身学习的能力,不断提高个人的文明程度。

第一节 仪容礼仪

仪容礼仪是个人礼仪的重要组成部分,在人际交往中起着重要的作用。虽然我们不能以貌取人,但是美好的容貌、得当的修饰会给人留下深刻,甚至难忘的印象。要想取得人际交往的成功,人们就必须注重个人的仪容礼仪。

一、仪容礼仪的含义

仪容即人的容貌,是指个人的外在相貌。仪容反映人们对自己的外在相貌的修饰和保养,是个人面容形态、卫生习惯、发型设计的直接显现。仪容礼仪反映个人的精神状态,是传达给他人的最真实的外观信息。在人际交往中,每个人的仪容礼仪都会引起交往对象的特别关注,并将影响到对方对其的整体评价。仪容礼仪主要包括自然美、修饰美和内在美三个方面。

（一）自然美

自然美源自容貌的自然因素。容貌的自然因素是指个人的先天长相，来自家族长辈的遗传，是不容自己选择的。如果一个人的自然因素好，如天生丽质、五官端正、皮肤白嫩、仪容秀整，那么在人际交往中，特别是在交往双方初次见面时，会给人留下良好的第一印象，令人感觉愉快、心情舒畅。这些赏心悦目的美好形象就是仪容礼仪中的自然美，也是良好人际交往的开端。

（二）修饰美

个人的容貌都有遗传的自然因素，但对于多数人来讲，没有十全十美的先天美貌。这就需要进行后天的修饰和保养，要根据个人的条件和社交的场合、规则，对仪容进行必要的修饰，尽量把自己的长处展现出来，把短处遮掩起来，即扬长避短。无论面容还是发型，保持清洁是最基本、最普遍的修饰美。经过适当的修饰，可以在自然因素的基础上，塑造更加良好的形象，既可以增强自信，也有助于给他人留下美好的印象。

（三）内在美

内在美是仪容礼仪不可忽视的重要内涵。它要求人们在自然美和修饰美的基础上，通过不断提高个人的文化、思想、道德、艺术等方面的素质和修养，塑造美好的精神世界。因为内在的心灵美会提升人的高雅气质和风度，使仪容礼仪有内在的灵魂支撑，使人内外一致、表里如一，表现出更真实的端庄和文明。

仪容礼仪是自然美、修饰美、内在美的高度统一。自然美是人们的普遍心愿，修饰美是自我完善的必要途径，内在美是仪容礼仪的最高境界。

二、践行仪容礼仪应遵循的原则

践行仪容礼仪主要应遵循整洁、自然、和谐、个性、礼貌五大原则。这些原则一方面规范了人们在参加社交活动时的修饰准则，另一方面也有助于个体展示其文化水平、审美情趣等综合修养。

（一）整洁

整洁即整齐清洁，具体指仪容给人以整齐、干净的印象。这是仪容礼仪最基本的要求。人的外表的美丽不能单纯依赖化妆，更需要以良好的卫生习惯为基础。合适的发型使人英俊、美丽,清洁的面容使人容光焕发,肌肤健美使人充满活力。因此,应经常洗头、洗澡、修剪头发和指甲,每天都保持干净整洁,这样不仅使自己感到神清气爽,也是对他人的尊重。

(二)自然

自然即仪容要纯朴、大方、简约。对容貌,既要进行有意的修饰,又要忌讳标新立异、浓妆艳抹。不论是容貌姣好的人,还是容貌普通的人,都要根据个人的具体条件,坚持简洁、朴素的自然原则,这样可以给人以素妆淡抹、健康自然、鲜明和谐、富有个性的清爽印象。

(三)和谐

和谐即仪容给人以整体协调的印象。这里所说的"和谐"涉及两个方面,一是仪容修饰要和所参加活动的性质、场合、环境相协调。平时上班、参加重要会议和参加重大庆典的仪容修饰都是不同的。二是仪容修饰要与个人的具体条件相协调,要根据个人的身份、面相、身材、衣着、气质等特点,进行有差别的仪容修饰。坚持和谐原则不仅会给人以美感,而且有助于赢得他人的信任。

(四)个性

个性即根据个人的特点进行仪容修饰。每个人的容貌、体态都是不同的,应当根据自己的特征,进行与自身的性别、年龄、面容、肤色、身材等相协调的修饰,美丽不是仪容修饰的唯一指标,可爱、大方、端庄等也都是仪容修饰的重要指标,个人可以从不同方面进行修饰,显现个性特色。

(五)礼貌

礼貌即在进行仪容修饰时要注意文明和修养。仪容修饰的目的是表现自我、礼敬他人。因此,在进行仪容修饰时,要遵循修饰避人原则,不要在大庭广众之下化妆或补妆。同时,仪容修饰还要考虑社会的整体文明程度,考虑具体社交场合中人们的接受程度。这既是对社会、对他人的尊重和礼貌,也是自尊自爱的表现。

三、仪容礼仪的内容

仪容礼仪不仅涉及容貌还涉及容貌修饰的技巧。人们如果不重视仪容礼仪,就很难塑造良好的形象。因此,大家要学会在仪容方面适当地修饰自己,在公众场合力争做到心灵与外表的完美统一。仪容礼仪主要包括以下三个方面的内容。

（一）面部的修饰

面部是人的仪表之首，对面部的修饰尤为重要。在公众场合，对面部的适当修饰往往会起到"首因"效应。

1. 女性面部的修饰

女性面部的修饰主要采用化妆的方法。总体要求是稳重、典雅、端庄，展示女性的温柔含蓄之美。化妆大致分为以下三步。

（1）清洁面部。清洁面部主要是祛除新陈代谢产生的老化物质、汗渍和灰尘等。要彻底清洁皮肤，最好每天早晚坚持用洗面奶洗脸。正确的洗脸方法是，先将洗面奶放在手上，搓起泡后再轻轻地涂在脸部，然后用中指和无名指的指腹轻轻地由脸的中部向外侧的斜上方以转小圈的手法滑动清洗。切忌用手掌在脸上用力地来回揉搓，因为这样不但不能洗掉眼窝、鼻翼等处的脏物，而且还可能给皮肤带来损伤。

（2）滋润皮肤。彻底清洁面部后要马上补充水分及营养，使肌肤回到原来的状态。滋润皮肤的顺序最好是爽肤水—乳液—面霜—隔离霜。一般应使用化妆棉沾上爽肤水轻轻擦在面部；乳液放在手心揉开后，再轻涂在脸上，待皮肤完全吸收后，取少许面霜点在脸颊两侧，用指腹以画小圈的方式向两侧轻轻揉开。如此做法，一是为了滋润皮肤，二是为了起隔离作用，可防止彩妆直接作用在皮肤上。除上述操作外还可以定期在晚上睡觉前做面膜护肤。

（3）化彩妆。化彩妆是人们使用粉底霜、定妆粉、眉笔、眼影、腮红、口红、唇线笔等有色泽的化妆材料和工具来美化脸部容貌的过程。

① 完美的妆容最关键的是底妆。可选择跟肤色同色号的粉底霜均匀涂在脸上，再用定妆粉定妆。

② 定妆后修眉形、画眉毛。用修眉刀修整眉形，然后用棕色、深灰色等眉笔，顺着眉毛的方向轻轻地描出眉形。标准的眉形是在眉毛的 2/3 处有转折，即要有眉峰。眉毛不要太浓、太黑、太夸张，切忌一笔画出一条直线，要顺着眉毛的生长方向，从眉根开始一笔一笔地画，这样会显得非常自然。眉毛画完后，用眉刷随着眉毛生长的方向轻轻梳理，使眉毛保持自然位置。此外，还要定期修整眉毛的长度。

③ 涂眼影。眼影盒里的眼影有单色、双色、三色或四色之分。最简单的是用单色眼影涂在上眼皮眼睑之上。建议用眼影刷从眼睫毛根开始向上涂，然后用指

腹把眼影上部涂匀。如果使用双色的眼影,颜色一定是深色和浅色搭配。用浅色的眼影打底,并且在眉毛转折点的下方眉骨处涂上一些高光的效果,这样会使人的眼睛显得更亮、更有神。晕染时,务必要注意层次的过渡,以避免涂抹不匀而造成的污浊感。

④ 刷腮红。腮红可以矫正脸型,会使人显得精神焕发、脸色红润,给人留下健康的印象。正确的涂刷方法是:微笑时,以脸颊的最高点为腮红的中心,在耳朵前方至太阳穴的区域涂抹即可,直到自然地与底色相接。

⑤ 涂口红。涂口红前可用唇线笔勾出理想的唇廓线,建议从嘴角两边向中央描,先画好上唇的唇山、唇谷,再描下唇唇廓,然后用口红填涂。

化彩妆时可以根据不同场合做不同的处理。日常工作和生活中以淡妆为主,要显得自然、健康、有朝气。如果是参加晚会、宴会,则可以画得稍浓一些。但是不论怎么化彩妆,一定要同穿着的风格相一致,二者互相辉映,才能达到最佳效果。

2. 男性面部的修饰

在现代社会里,男性进行面部的修饰已成为大众化趋势。总体要求是应展现出男性刚毅、果断、稳重的个性风采,突出男性的阳刚之美。

男性在面部修饰方面,一般做好洁面、修面、护理皮肤即可,修饰的步骤与女性大致相同。男性在洁面后一般要养成修面、剃须的习惯。在修面后应使用一些润肤霜润肤,以使皮肤更显光洁,人也会神清气爽。男性还可以定期用面膜护理皮肤。

总之,男性的面部修饰以自我保健为主,做到干净整洁、容光焕发即可。健康的皮肤、端正的容貌,会使男性显得稳重、得体,更有利于表现其健康的体魄与良好的心态。

(二)头发的修饰

头发也是仪容礼仪的重要组成部分。保持头发整洁干净和选择合适的发型,是社交礼仪最基本的要求。在现代社会中,人们往往可以从一个人的发型,判断出其职业和受教育程度,甚至通过头发的护理情况可以判断出一个人的身心健康程度和对待生活的态度。

1. 头发要定期洗护

人们应根据自己的发质选择适合的洗发水。洗发时的水温不要过高,不宜用力抓挠头皮。洗发后要使用护发素等,保持发丝的健康。除此之外,由于头发还要从人体内吸收必要的营养,因此,平时要多吃一些富含蛋白质、铁、钙、锌和镁的食物,鱼类、贝类和坚果类都有增加头发的弹性和光泽度的功能。

现在市场上护发的产品很多,如给头发补水的、去头皮屑的、修复发质的、预防紫外线辐射的,等等。大家可以根据季节、用途来选择合适的护发产品。

2. 选择合适的发型

发型的选择受性别、身高、年龄和职业等因素影响。从性别上来看,长发比较适合女性,短发比较适合男性;从身高上来说,短发更适合体型娇小者;从年龄上来讲,长发飘飘更适合年轻的女性。但是,多数人选择发型都受所从事职业的影响。为了给人们精明干练、整洁规范的感觉,许多工作单位不仅为职工定制统一的职业服装,对发型也有一定的要求。在工作场合,很多女士选择短发,如果是长发,就束起或盘起;男士留短发,以前发不遮盖额头、后发不长及衣领、鬓角不过中耳线为宜。此外,头发不宜过厚,忌将头发染成彩色。

(三) 手的养护

在人际交往过程中,不难想象,拥有一张秀丽脸庞的人,却伸出了一双粗糙的手会让他人有怎样的感觉。其实手和脸不同,手每天都要做许多事情,经常接触一些含有化学成分的东西,特别是洗涤类的,还要在劳作中触碰许多物品。所以手更需要滋润和保养,注意呵护自己的双手也是仪容礼仪的重要内容。

1. 勤洗手、涂护手霜

人的手部因为接触外物较多,容易干燥。用净水洗手并涂抹护手霜就是对手的最好呵护。洗手是一件很平常的小事,却很少有人知道洗手的规范步骤。只有按照洗手的规范步骤(6步,每步至少5次,如图2-1所示)去做,才能达到干净、灭菌的效果。需要注意的是,不能长时间把手泡在水里面,并且不能用碱性大的东西洗手。洗手后,建议在手部肌肤8成干时,将护手霜涂在手背上,用另一只手的无名指进行涂抹。等护手霜完全被手背吸收后,基础的手部护理就完成了。护手霜可以随身携带,以备洗手后随时使用。

2. 常修指甲

有些人认为修指甲是小问题,甚至可以忽略。这是一种偏见,因为如果不及时修剪指甲,里面会藏污垢并滋生很多细菌,既不卫生,也不文明。修剪指甲也是有一些学问的。在剪指甲时,建议从中间向两边剪,要以指甲的中间为参考,以免把边角剪得过深,使修剪的指甲不规整。指甲前端要剪成弧形,而且要留合适的长度,以不超出指尖2毫米为宜。然后用指甲锉修饰指甲前端的锐利处,使弧度变得圆滑。还可以给指甲涂上营养油。

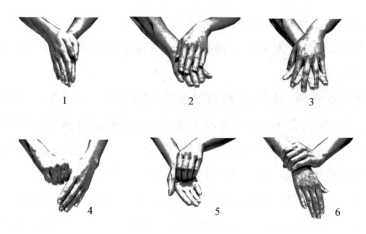

图 2-1　洗手的规范步骤

3. 选好专用手套

手套是手部保暖或劳动保护用品。防护手套主要有保暖手套、防晒手套、耐酸碱手套、电工绝缘手套、防 X 射线手套等。在日常生活中,手套主要用来保护手部免受外界物质的伤害,夏天可以防晒,冬天可以防寒,洗衣、做饭、打扫卫生时也可以对手部起到一定的保护作用。人们可以根据不同时间、场合、用途,选择不同种类的防护手套,以保持手部肌肤的健康和润泽。

四、大学生的仪容礼仪

大学生的仪容礼仪具体指在日常的校园生活中,保持个人整洁干净,以自然修饰为主,如果参加一些正式场合的活动,需要进行适当的化妆。

(一)自然美

大学生正是青春、活力四射的时候,正如俗语所说:"年轻就是美。"年轻人肌肤紧实、自然朴素的形象很吸引人。但是如果不讲究个人卫生,也会给人不舒服的感觉。因此,大学生的容貌必须干净、整洁,这样才会使人显得有光彩。

1. 面部卫生

讲究面部卫生,认真清洗面部,这是大学生自然美的起码要求。洗脸时应重点注意眼角和鼻子等部位。女生可以选择使用适合自己肌肤的洗面奶、香皂;男生要尽量选择使用男士洗面用品。男生如果有胡须,就要养成经常剃须的习惯,洗面后用一点护肤霜即可。

2. 口腔卫生

注意口腔卫生,不仅仅是为了保护自己的牙齿,从礼仪的角度来看,也是尊重他人的做法。大学生要养成勤刷牙、常漱口的好习惯。刷牙时要尽量做到"三个三",即一日三餐后要刷牙,牙的三个面都要刷到,每次刷牙不少于三分钟。刷牙还要讲究方法,牙刷不能太大,建议选择刷毛比较柔软的牙刷。刷牙根部位时,要将牙刷的侧面与牙龈形成45度角轻轻刷,这样既可以清除牙根部的脏东西,又不会损伤牙龈。此外,要注意常漱口:饭后要漱口,吃过东西后也要漱口,这样可以及时去掉口中的残留物和异味。

3. 头发卫生

大学生要保持头发的干净,建议每周洗头三次左右。同时,要保持头发的整洁,要定期修剪头发。男生的短发一定要勤梳理,男生要养成脱帽后、出门前梳理头发的习惯。女生在洗头和梳头时,不要乱扔掉下的头发,掉到地上的头发要马上清理干净。同时,选择发型也很重要,应根据个人的脸型、发质、体型等条件,以及季节、环境等外部因素,选择易于梳理的发型。合适的发型会使人容光焕发、风度翩翩,有助于体现大学生容貌的整体美。

(二) 修饰美

修饰美主要是个体通过化妆来美饰自己,从而使自己的容貌更加整洁、端庄。大学生在校学习期间,可根据个人的条件进行必要的修饰,可适当化淡妆。

1. 淡雅

淡是相对浓而言的,淡妆的风格是真实、自然。只有淡妆才是最符合大学生的身份的,浓妆艳抹会给人过于张扬的印象而有失身份。雅是雅致,不刻意雕琢,即化妆之后看不出明显的修饰痕迹,但却比不修饰要显得更端庄。

2. 庄重

庄重是一种修饰形象,也是一种修饰态度。大学生未来总是要步入社会的,因此,他们可以把在大学期间参加的各种社会活动看作是一种学习、实践机会。参加各类活动时要注意采用正确的化妆方法,要与公众的审美相吻合,要文明端庄,体现大学生的朴实特点。活动妆容不能过于妖艳,让人难以接受,更不宜采用一些非主流的、华丽的化妆方法。

3. 简洁

正规的化妆程序是很烦琐的。大学生在化妆的时候可以适当简化,不必遵循全套步骤,重点画好眼睛、唇部、面颊这三个部位,也能达到清新亮丽的效果。

根据礼仪规范,化妆是一种私人行为,只宜于在个人空间里进行,不宜在公共场合涂口红或补粉。大学生切忌在大庭广众之下旁若无人地化妆或补妆,因为这是不雅的行为,是不尊重自己和在场的其他人的行为。

第二节 举止礼仪

举止礼仪也是个人礼仪的重要内容。在社交中,优雅、文明的举止是一个人道德水准和文化素养的体现。

一、举止的含义

举止是指人的身体姿态,包括站姿、走姿、坐姿、蹲姿、手势、面部表情等。优美、文明的举止,能表现个体的美好形象,能展示个人的礼仪修养。

(一)举止是一种无声的语言

人的表情、动作、体态等举止都能传达信息,是特定含义的无声语言。无声语言有时要比有声语言更有表现力。例如,在社交场合,你见到一个久违的老朋友,当你用惊喜的表情同他热情地拥抱时,即使你不说话,此时无声胜有声,你对朋友的真实感情充分地表达出来了。人的举止寓意丰富,同一个人在不同的场合,会有不同的行为举止,人们正是通过自己的一举一动向大家传递不同信息的。美国知名心理学家艾伯特·梅拉比安曾经给出一个非常重要的公式:人类在沟通中全部的信息表达=7%的语言信息+38%的其他声音信息+55%的体态语言信息。从这里可以看出,人的体态语言在人际交往中的重要性。

(二)举止能反映个人的修养水平

孔子在《论语·雍也》中曾说:"质胜文则野,文胜质则史。文质彬彬,然后君子。"这句话的意思是,君子应既注重学识品德修养,又讲究仪表礼节,要举止文雅。在人际关系中,优雅的举止有助于塑造良好的个人形象。一个人的行为举止好似一面镜子,能反映出他的文化底蕴、知识水平和道德修养。因此,在社交中,大家应努力使自己成为有修养、举止优雅的人。

(三)举止能反映一个群体的文明程度

任何一个现实的人都离不开一定的群体。在社交中,一个人的举止既体现其道德修养、文化水平,又能表现出其与他人交往是否有诚意,还能体现其所属群体

(如企业、家庭)的文明程度,甚至会影响民族、国家的形象。因此,文明的举止不仅仅是个人的行为,也能从侧面反映出一个家庭、民族、国家的文明程度。

二、基本的举止礼仪

日常生活中,人的基本行为举止主要包括站姿、走姿、坐姿、蹲姿、手势和面部表情六个方面。

(一) 站姿

站姿是指人的身体直立、双脚着地的体态,是人体处于静态的造型动作。优美、典雅的站姿,是发挥人的不同动态美的基础和起点,能显示个人的自信,衬托出美好的气质和风度,并给他人留下美好的印象。

1. 标准的站姿

标准站姿的要领是上身正直,挺胸收腹,腰直肩平;两臂自然下垂,双手搭握,稍向上提,放于小腹前;两腿相靠站直,肌肉略微收紧,两脚并齐;眼睛平视,嘴微闭,面带微笑。标准站姿的要点是:头端、肩平、胸挺、腹收、身正、腿直、脚齐、手垂。

站立时身体一定要稳,站累时脚可以后撤半步,不可把脚向前或向后伸得过多或叉开很大。但上体仍须保持正直,不能前后、左右摇摆。这样才有"站如松"的体态美感。

2. 站姿中手的摆放

(1) 垂手式

在标准站姿的基础上,双臂自然下垂,双手放在身体两侧,双脚呈V字形,身体重心落在两脚中间。这种姿态一般用于较为正式的场合,如参加企业的重要庆典、聆听贵宾的讲话、商务谈判后的合影等。

(2) 握手式

握手式主要用于女士。在标准站姿的基础上,左手握住右手,放在小腹处。双脚的脚尖也可以前后略分开,即一只脚略向前,另一只脚略靠后,前脚的脚跟稍稍向后脚的脚背处靠拢。男士有时也可以采用这种姿态,但两脚要略微分开。这种姿态可用于礼仪迎客,也可用于前台的站立服务。

(3) 背手式

背手式主要用于男士。在标准站姿的基础上,右手搭在左手上,贴在臀部,两腿分开,两脚平行,两脚跟之间为一拳左右。

3. 女士的基本站姿

女士的基本站姿主要有V字形站姿、丁字形站姿和侧放式站姿三种。

（1）V字形站姿

V字形站姿是指站立时双脚呈V字形，双膝靠紧，两个脚后跟靠紧，脚尖分开30～60度（如图2-2所示）。

（2）丁字形站姿

丁字形站姿是指左脚与右脚垂直，左脚跟在右脚前面，两脚间有少许空间，身体重心在右脚（如图2-3所示）。这样的站姿看起来利落，O型腿的人也不必担心自己的腿形。照相或在公众场合登台时，可采用此站姿。

（3）侧放式站姿

侧放式站姿是把身体重心放在一只脚上，另一只脚伸向侧面，两只脚打开的距离不宜超过肩宽（如图2-4所示）。侧放式站姿中身体的重心可轮流放在左、右脚上，长时间站立时采用这种站姿是非常合适的。站立时也不要忘记上半身和脊柱要伸直，微微收腹提臀，效果会更好。

图2-2　V字形站姿　　　　图2-3　丁字形站姿　　　　图2-4　侧放式站姿

4. 男士的基本站姿

男士的基本站姿主要有双腿直立式站姿、分腿站立式站姿和单腿侧重式站姿三种。

（1）双腿直立式站姿

双腿直立式站姿是指双膝相靠，后脚跟并拢，脚尖分开约45度（如图2-5所示）。此种站姿适合于短时间站立、迎送宾客等场合。

（2）分腿站立式站姿

分腿站立式站姿是指两腿分开与肩同宽，双膝直立（如图2-6所示）。

（3）单腿侧重式站姿

单腿侧重式站姿是指将身体重心放在一只脚上，另一只脚往侧前方斜放，如做军队队列中的"稍息"状态（如图2-7所示），两只脚可轮换作为支点。这种站姿适合用于长时间站立时。

图2-5　双腿直立式站姿　　　图2-6　分腿站立式站姿　　　图2-7　单腿侧重式站姿

（二）走姿

走姿是人们在行走时的体态。行走是人的基本动作之一，最能体现出一个人的精神面貌。走姿是站姿的延续动作，是在站姿的基础上展示人的动态美的。

1. 正确走姿的要领

无论是在日常生活中，还是在社交场合，正确的走姿有一种动态的美，往往是最引人注目的身体语言。正确走姿的要领是：上身正直，挺胸收腹，跨步均匀，两手自然摆动，身体整体向前移动。

2. 保持正确走姿的具体方法

保持正确的走姿，应两眼平视，挺胸、收腹、立腰，重心稍向前倾；双肩平稳，两臂以身体为中心，手臂与身体夹角一般为10～15度；两手臂前后自然摆动，前摆约35度，后摆约15度，手掌向内；脚尖略开，脚跟先接触地面，依靠后腿将身体重心送到前脚脚掌，使身体整体前移；脚落在地面时的位置，应使两脚内侧行走的线迹为一条直线，而不是两条平行线；跨步时两脚间的距离，即前脚跟与后脚尖的距离一般应为一脚或一脚半长，但因性别和身高不同，步幅也有所不同；走动时不宜晃动肩膀和上半身，应以夹着一条线的感觉向前走。

需要注意的是：女士在穿高跟鞋走路时，膝盖一定要直，不可打弯（如图2-8所示）；否则，走起路来会给人非常不美观的印象。

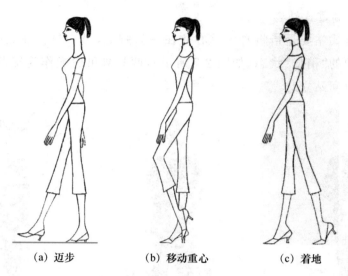

(a) 迈步　　　　(b) 移动重心　　　　(c) 着地

图 2-8　女子穿高跟鞋时的走姿

（三）坐姿

坐姿是人们就座后的体态，是一种静态造型。端庄优雅的坐姿，能给人以文雅、稳重、自然、大方的美感，显现"坐如钟"的体态美。

1. 标准坐姿

上身要挺直，双肩平正放松，伸直背肌；神态从容，嘴唇微闭，下颌微收，面容平和；双手自然放在大腿上，手指伸直、并拢；应坐满椅子的 2/3；双膝靠拢，双脚并齐，双腿并拢向下垂直或稍微向一侧倾斜（如图 2-9 所示）。

标准的入座过程是应从椅子的左侧走到椅子的正前面（如图 2-10 所示），侧身弯腰看一下椅子后，再轻轻地落座。女性穿裙子落座时，可以一边坐一边用手在裙后由上向下顺裙子，再轻轻地入座；不要坐下后再站起来整理衣服。

图 2-9　标准坐姿

图 2-10　标准入座方向

2. 女士坐姿的主要形式

女士坐姿的主要形式有以下几种(如图 2-11 所示)。

(1) 双腿垂直式

双腿垂直式又称基本坐姿,适合严肃正规的场合。其要领是:后背与腰部垂直,收腹,提气,双腿、双脚并拢,上身与腿部要形成直角,小腿垂直于地面[如图 2-11(a)所示]。

(2) 双腿斜放式

双腿斜放式坐姿:双腿并拢后,膝部向右或向左倾斜,腿部倾斜的角度与地面约成 45 度角,双手相握放在大腿上,小腿要充分伸直,尽量显示小腿的长度[如图 2-11(b)所示]。这是一种造型优美的坐姿,适合在正式场合使用。

(3) 双脚交叉式

双脚交叉式坐姿:双膝并拢,双脚在踝部交叉[如图 2-11(c)所示]。这种坐姿相对比较放松,适合任何场合。

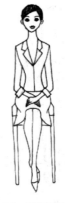

(a) 双腿垂直式　　(b) 双腿斜放式　　(c) 双脚交叉式

(d) 双腿叠放式　　(e) 前伸后屈式

图 2-11　女士坐姿的主要形式

（4）双腿叠放式

这种坐姿一般应用于非正式场合。其要领是：双腿的大腿部分叠放在一起，叠放后位于下方的那条腿的小腿要垂直于地面，位于上方那条腿的小腿要尽量向内收，要注意上方的腿应尽量贴住另一条腿，脚尖应向下[如图2-11(d)所示]。

（5）前伸后屈式

前伸后屈式坐姿：先将大腿并拢，然后向前伸出一条腿，同时把另一条腿后屈，两脚的位置要保持在一条直线上，脚掌着地，脚尖不要翘起[如图2-11(e)所示]。

以上是在普通椅子上的坐姿。如果遇到不同的椅子，如沙发、办公室座椅、酒吧的高凳等，可以参照上述坐姿适当调整身体，使自己坐得舒服、优雅就可以。

3．男士坐姿的主要形式

男士坐姿的主要形式有以下几种（如图2-12所示）。

（a）标准端坐式

（b）双腿叠放式

（c）双腿自由式

图2-12 男士坐姿的主要形式

(1) 标准端坐式

标准端坐式坐姿：后背与腰部垂直，挺胸抬头，眼睛平视前方，左、右大腿大致平行，双膝弯曲大致成直角，脚平放在地面上，两手轻放在大腿上[如图 2-12(a)所示]。

(2) 双腿叠放式

双腿叠放式坐姿：上身坐直，双腿的大腿部分叠放在一起，叠放后位于下方的那条腿的小腿要垂直与地面，位于上方那条腿的小腿要尽量向内收，手上下相握轻放在大腿上[如图 2-12(b)所示]。

(3) 双腿自由式

双腿自由式坐姿：后背与腰部垂直，收腹，提气，双腿双脚并拢，上身与腿部约成直角，双手平放在大腿上，双脚可自由分开[如图 2-12(c)所示]。

(四) 蹲姿

蹲姿是指弯腰或下蹲时的体态，是人处于静态时的一种特殊体位。蹲姿在日常生活中并不多用，但需要用时若做得不好就非常难看，或者会出现很尴尬的场面。

1. 标准的蹲姿

标准蹲姿的要领是：上身要直、屈膝并腿、臀部向下。下蹲时，应自然、得体、大方，双腿一前一后，将腿靠紧，用大腿的力量蹲下，然后用双腿的合力支撑身体。

2. 蹲姿的主要形式

蹲姿的主要形式有以下几种（如图 2-13 所示）。

(1) S 形蹲姿

两腿并拢、稍稍弯曲，上身稍前倾，臀部朝下，让身体呈 S 形[如图 2-13(a)所示]。这个姿态适用于拣拾距离地面比较高的物体。

(a) S形蹲姿　　　　　(b) 完全蹲姿　　　　　(c) 高低式蹲姿

图 2-13　蹲姿的主要形式

(2) 完全蹲姿

两腿并拢,完全弯曲,两脚掌着地,两脚跟抬起,上身稍前倾,臀部朝下[如图2-13(b)所示]。这个姿态适用于取放物件、拣拾落在地面上的物品。

(3) 高低式蹲姿

下蹲时两腿一高一低,一般是右小腿垂直于地面或稍向前倾斜,右脚全脚掌着地,左脚前脚掌着地、脚跟抬起,两腿稍靠紧,用两腿的合力支撑身体,上身稍前倾,臀部朝下[如图2-13(c)所示]。这个动作常用在取放物品或需要蹲着照相的时候。男士在做此动作时,双腿可以稍稍分开,女性应靠紧双腿。

在做以上三种蹲姿时,下蹲时速度不要过快。当自己在行进中需要下蹲时,要特别注意这一点。女性在他人身边下蹲时,应选好下蹲的位置,如果距离很近,则最好侧身拾物,因为正对着他人或者背对着他人下蹲都是不礼貌的,还容易造成尴尬的局面。身着裙装的女士在人多的地方一定要避免贸然下蹲,如果不注意很容易露出里面的内衣,这是非常不雅观的行为。值得注意的是,女士切忌在下蹲时将大腿叉开。

(五) 手势

手势是指在人际交往中用手部动作来进行表达的一种姿势。手势可以表达的内容非常丰富,例如,举手致意、挥手道别、合手祈祷、拍手称快、拱手言谢、举手赞同、垂手听命等。

1. 规范的手势

规范的手势应当是手掌自然伸直,掌心向内向上,手掌与地面呈45度角,手指并拢,拇指自然稍稍分开,手腕伸直,使手与小臂成一直线,肘关节自然弯曲,大小臂的弯曲以130度或140度为宜。

为正确地表达自己的意图,在使用手势时应遵循三个原则:掌握规范化的手势;注意国别和地区的手势差异;手势的使用宜少不宜多。反复使用一种手势,容易让人产生厌烦心理。手势的幅度过大,也会给人留下虚张声势的印象。

2. 常用的手势

(1) 指示方向时的手势

右手从腹前抬起向右横摆到身体的右前方,腕关节要高于肘关节。左手自然下垂或放在背后。头部和上身稍微向伸出手的一侧倾斜,目视宾客,面带微笑,表现出对宾客的尊重和欢迎(如图2-14所示)。

图2-14 指示方向时的手势

(2) 请客人进入室内时的手势

请来访的客人进入室内时,要注意房间门的打开方向。如果是向外开门,接待人员要一手扶门,一手请客人入内;如果是向内开门,应先对客人说一声"对不起",然后先推门入内后,一手扶门,一手做请进的手势。做手势时一定要自然、协调、大方,要与说话的内容、语速、语调、眼神和表情等密切配合,做到恰到好处。

(3) 请客人入座时的手势

请客人入座时,手要先从身体的一侧抬起,到高于腰部后,再从上向下摆动到手臂与身体呈45度,使大小臂呈一条斜线;微笑面对客人,手势指向客人座位的地方,并轻声向客人说:"您请入座。"

3. 禁忌的手势

在社交场合切忌用手指来指指点点,尤其是不要在他人背后乱指点。为人指路时,不能单用手指来指路,或者随便一挥手,这样很容易给人傲慢无礼、敷衍了事的感觉。尤其不能随便使用中指、小指来做手势,因为在有些国家和地区,使用这两个手指做手势是对对方的一种污辱。递送物品时应用右手,以左手递物被视为失礼之举。将带尖、带刃或其他易伤人的物品递于他人时,切勿将尖、刃直接指向对方,合乎礼仪的做法是使其朝向自己,或是朝向他处。

(六) 面部表情

面部表情是指一个人面部形态变化中表达出来的思想感情。每个人的面部表情都是其内心世界的反映,在面部表情中最有表达力的就是眼神和笑容。

1. 眼神

人们常说"眼睛是心灵之窗",这足以看出眼神的重要性。在人际交往中,有些时候眼神的表达能力远远胜过语言。例如,"目光炯炯"表明充满活力;"目光彷徨"表示心情不定;"目瞪口呆"表示心中十分诧异等。总之,眼神能表达人的心情和精神境界。合乎礼仪的眼神应真诚坦荡、亲和友善,注视对方的方式和注视时长应适宜。下面我们重点说一下注视的方式和注视的时长两个方面。

(1) 注视的方式

最常见的目光注视方式有:直视、仰视、凝视、虚视、斜视、眯视。直视和凝视都能表达对对方的尊重。如果是平辈之间,可以水平直视;如果是晚辈对长辈,可以仰视,以表达对长辈的尊敬。平辈之间不可以仰视,否则会让人误以为你在藐视对方。虚视、斜视、眯视都不是很好的注视方式,这些注视方式表达出的是心不在焉、心神不定或心灵空虚,这是不尊重对方的表现,在人际交往中切忌使用这些注视方式。

（2）注视的时长

在与人进行面对面交谈时,目光注视对方的时长也是非常重要的。为了表示尊重,听的一方应多注视说的一方。但是也不要紧紧盯住对方,特别是与异性交谈时更应注意,这样会给对方带来不舒服的感觉。一般在初次见面或正式场合,要不时地注视对方,每次注视时间以 5～10 秒为宜,注视的总时间以占整个谈话时间的 1/3 左右为宜。若表示重视谈话内容,也可以把注视对方的时间延长到占整个谈话时间的 2/3 左右。

如果是与亲朋好友或恋人谈话,可以一直注视对方,以表示亲密的关注和进行更好的交流。

2. 笑容

笑容一般情况下是人们喜悦心情的真实流露,如微笑、轻笑、大笑、含笑。也有的笑容表示特殊的心情,如苦笑、傻笑、狂笑、假笑。还有一些很失礼、失仪的笑容,如嘲笑、奸笑、狞笑、冷笑等。

世界上最通用的笑是微笑。微笑被称为"参与社交的通行证"。它是一种合乎礼仪的笑容,能缩短人与人之间的心理距离,同时也能为深入沟通和交流创造和谐、良好的氛围。

微笑时两边嘴角上扬,面部肌肉放松,双目充满笑意,不露齿或稍露齿,基本不发出笑声。微笑能使双方感受到如沐春风般的温暖。

微笑表示对别人的尊敬和礼貌,一定要有发自内心的真诚,这样的微笑才显得阳光、优美,才会起到促进沟通的作用。否则,皮笑肉不笑,会给人非常虚伪的感觉。

进行微笑训练时,可以对着镜子练习。口中念"一"音,用力提高嘴角,下唇不要太用力。面对镜子练习时,注意调整好自己的心情,想象着曾经在生活中遇到的高兴的事,想象着镜子中是你的亲朋好友。这样练习微笑,就会是自然的真情流露,效果会更佳。

第三节 言谈礼仪

言谈是人际交往中表达思想感情、彼此增进了解的主要方式。在日常生活中,使用文明、健康、优美的语言,可以协调各方面的人际关系,促使人们互相了解、互相尊重、和睦相处、增进友谊。

一、践行言谈礼仪应遵循的基本原则

言谈礼仪是人们在社交中用语言表达思想、交流信息、沟通感情的文明方式,是交往双方的知识、修养、阅历、智力以及应变能力的综合表现。要想达到最佳的沟通效果,必须加强言谈方面的修养,掌握语言表达的礼仪,这样才能通过语言的媒介作用使人际交往不断推进和深入。践行言谈礼仪主要应遵循真诚、礼貌和准确三大基本原则。

(一)真诚

对人真诚是做人的美德,也是践行言谈礼仪应遵循的基本原则。认真地对待交谈的主题,以诚相见,清楚、明确地表达自己的观点和看法,真心实意地与人交流,是吸引谈话对方并使谈话达到最佳效果的好方法。

(二)礼貌

语言有雅俗之分,雅即礼貌语言,是表示对他人的友好和尊敬,体现自己谦虚礼让的语言。能否正确使用礼貌语言,是衡量一个人文化修养的标准。礼貌语言有敬语和谦语之分。

1. 敬语

敬语是用来表示对他人尊敬的语言。中国自古就是礼仪之邦,有着非常丰富的敬语词汇。古代最常见的敬称,就是在他人亲属的称呼前添加"令""贤"等字。例如,称对方的父亲为"令尊大人",称对方的母亲为"令堂大人",称对方的儿子为"令郎",称对方夫妇为"贤伉俪",称对方为"贤弟"等。

现在最常用的敬语是"您"和"请"。"您好""请进""您请坐""请喝茶"或"您喝茶"等,这些敬语的使用能促使交往更加顺利地进行。但是在使用中一定要注意:"您"一般是晚辈对长辈的称呼,平辈之间互称"您"的话,是表示客气和尊敬对方,长辈对晚辈一般不称"您"。

社交中的其他礼貌语言还有:初次见面称"久仰";许久不见称"久违";客人到来称"光临";等待客人称"恭候";探望他人称"拜访";阅人文章用"拜读";赠送礼品用"笑纳";起身离别称"告辞";中途先走称"失陪";请人免送称"留步";请人批评称"指正";请人指点称"赐教";请人帮助称"劳驾";请人谅解称"包涵";求人办事称"拜托";求人解答用"请问";麻烦别人称"打扰"。

2. 谦语

谦语是用在自己一方,讲到与自己相关的人和事物时表达谦虚、低调的语言。

例如,称自己的双亲分别为"家父""家母";称自己提出的意见为"拙见";展示自己的才艺时称"献丑"等。

使用敬语和谦语时,一定要分清你我、高低。例如,在询问对方"贵姓"时意在表示对对方的尊重,回答一方则一般用"免贵姓×"来回答,意思是不敢当这个"贵"字,请将它免去,这是自谦的表达方式。

(三) 准确

言语准确能让人真正了解你所表达的确切内容和目的,是交往成功的关键因素。准确原则主要包括称谓准确、读音准确和语音准确三个方面。

1. 称谓准确

称谓是用来表明社会中人与人之间的关系的。学生称呼老师,一般用"姓+老师",如"王老师",不可以直呼老师"老+姓",如"老王"。在工作中对上司的称呼,一般是"姓+职位",如"王局长""李处长"等。有些场合将称谓进行简化处理,如对"王局长"可简称"王局",对"李处长"可简称"李处"。这种简化称谓只局限在非正式场合、同僚之间的使用。对长者可称"老先生"或"先生",对已婚女性和未婚女性均可称"女士"。准确地使用称谓是与人交谈的基础,与人交谈前一定要了解对方的身份、地位,清楚应该使用何种称谓。

2. 读音准确

读音准确主要包括三个方面:发音要标准,不要念错字;吐字要清晰,说话不能含糊不清;音量要适中,声音不能过大或过小。

3. 语音准确

我国是一个幅员辽阔的国家,方言土语有很多,但是在公众场合我们都以普通话为主要语言工具。普通话是以北方官话为基础方言,以北京语音为标准音,以典范的现代白话文为语法规范的通用语。大家应努力学好普通话,说得准确才能更好地与他人交流思想,才能准确地传递信息。

二、言谈的基本礼仪

言谈可以表达非常细腻、复杂的感情和思想。在交谈的时候,我们主要应注意以下几方面的基本礼仪。

(一) 交谈时态度要真诚、专注

人们在交往中要真诚,交谈时也同样要以诚相见。因此,言谈过程中应尽量正视对方,注意力集中,认真倾听、理解,不能心不在焉、不停地摆弄手中的笔,或者东张西望、不断变化坐姿等,这些都是不礼貌的行为,将破坏谈话的氛围和效果。

(二)不随意打断他人说话

在与人谈话过程中,如果想补充谈话内容,需要打断他人说话时,可以对谈话者说"对不起,请允许我说明一下"或"请允许我插一句话"等。待征得对方同意后,再说出自己的意见。这样的插话不宜太多,以免打乱说话者的思路。如果遇到急事需要打断正在交谈中的双方,最好用手势和语言表达"对不起,打扰一下"的意思,得到允许后,尽量简单地说明情况,并且在离开时要再一次表示歉意。

(三)不涉及他人的隐私

有一些场合人们为了寻找话题,往往喜欢询问别人的年龄、家庭情况、服饰价格、收入等问题。同外国人交往时,这些问题是免谈话题。中国人受国际惯例的影响,也逐渐不喜欢回答这样的问题了。特别是对初次见面的女士,询问其年龄是不太礼貌的事情。此外,中国人的习惯是"尊老",西方人与此不同,他们不喜欢别人恭维自己的"高龄",认为这是伤害自尊的事。

(四)注意交谈时的视线

与不熟悉的人交谈时目光要平视,目光的范围是对方的衣领和脸部。可以不时地看对方的眼睛,但是不要在整个谈话中一直牢牢地盯住对方的眼睛,以免传递错误的信息。如果是与非常熟悉的朋友交谈,则可以长时间看着对方的眼睛。当面对很多人谈话时,要注意到每一个人所在的区域,尽量关注到每一个人。这一方面可以看到听讲者的反应,及时调整自己的谈话内容;另一方面可以表达对听讲者的关注和尊重。

三、言谈的技巧

与人交谈时,如果能很好地运用一些言谈技巧,一定得会受到他人的欢迎,达到良好的沟通效果。言谈的技巧主要有以下三点。

(一)选择合适的话题

与人交谈的话题,应当是对方感兴趣的事情。前面提到与人交谈时不要涉及个人隐私等,那么最好的话题应从身边的事物提起,如天气、气候、电视节目、电影、服饰、体育赛事、旅游、食物、社会新闻等,可以根据对方的身份和阅历,选择对方感兴趣的话题。

(二)学会适当的寒暄

寒暄是不涉及谈话主题,甚至远离主题而表示客套的交谈。学会适当的寒暄,在与人交谈时会显得主动、热情和彬彬有礼。但要注意使用的次数,不要反复使用,否则会给人虚假的感觉。

(三)语言幽默风趣

幽默的语言既能给人们带来快乐,也能让人们在笑声中领悟生活中的乐趣。同时,幽默的语言多富有哲理,耐人寻味。有幽默感的人,一般都是有智慧、有教养、热爱生活的人。在工作与生活中,灵活地运用幽默的语言,有利于建立起和谐的人际关系。

第四节 服饰礼仪

服饰是指服装和与服装搭配的饰品。个人的着装,表现了各自的社会地位和文化修养,也展示了个人对于美的理解。

一、着装的美学常识

决定着装美感的两大要素分别是服装的色彩和服装的款式。

(一)服装的色彩

1. 色彩

色彩是感知物体存在、感受万千世界的最基本的视觉因素。

从色别上来说,色彩主要分为两大类:一类是被称为有色系统的色彩,如红、黄、蓝等;另一类是被称为无色系统的色彩,如黑、灰、白等。

服装的色彩设计是以人的主观感受为依据的,人们对色彩的感觉有冷色和暖色之分。暖色是指给人以温暖的感觉的颜色,如红色、橙色、黄色等,冷色是指给人以凉爽感觉的颜色,如蓝色、绿色等。不同的季节,人们对色彩有不同的心理追求。在炎热的季节,人们一般追求凉爽,喜爱明亮色、冷淡色或不吸热的白色;在寒冷的季节,人们又产生追求温暖的心理,喜欢偏暖的明色调及吸热的深色调。

色彩的轻重感是由色彩的明度决定的。一般是淡色轻、深色重,亮色轻、暗色重。着深色服装多给人稳重感,着浅色服装多给人轻盈感。

常用服装颜色的代表意义为:红色代表活泼、热情、大胆、奔放、喜庆、吉祥;黄色代表崇高、智慧、神圣、辉煌、华贵、威严、慈善;蓝色代表沉静、安详、凉爽、冷漠;白色代表明亮、纯洁、坦率、朴素、丰满、畅快;黑色代表安静、沉默、深思、庄重、肃穆、坚毅、神秘;橙色代表明亮、温暖、健康、向上、兴奋、动人;绿色代表生命、希望、和平、环保;紫色代表华丽、时髦、美好、高贵;灰色代表平淡、朴素、大方、严肃。

2. 服装色彩搭配的常用方法

色彩是服装留给人们记忆最深的印象之一,而且在很大程度上也是服装穿着成败的关键所在。色彩对人的刺激较快速、强烈、深刻,正所谓"先看颜色后看花",所以色彩被称为服装的第一可视物。在现实生活中,服装的色彩不是单一的,恰当的色彩搭配能产生很好的穿着效果。没有不美的色彩,只有不美的搭配。常用的服装色彩的搭配方法有以下几种。

(1) 整体统一法

整体统一法,即全身上下用一种主体颜色来统一,如蓝色的上衣、袜子和鞋子,用浅蓝的裤子做上下之间的过渡和淡化,使全身的外观看起来既统一,又有浓淡的变化。这种服装颜色搭配法又叫上下呼应法,即按照同一种颜色深浅的不同程度进行搭配,以便创造出和谐的美感。

(2) 邻近配色法

邻近的颜色如黄色与橙色、蓝色与紫色等,相互搭配也能达到很好的效果,但是要在明度和饱和度上予以区别。这种搭配难度较大,不仅要注意颜色与颜色之间的明度差异,同时还需掌握颜色的纯度和色相的变化。例如,蓝色和绿色、橙色和黄色搭配时,两个颜色的明度、纯度必须错开,例如,用深一点的蓝和浅一点的绿搭配在一起,就很协调、美观。

(3) 分离配色法

分离配色法是在一个或多个颜色之间加入其他的颜色,改变其配色关系,可以缓和视觉上的感觉。例如,红色衬衣配同色系的裙子,中间用一条蓝色的腰带,把上、下身的颜色分离,使上、下两个颜色变得更鲜明,全身的效果更强烈。

(4) 强调配色法

强调配色法的特点是在单调的衣服颜色上,用少量的、特别抢眼的色调装饰,这样能把人的目光吸引到那个位置。例如,身材矮小的人可以在衣领附近用一些抢眼的装饰来吸引人的目光。

(5) 对比配色法

对比配色法,即用两种对比强烈的颜色(如黄和紫、粉和蓝、红和绿等)相互搭配的一种方法。这种配色法能给人很强的跳动感、鲜明感,可以使着装在色彩上反差强烈、相映生辉、静中求动、突出个性,给人以鲜明、醒目的印象。

(6) 呼应配色法

呼应配色法,即在配色时,在某些相关部位刻意采用同一色彩,以便使其遥相呼应,产生美感。例如,在社交场合,穿西服的男士讲究的"三一律"(即公文包、腰带、皮鞋的色彩相同),就是这种方法的运用。

在各种颜色中,黑、白、灰三色为基本色、安全色,比较容易与其他色彩搭配,而且效果也比较好。

在着装的色彩搭配中,除掌握一些必要的方法外,还需注意:所穿服装不宜有过多的颜色变化,以不超过三种颜色为最好,因为若色彩过多,显得浮艳俗气,将失去美感。

(二)服装的款式

服装的款式通常是指服装的外形轮廓和服装上的线条变化。这里主要介绍服装的外形轮廓。服装流行每年都在变化,外形轮廓是诸多变化元素中一个重要方面。

常见的服装外形轮廓有四种,可以分别用英文字母来表示。

1. 直线形

直线形也叫"I"形,这样造型的服装体现的是合体、瘦长的效果。

2. "X"形

"X"形是指肩部平坦、收腰、衣服下摆大的造型。例如,系腰带的连衣裙、收腰合体的短上衣配大波浪裙等。

3. "Y"形

"Y"形强调夸张的肩部,可以用大披肩围在肩部,下半身搭配合体、瘦身的裤子或裙子,这样的造型比较适合高身材的人。

4. "A"形

"A"形是指从肩开始自然向下展开,形成近似字母"A"的形状,"A"形中衣服的长度可长可短。这是能展现女性柔美的一种造型,这种造型的服装通常是连衣裙。

二、着装的基本原则

人们的着装既可以展示个人的兴趣爱好、身份、地位,也可以展示个人的审美情趣、文化修养和礼仪水平。人们都很想让自己的着装美丽、大方,要实现这个愿望,就应遵守着装的基本原则。

(一) TPO 原则

TPO 原则是日本男装协会于 1963 年提出的着装原则。"T"是指 Time(时间),"P"是指 Place(地方),"O"是指 Occasion(场合)。TPO 原则的具体要求:第一,着装要和时间相吻合,要考虑是春、夏、秋、冬的哪一季,是上班时间还是休息日,是一天中的哪一时刻;第二,着装要和地方相吻合,要考虑是热带还是寒带,是发达地区还是贫困地区,是去学校、公司、宾馆、饭店、会场、剧场、体育馆,还是去海边或去登山;第三,着装要和场合相吻合,要考虑是去出席会议、晚会、结婚典礼、葬礼,还是去参加音乐会、入学典礼、毕业典礼、生日宴会等。

(二) 整洁原则

整洁原则是指衣着要整齐干净,这是着装礼仪的普遍性原则。外出着装时,不必单纯追求服装的华丽或贵重,即使是普通的服装,只要干净整齐,也能显示出个人的魅力。再华贵的衣服,如果有了污渍、褶皱,或者有缺扣子、开线的地方,穿出去也会给人留下邋遢的印象。

(三) 协调原则

这个原则是从服饰审美的角度来衡量的。服饰美感是每个人的仪容仪表与服装款式、配饰、色彩的协调统一通过视觉引起的心理反应。要实现服饰的协调美的效果,应做到:服装的色彩协调,着装与社会身份、自身条件、饰品搭配协调。

(四) 个性原则

个性原则就是在着装过程中突显个性化特色,展示个人风采,即不随俗逐流、不追赶时髦、不盲目模仿,而是根据自身的职业、体型、身高等条件扬长避短,充分地展示自身的礼仪素养和文化内涵。

三、服饰礼仪

随着经济和社会的快速发展,人们的生活变得更加丰富多彩。伴随不同的生活模式,人们有不同的着装,服装的种类也越来越多。

(一)女性的着装礼仪

美丽、合体的装束既可以增加女性的自信,也能增添女性的魅力。

女性的服饰种类丰富又各具特色,下面主要从礼服、职业套装和休闲装三个方面介绍女性的着装礼仪。

1. 礼服的着装礼仪

礼服是女性在社交场合的正式服装。它大致分为日间礼服、晚礼服、婚礼服、葬礼服。

(1) 日间礼服

日间礼服是人们白天参加结婚典礼、纪念庆典、毕业典礼等庆祝活动时的穿着。人们一般应依照举行活动的地点、场面、规格不同,来决定礼服的款式和打扮的方式。如果是在高级宾馆、饭店举行的庆典,场面非常豪华,就需要穿如图2-15所示的类型的礼服。如果是在一般的宾馆、会议中心举行的庆典,服装可以简略一些,可以穿如图2-16所示的类型的礼服。按国际惯例,日间礼服是指用于中午开始至午后五点左右结束的庆典的服装。因为是在白天,所以日间礼服的款式特征是衣服要有袖子,不能袒胸露背,但服装设计上可以时尚一些。

图2-15 高级庆典礼服

图2-16 一般庆典礼服

图2-17 旗袍礼服

日间礼服的配饰有耳环、项链、戒指、手链、胸针、帽子、丝巾、手提包、鞋、眼镜等物品。使用配饰不必太多,一套衣服上如果搭配两件以上的饰品,则要保持这些饰品的格调统一。若在室内活动,所戴的帽子必须是无帽檐的;若在室外活动,可以带有帽檐的帽子。手提包以小型为佳,最好和鞋子同色、同质地,鞋子应是高跟鞋。

我国的传统服饰旗袍造型简单,其立领、盘扣、斜襟、开衩的特点,使女性显得更加婉约与恬静、清新与典雅。旗袍的衣长可长可短,袖子可有可无。不同面料、不同工艺、不同款式的旗袍具有不同的"气质",所以旗袍适合任何年龄、任何社会阶层的人士。如果是作为日间礼服,人们可选择不太华丽的真丝面料的半袖旗袍;如果想穿无袖旗袍,则最好在旗袍外加一件西装(如图2-17所示)。

(2)晚礼服

晚礼服是指人们在参加晚间举行的宴会、纪念庆典等大型豪华庆祝活动时穿的礼仪性服装。西方国家对晚礼服有非常严格的礼仪要求,也有着非常成熟的活动方式。晚礼服的特点,一般来说是露肩、露背、无袖、领围开得较大(如图2-18所示)。因为是在晚间,所以面料要配合灯光,选用有光泽的真丝缎、天鹅绒、有亮片装饰的毛料,或者是非常高级的化纤面料等;首饰要用钻石、水晶、红宝石、珍珠等,首饰要和服装相搭配,不必面面俱到,只佩戴一两件就可以。如果选用无袖的长裙,最正式的搭配方法是佩戴过肘的缎子手套。手提包可以是蕾丝的小型手提包,也可以拿手包。鞋可以是皮质或用所穿服装面料制作的高跟鞋。晚礼服的服装和首饰搭配一定要有整体感。

图2-18 豪华式晚礼服

图2-19 简略式晚礼服

图2-20 旗袍晚礼服

如果晚间的庆祝活动不是非常盛大豪华,可以穿简略式晚礼服(如图2-19所示)。例如,傍晚5~6点开始的鸡尾酒会、庆祝会等,是社交性很强的聚会,但服装不必是最正式的,可以是流行的款式,可以是无领、无袖的设计。服装面料也应该是有光泽的,像天鹅绒、真丝缎、有金银线的面料等。饰品应该是闪亮、时尚的,但不必是非常贵重的。鞋子的款式应给服装增色,可以华丽一些。晚礼服也可选择真丝缎旗袍、各种高档面料的绣花旗袍等(如图2-20所示)。

（3）婚礼服

婚礼服是指结婚典礼上新娘子穿的礼服,俗称"婚纱"。结婚典礼的规格不同,婚礼服的选择也不同。例如,西方国家盛大的结婚典礼,新娘子礼服的后面和头纱都拖得很长,这是正式婚礼服的标志。婚礼服的基本款式为落地连衣裙(如图2-21所示),婚礼服的颜色一般为白色。与婚礼服配套的项链、耳环一般使用珍珠或类似质感的白色饰品。正式的婚礼服要配有手套,短袖婚礼服佩戴长过肘部的手套,长袖婚礼服佩戴短一点的手套。

当结婚典礼只在亲朋好友的范围举行时,新娘的婚礼服可以是简略款式(如图2-22所示)。婚礼服的后面可以不拖长,即婚礼服既可以是落地长裙,也可以是长至脚腕部的长裙。如果再简单一些的话,婚礼服也可以是两件套裙装或三件套裙装。这种简略式婚礼服也须佩戴手套,但不必考虑长短。新娘的头纱不必是托地长纱,可以用花、无檐帽或短的头纱来代替。新娘手里的花束要和婚礼服搭配协调。鞋则一定要是高跟鞋。

结婚典礼穿中式婚礼服也是不错的选择(如图2-23所示)。目前,中式婚礼服受到越来越多人的青睐。

图 2-21　基本款式婚礼服

图 2-22　简略式婚礼服

图 2-23　中式婚礼服

（4）葬礼服

因为葬礼的特殊性,所以对参加者的服饰要求非常严格。一般来说,葬礼服的款式一定要简洁、严谨、肃穆、庄重。葬礼服的颜色是黑色,但不能选用有光泽的面料。参加葬礼最好穿长袖衣服,裙子的长度一定要在膝盖之下或再长些。总而言之,穿葬礼服时一定不能露出太多的皮肤,这是葬礼服的礼仪规则。

葬礼服的佩饰越简单越好,不戴任何首饰也可以。若想戴首饰,可以戴造型简单的黑珍珠或白珍珠项链,或者是其他材质的亚光、深色的项链。与葬礼服配套的手提包应选小型而无光感的布制包或亚光的皮包,手套和丝袜均应是黑色,鞋可以是亚光黑色皮鞋、翻毛皮鞋或布制的高跟鞋等。

2. 职业套装的着装礼仪

职业套装是指女性在工作场所的着装。西服套裙或长裤配西装上衣的组合是女性标准的职业装,可以使穿着者显得成熟、干练。穿着职业装是为了展示女性的高雅气质和良好的形象。

（1）西装穿着效果

经典的西装,即最普通的西装。它的穿着效果是肩要平直、对称,驳头是直线 V 字形,高低适中。前襟不翘,后身不撅,既能看到漂亮的腰线,又不会有紧绷感(如图 2-24 所示)。选择职业装时,一般不选择流行的色彩,黑、蓝、灰等是永不过时的颜色。特别是年轻人穿上深色系的服装后会显得更稳重、干练。

（2）增强着装效果的技巧

① 增加身高的着装技巧。

为达到增加身高这个目的,可以从以下几个方面着手:一是整体造型选用瘦身的 I 形,服装款式是长裤套装或长裙套装,统一全身的色系,整体看起来像一条"I"形线。二是把对方的视线尽可能地引向高处。例如,把胸针别在领口附近;穿颜色鲜艳的短上衣,配深颜色下衣;在领口用围巾和领花装饰;溜肩的人可以用肩垫把肩部垫平等(如图 2-25 所示)。

图 2-24　普通西装穿着效果

图 2-25　增加身高的着装技巧

② 令人显瘦的着装技巧。

身材比较丰满的人都想实现让人看起来显瘦的着装效果。要达到这种效果需要注意两个方面：一是上、下身整体造型要表现纵长效果。例如，选择深色调有收缩感的服装，避开浅色和有膨胀感的服装；衣服的前中心处用纽扣、包边、明线等手法，做出Ⅰ形线的设计；外套里的衬衫等与下装同色，也会给人Ⅰ形线的感觉（如图 2-26 所示）。二是选择有斜线设计的服装。

图 2-26　令人显瘦的着装

③ 有丰满感的着装技巧。

体型偏瘦的人，喜欢有丰满感的着装效果。要达到这个目的，需要注意三个方面。一是用浅色有膨胀感的面料，像马海毛、粗花呢、浅底大深格的面料或者是大圆点的面料都能使人显得丰满；二是选择双排扣的服装、各种有褶的服装，以及有荷叶边设计的服装等；三是选用整体造型宽松或呈 X 形设计的服装，如图 2-27 所示。

图 2-27　有丰满感的着装

3. 休闲装的着装礼仪

休闲装是人们在进行休闲活动时的装束。根据休闲活动的内容不同,休闲装又可分为运动休闲装、旅行休闲装和家庭休闲装三类。

(1) 运动休闲装

运动休闲装是指人们进行运动时的着装。现代人能进行的运动很多,既有如足球、篮球、排球、网球、乒乓球、游泳等运动,也有如骑马、高尔夫、瑜伽、健身操、国标舞、跆拳道、柔道等运动。

参加运动时,要选择与所参加的运动相适应的服装。在选择运动休闲装时,应注意衣服的伸缩性、面料的耐久性、保暖性、吸湿、透气性、颜色的牢固性,以及服装的安全性等。在野外活动时,宜选择色彩鲜艳的服装,因为色彩识别度高,便于寻找,这也是出于提高着装安全性的考虑。

除此之外,也可以考虑运动休闲装在款式、色彩方面的时尚性等。

(2) 旅行休闲装

随着生活水平的提高,热衷于旅游的人越来越多。旅游是人们在工作之余放松心情、修养身心的活动,服装的选择一般应比较注重轻松、方便。但是,有些时候旅游的目的也不单纯是度假,还会有一些工作的性质。例如,出席各种国际、国内的会议后,主办方会安排一些旅游项目,这类场合的着装就不能是单纯的休闲装,最好是有职业特点的休闲式套装。

(3) 家庭休闲装

家庭是人们放松自己、恢复体力的地方。家庭休闲装,即家居服。家居服以愉悦心情、更好地放松身心、增加生活情趣为目的。因此,家居服的面料多采用轻柔的全棉、真丝或新型的合成材料,以宽松式设计为主。家居服没有特定的穿着规则,可以根据个人当时的心情、活动的内容、自己的生活方式(时髦或一般)等自由决定。例如,在家中宴请朋友,在家中看电视或在家做一些园艺活动等,所穿服装都应是有所区别的。

(二) 男性的着装礼仪

男装不像女装那样种类繁多,但男装对面料、工艺、着装效果要求却非常高。根据社会活动的内容,男装也同女装一样,有礼服、职业装、休闲装等种类之分。男性选择休闲装的理念基本上同女性相同,因此这里只介绍男性礼服和职业装的着装礼仪。

1. 男性礼服的着装礼仪

按穿着的时间不同,男性礼服也分为日间礼服和晚礼服。按照活动的内容不同,男性的日间礼服和晚礼服又分别可以细分为正式日间礼服、简略式日间礼服、正式晚礼服、简略式晚礼服。男性礼服没有太多的烦琐设计，着装效果以庄重、阳刚为标准。男性礼服的着装规则具体可参见图2-28。

图2-28 男性礼服的着装规则

2. 男性职业装的着装礼仪

关于男性的职业装,这里主要介绍商务装,也就是西装的着装礼仪。男性西装的面料一般都是精纺的毛料或高档的化纤混纺面料,颜色以黑、藏蓝、灰色居多,或者做成上述颜色的隐形条格面料。面料上的条格一定不能太明显、花哨,男士西装的款式大都很简单,但配上不同颜色的衬衫和领带后就会有非同寻常的着装效果。

男性穿着西装后,一般需自然站立,检查服装的后领下、前胸、后背处有没有不自然的褶皱。男西装要合体,具体判断标准可参见图2-29。

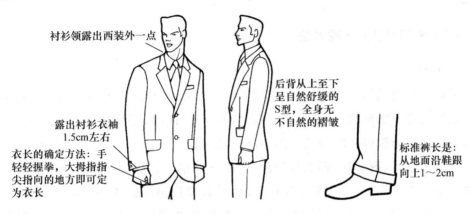

图 2-29 男性穿着西装效果

四、饰品的佩戴礼仪

在社交活动中,人们除了选择合适的服装外,还要佩戴合适的饰品。饰品是用来装饰、美化个人仪表的物件。它可以使人们的仪表锦上添花,使社交活动达到更好的效果。

(一)饰品的佩戴规则

在日常生活中,提起饰品,人们自然会想到项链、耳环、戒指、胸针、手链等。但实际上饰品的概念很广,男式的领带、腰带、帽子、手帕、手杖、眼镜、鞋,女士的围巾、皮包、鞋、雨伞、眼镜、手绢等都属于饰品的范畴。饰品的佩戴只有遵循一定的规则,才能起到更好的作用。

1. 数量规则

饰品的佩戴数量应以少为佳,点到为止,否则会给人杂乱的感觉,进而影响着装的整体效果。

2. 色彩规则

饰品的选择和佩戴要讲究色彩协调,力求同色,不求艳丽。例如,项链、戒指、耳环等最好选择同色系、同质地的。

3. 习俗规则

饰品的选择和佩戴要遵守习俗,懂得寓意,避免尴尬。由于不同的国家、民族、地区的生活习惯不同,饰品佩戴的传统习惯也不同。在社交活动中,一定要"入乡随俗",尊重所在地的饰品佩戴寓意,才能得到信任,达到更好的交往效果。

(二) 常用饰品的佩戴方法

1. 项链

佩戴合适的项链可以使人整体上更漂亮,更能增添着装者的魅力。选择项链时一定要考虑下颚形状、颈部的长短粗细等因素,同时,还要考虑服装种类、衣领形状等因素。项链要和服装给人的整体感觉一致。

一般来说,体形丰满、颈部较粗的人,应选择偏细、偏长的项链,让项链在前胸形成一个"V"字形,使颈根部显得利落,这样有拉长颈部的作用。体形偏瘦、颈部又细又长的人,什么样的项链都适合。但是把项链用在颈部比较高的位置后,有增加身高的作用。如果是体形又高又瘦,颈部又细又长的人,可以在高领衣的外边佩戴项链。不同体形人的项链佩戴效果如图 2-30 所示。

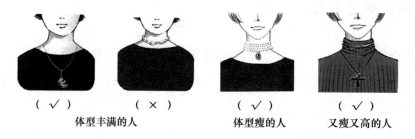

（√）　　　　（×）　　　　（√）　　　　（√）
体型丰满的人　　　　　　　体型瘦的人　　又瘦又高的人

图 2-30　不同体形人的项链佩戴效果

2. 耳环

一般情况下,女性配戴耳环较普遍,现在有一些讲究时尚的男性也开始佩戴耳环。

女性佩戴耳环时,要注意自己的脸形和耳朵的形状。不同脸形的女性佩戴耳环的效果如图 2-31 所示。

| 圆形脸 | 四方形脸 | 三角形脸 | 椭圆形脸 |

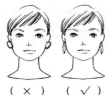 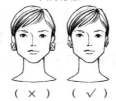 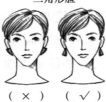 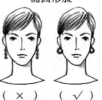

|（×）（√）|（×）（√）|（×）（√）|（×）（√）|
|圆形耳环会使脸显得更加膨胀、丰满，因此，圆形脸的女性宜佩戴有纵向感的耳环|棱角分明的耳环会使脸显得更加向外扩张，因此，四方形脸的女性宜佩戴棱角不明显且能把耳垂包住的小型的、类似圆形的耳环|佩戴与脸形相似的耳环会更加突出三角形脸，因此，三角形脸的女性宜佩戴坠式、向耳朵两侧扩张的耳环|细长形的耳环会使脸显得更加细长，因此，椭圆形脸的女性宜佩戴适当大一些的圆形耳环|

图 2-31 不同脸形的女性佩戴耳环效果

3. 戒指

一般情况下，戒指戴在左手的手指上，戴在不同手指上有不同的寓意。戴在食指上，表示求爱或求婚；戴在中指上，表示已有恋人或正在热恋；戴在无名指上，表示已经订婚或结婚；戴在小拇指上，表示奉行独身主义。在国际性的社交活动中，戒指已经成为一种信号，表明一个人的身份特征，所以要非常注意戒指的配戴方法。

近年来，有些人似乎不再拘泥于这种成规，而是把戒指当成一种时尚的装饰品，常常随意戴在手指上，这种戴法与自己的婚姻状态无关，但是在涉外场合应该要遵守戒指的佩戴规则。

4. 胸针和胸花

佩戴胸针和胸花的目的是提升着装效果，给着装锦上添花。一般来说，胸针和胸花应佩戴在前胸上部和衣领处，此外，胸针和胸花也可以佩戴在丝巾、围巾、腰带、书包、帽子等服饰上，增加整体着装效果。人们在佩戴胸针和胸花时，应考虑衣领的形状、衣扣的颜色和大小等因素，具体佩戴方法和效果如图 2-32 所示。其中，增加身高的佩戴方法如分图(a)所示；穿高领衫时的佩戴方法如分图(b)所示；干净、利落的佩戴方法如分图(c)所示；增加胸宽的佩戴方法如分图(d)所示。

 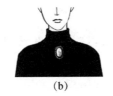  

(a)　　　　　(b)　　　　　(c)　　　　　(d)

图 2-32 胸针和胸花的佩戴方法和效果

5. 眼镜

眼镜分矫正视力用的眼镜和太阳镜两种。眼镜不仅有保护眼睛的作用,还是一种很重要的饰品。大家在选择眼镜时应考虑肤色、发型、脸型、眉型、眼睛的形状等因素,选择眼镜时的一些注意事项及效果如图2-33所示。

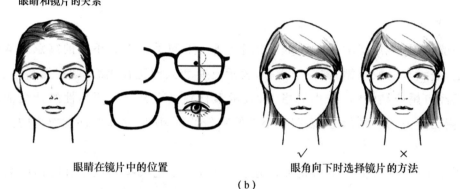

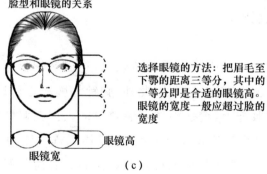

图 2-33　选择眼镜时的一些注意事项及效果

6. 领带

在日常生活中领带是男式常用的饰品,这里介绍三种常见的领带结法:基本式、温莎式、双回式(如图2-34所示)。

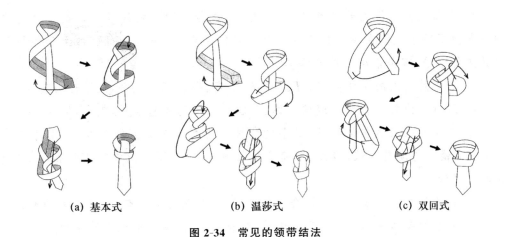

(a) 基本式　　　　　(b) 温莎式　　　　　(c) 双回式

图 2-34　常见的领带结法

 案例分析

中文系的小王今年大学毕业。在大学期间,她在著名刊物上发表了多篇论文,多次参与组织大型的校园活动,通过了英语六级考试。小王性格活泼开朗,五官端正,各方面条件都很出众。毕业前她看到一家公司招聘行政文秘人员,待遇非常优厚,就充满信心地前去应聘。面试时,招聘者拿着她的材料等她进来。小王上穿吊带,下穿迷你裙,涂着鲜红的唇膏,染着红色的指甲,顶着一头金发,走着标准的模特步来到考官面前坐下,随后跷起了二郎腿,笑眯眯地等着问话。孰料,三位考官互相交换了一下眼神,没有向她提任何问题,只有主考官说:"王小姐,请回去等通知吧。"她听后感到很奇怪,就当场问主考官:"为什么没有向我提问题呢?"主考官说:"你的仪容仪表已经让我们有了决定。所以你就回去等通知吧。"最后,小王忐忑不安地离开了。

结合案例材料分析小王能否应聘成功,她在个人礼仪方面存在哪些失礼之处?并提出正确的做法。

本章小结

1. 仪容礼仪反映个人的精神状态,是传达给他人的最真实的外观信息。在人际交往中,每个人的仪容礼仪都会引起交往对象的特别关注,并将影响到对方对其的整体评价。仪容礼仪主要包括自然美、修饰美和内在美三个方面。

2. 践行仪容礼仪主要应遵循整洁、自然、和谐、个性、礼貌五个原则。这些原则一方面规范了人们在参加社交活动时的修饰准则,另一方面也有助于个体显示出其文化水平、审美情趣等综合修养。

3. 举止是指人的身体姿态,包括站姿、走姿、坐姿、蹲姿、手势、面部表情等。

4. 践行言谈礼仪主要应遵循真诚、礼貌和准确三大基本原则。

5. 言谈可以表达非常细腻、复杂的感情和思想。在交谈的时候,我们主要应注意:交谈时态度要真诚、专注,不随意打断他人说话,不涉及他人的隐私,注意交谈时的视线。

6. 言谈的技巧主要有:选择合适的话题、学会适当的寒暄、语言幽默风趣。

7. 着装的基本原则包括 TPO 原则、整洁原则、协调原则和个性原则。

8. 饰品的佩戴主要应遵循三个规则:数量规则、色彩规则和习俗规则。

复习思考题

1. 什么是仪容?践行仪容礼仪主要应遵循哪些原则?
2. 大学生在仪容礼仪方面应注意什么?
3. 基本举止礼仪包括哪些内容?
4. 践行言谈礼仪主要应遵循哪些基本原则?
5. 在与人交谈时主要应注意哪些礼仪?
6. 简述着装的基本原则。
7. 女性的着装礼仪有哪些规范?
8. 男士的着装礼仪有哪些规范?
9. 简述饰品的种类和常用饰品的佩戴方法。

第三章 家庭礼仪

本章提要

家庭礼仪是家庭和睦幸福的必要条件,也是社会和谐进步的重要因素。本章从家庭礼仪概述、家庭成员礼仪、家庭仪式礼仪、家庭交往礼仪等方面介绍了家庭礼仪的具体内容和操作规范。

本章学习目标

1. 理解家庭礼仪的含义;
2. 理解家庭礼仪的特点和社会价值;
3. 掌握家庭成员之间的礼仪;
4. 掌握家庭仪式礼仪的具体内容和规范;
5. 掌握家庭交往礼仪的具体内容和规范。

第一节 家庭礼仪概述

家庭是人们生活的重要领域,它不仅是人们吃、喝、住、休息的场所,也是具有丰富伦理、亲情内容的温馨港湾。家庭能为人们提供社会生活的最基本的环境和条件。同时,家庭也是社会的基础,是社会不可缺少的组成部分,是家庭成员对外联系、社交的重要枢纽和场所。因此,无论对个人还是社会,家庭都有极为重要的价值,而家庭和谐幸福的关键条件就是要有良好的家庭礼仪。

一、家庭的含义

家庭是以人们的婚姻关系为基础,以血缘关系或收养关系为纽带所组成的社会生活的基本单位,是适应人类自身生产和发展需要的社会生活组织形式。

（一）家庭以婚姻关系为基础

婚姻是以男女双方的结合为特征，为当时的社会制度所确认的夫妻关系。婚姻和家庭是统一的。婚姻是产生家庭关系的前提，缔结婚姻的男女双方构成了最初的家庭，由此又使家庭关系的范围扩大，产生出父母与子女等其他家庭成员之间的关系。可见，家庭是存在于一定范围内的亲属之间的共同组织，不仅包括夫妻关系，还包括父母与子女及其他近亲之间的关系。家庭是家庭成员之间思想感情、经济、文化和道德等诸方面因素的结合。

（二）家庭以血缘关系为纽带

家庭是存在于一定范围内的亲属之间组成的天然的关系网络，是以血缘关系为纽带的，表现为同辈人或几辈人之间的亲密思想感情的融洽、交流和传递。人们的血缘关系是社会关系中最稳定、最持久、最亲密的关系，也是维护家庭和睦幸福的最核心、最成功的关系。家庭成员之间的关系，尤其是父母子女、兄弟姐妹之间的直系血缘关系，会在大家共同的生活中产生一种特殊的亲近感和信任感。

（三）家庭是个人生活和发展的基本环境

每个人的成长都离不开家庭，家庭是个人最直接、最密切的生存环境，是个人健康成长以及成功的土壤。家庭中的任何变化都对家庭成员的生活有直接影响，家庭的经济状况、文化氛围、境况顺逆、道德水平、情感因素等，都直接影响家庭成员的成长、人生质量及发展前途。如果家庭上述情况良好，家庭成员就会身心健康、知书达理、行为文明、积极向上，就会得到比较全面、理想的发展，就会有幸福的生活和高质量的人生。因此，每个家庭成员都应该积极维护和发展家庭的良好环境和氛围。

（四）家庭与社会息息相关

家庭与社会的关系如同细胞与生物体的关系，无数个和睦幸福、兴旺发达的家庭构成了和谐安定、繁荣昌盛的社会。如果家庭的状况是健康的、稳定的，它对社会现状和社会发展就会起到积极的促进作用；反之，就会起阻碍作用。同时，社会以其直接的特殊形式对家庭起着独特的影响作用，整个社会的政治、经济、文化、生态等状况都在很大程度上制约着家庭及其成员的生活状况和人生质量。

二、家庭礼仪的特点

所谓家庭礼仪,是指人们在家庭生活中,用以沟通思想、联络感情、增进亲情而逐渐形成的约定俗成的行为准则、礼节、仪式的总称。家庭礼仪与其他礼仪相比,具有自己的特点。

(一)以相互关爱为基础

家庭是人们情感的寄托,人们的情感在家庭里的表现是直接的、真实的。家庭成员之间是无私的付出和无微不至的关怀。不论家庭成员在事业上受到多大的挫折,生活中受到多少委屈,经济上多么拮据,家庭都是给予他最真挚关怀的场所,其他家庭成员都会尽全力安抚他、帮助他、支持他。这里包括了母爱的无私、父爱的含蓄、兄弟的真诚和姊妹的温柔以及子女的尊敬感恩等,使每位家庭成员都享受爱的温馨,感受爱的幸福。要衡量一件事或某一行为是否符合家庭礼仪的要求,应该首先分析一下双方之间是否存在相互关爱的情感。

(二)以增进亲情为目的

家庭礼仪的主要职能,并非是家庭成员的形象塑造,而是通过种种习惯形成的礼节、仪式来进一步沟通感情,增进家庭成员之间的亲情。例如,婚嫁喜庆、乔迁新居、寿诞生日等,就是通过礼仪的形式,使家庭成员更多地体会亲情的快乐,在快乐中享受家庭的温馨和幸福,最终目的就是加强亲人之间的感情联系。因此,家庭礼仪是在长期的社会生活中逐渐形成的一系列家庭生活准则,它以家庭生活的传统、习惯、内心信念等力量把家庭成员联系起来,增进亲情,促进家庭向和睦、幸福的方向发展。

(三)以社会效益为标准

家庭是社会的细胞。家庭以社会为背景,因此,它必然会受到当时社会历史条件的影响,家庭礼仪也会受当时各种社会习俗、规范的制约。不同的时代环境、区域条件和风俗习惯,使家庭礼仪存在着很大的差异性。而且家庭活动中的许多礼节、礼仪规范也是在不断变化发展的。例如,封建社会的婚礼有坐轿、拜堂、入洞房等繁文缛节,而当今社会的婚礼改革从简了许多烦琐环节,并出现了集体婚礼、旅游结婚等一些新的婚礼庆典和程序。这说明家庭礼仪在随着社会物质生活条件的变化而变化。同时,家庭作为社会的组成部分,对社会也有重要影响。要评判某一种家庭礼节、仪式等是否是进步的,常常以社会效益作为评价的标准,即要看它对社会是否产生积极影响。

三、家庭礼仪的社会价值

家庭是社会生活的基础,为人们提供社会生活的最基本的环境和条件。家庭礼仪的社会价值主要体现在以下三个方面。

(一)家庭礼仪是维系家庭美满幸福的纽带

良好的家庭礼仪,是联系家庭成员情感、增进亲情关系的纽带。通过礼仪行为,家庭成员更加相亲相爱、和谐相处,为家庭的幸福和美满奠定了稳定的基础。特别是夫妻之间,遵守一定的礼仪规范可以减少双方的摩擦,增进夫妻之间的感情,促使双方互相关心、理解、宽容,相依相恋,并用这种情感渗透和影响家庭其他成员。这种影响是直接的、稳定的、潜移默化的,成功率也是很高的。"相敬如宾,白头偕老""家和万事兴"表达的就是这个道理。可见,家庭礼仪是维系家庭美满幸福的纽带。

(二)家庭礼仪是促进家庭成员身心健康、努力进取的重要条件

家庭礼仪是提高个人素质,提高家庭成员人生质量的保障。良好的个人素质受到家庭环境,特别是家庭礼仪的影响和熏陶,不仅对个人的思想品质和能力的形成起着重要的作用,甚至影响家庭成员的人生道路和人生质量。家庭礼仪促进家庭成员个人素质的提高,有利于他们对正确的人生观、价值观、世界观形成较深刻的认识,以及对未来生活的选择更加趋于理性和科学。每个人的一生都离不开家庭,人生质量的高低、好坏都与家庭环境密切相关,而家庭礼仪是家庭环境的重要因素,因此,家庭礼仪是促进家庭成员身心健康、努力进取的重要条件。

(三)家庭礼仪是社会和谐进步的基础

家庭是社会的细胞,只有家庭的和睦,才有社会的和谐。家庭礼仪能促进家庭的文明和美德建设,使家庭生活美满幸福,使其成员有健康生活和成长的条件,形成积极进取的生活态度和较强的自我约束能力,以及关心他人、关心集体的服务意识和奉献精神。家体成员若能都带着这样的道德观、人生观和价值观投入社会工作中,必然会有良好的职业道德;在社会公共生活中,必然体现良好的社会公德,从而形成文明、向上的社会风气,促进社会的稳定和进步。

第二节　家庭成员礼仪

家庭的每一个成员对家庭都有一定的责任和义务,家庭礼仪的功能就在于调节家庭成员之间的关系,使之明确自己的家庭责任,承担家庭义务,互相关爱,增进亲情。这既是家庭美德建设的重要内容,也是家庭成员幸福成长、健康发展的必要条件。

一、夫妻之间的礼仪

夫妻是原本没有任何血缘关系的相对独立的"社会人",通过一定的法律程序,缔结成具有婚姻关系的"亲密爱人"。结婚后,双方的角色、生活空间都发生了改变,夫妻关系成了家庭生活的主体和核心。要营造和谐美满的家庭生活,夫妻双方都需要遵守夫妻之间的礼仪。

(一)夫妻之间应互相尊重

互相尊重是夫妻感情不断加深、爱情不断升华的前提条件,也是家庭和睦幸福、家庭成员身心健康的基础条件。

夫妻之间相互尊重的前提,应该是双方处在平等的位置上。家庭生活是夫妻双方共同努力经营的,双方都为美好的家庭生活而努力奔波,所付出的努力价值是同样的。因此,双方在家庭中具有平等的权利和义务。不论双方是什么职业、什么地位、什么学历,收入怎样,双方都应互相尊重对方的思想、爱好、生活习惯、人格和尊严。双方有共同承担家务劳动的义务,要尊重对方的劳动,赞扬和珍惜对方的劳动成果。要尊重对方内心的情感,对于双方各自曾经经历的人生困境、痛苦,甚至隐私,要利用一切机会给予宽慰,尽力帮助对方抚平心中的创伤,不要追问对方不愿回忆的往事,更不能刨根问底揭伤疤。有事应互相商量,不要把个人的意愿强加给对方。双方共有家庭事务决定权,共同支配家庭收入,并应互相尊重对方的亲戚和朋友。

(二)夫妻之间要相互爱护

夫妻双方是因为爱才组建家庭;也是因为爱,才愿意彼此给予对方无私呵护的。在工作上、事业上夫妻双方互相关心、互相帮助,有了成绩互相鼓励、共同分

享,遇到困难共同面对和解决。为了支持对方的事业,双方都要主动承担家务劳动,还要主动关心对方的劳动状况,有条件时"出手相助",辅之一句"你辛苦了""你做得真好"等简单的赞誉。这些足以表达夫妻之间绵绵的爱意,使对方感到夫妻之间不分彼此。当然,爱护不应该只局限在言语上,一个拥抱、一个眼神、一个细微的爱抚,都足以表达夫妻之间相濡以沫的情感。同时,互相爱护要懂得迁就对方,了解对方的喜好,培养双方共同的兴趣和爱好,让对方感到爱人不仅爱护自己,而且志同道合。这样才会让双方得到精神上的愉悦,感受到家庭的温暖和幸福。

(三)夫妻之间要相互理解

夫妻之间最难得的是能够相互理解。俗语说"金无足赤,人无完人",每个人都有自己的缺点和不足。作为妻子或丈夫,必须多看对方的优点,对对方的缺点和不足予以包容,达成双方的相互理解,尽量减少夫妻之间的摩擦。夫妻二人要共同承担一定的社会责任,担任一定的社会工作;为充实自己的人际关系,参加各种聚会等社会活动,双方都要给予理解和支持,不能互相阻拦、指责,甚至怀疑对方。同时,为理解和支持对方,夫妻双方还要在家庭中扮演好自己的家庭角色:做个好丈夫或好妻子、好儿女、好父亲或好母亲等。需要注意的是,在社会和家庭的双重压力下,人们难免会因为一些琐事而情绪低落甚至发脾气,对此,夫妻之间都要冷静,要坦诚相见,交流思想,多做自我批评,求得妥善解决。遇到问题时,夫妻双方都不宜说"过头的话"或做"过头的事",不能简单粗暴地刺激对方,更不能翻旧账或将"战火"波及双方的家庭和父母。

人的一生不可能事事完美、时时顺意,生活中的困难是需要夫妻双方共同面对的。夫妻是彼此的精神支柱,遇到挫折时应给予对方最大的鼓励,做对方最坚强的后盾,永远都要做最理解对方情感、最懂得欣赏对方才华的人。

(四)夫妻双方应共同勤俭持家

勤俭持家是家庭礼仪的重要内容。勤俭,即勤劳与节俭。勤劳指的是人们对待劳动的态度与品质,它要求人们热爱劳动,用自己的劳动为家人创造温馨幸福的生活。节俭指的是人们对待生活消费的态度,它要求人们约束自己的消费行为,俭约财力,为家庭生活和子女成长积累财富,奠定经济基础。

家庭的幸福和发展需要家庭成员的共同付出,特别是夫妻双方辛勤的劳动付出。家务劳动是家庭生活的重要内容和必备条件,夫妻双方对家务劳动有共同承担的义务,做饭、买菜、洗衣、打扫卫生、接送孩子及其他家务,双方都要主动去做丈夫要多承担一些比较繁重的体力劳动,妻子也要尽量为丈夫减少一些负担,双方应互谅互让,体贴入微。

勤俭节约是珍惜劳动果实的美德。勤俭持家首先要管理好家庭消费,做到量力而行。在家庭消费上,夫妻双方均应一切从实际出发,衣食住行,合理消费。俗话说得好:"吃不穷,穿不穷,不会打算一世穷。"因此,夫妻双方应先核算一下家庭的收入,然后按轻重缓急统筹安排消费行为,做到节俭而不吝啬,大方而不浪费。在家庭消费中,每个家庭都会遇到婚丧嫁娶等方面的开支。对于这些家庭开支、家庭礼仪提倡节约、文明,反对大操大办、挥霍浪费。

(五) 夫妻双方应协力赡养老人

家家有老人,每对夫妻都有双重父母。夫妻双方对待父母的态度是增进夫妻感情的关键,也是家庭礼仪的重要内容。夫妻双方都应尊敬父母、赡养老人,重视父母的物质生活,让他们吃好穿好。这是保证他们晚年幸福的基础条件。同时,夫妻双方还要关心父母的精神生活。随着老人年龄的增长,身体的衰老,他们在心理上变化很大,不同程度地存在孤独感和失落感。如果儿女多给一些感情的回报,多了解他们的想法,多征求他们的意见,多带各种信息回家与父母交流等,他们就会十分欣慰和幸福。对于自己的父母做到这一点并不难,关键在于对对方父母的态度。夫妻双方对对方父母要和对自己父母一样,要不偏不倚,一视同仁。夫妻双方如果真的互敬互爱,就应该尊敬对方的父母,更应该明白爱人的父母不仅给了爱人生命,也为他(她)的成长付出了心血,没有爱人的父母,就没有爱人的今天。所以如果真心对爱人好,夫妻双方都要对对方的父母好。这样既可以使老人喜悦,又可以使爱人欢心,也会使爱人更加尊重自己的父母,进而会加倍增进夫妻感情,也为子女树立了敬老养老的榜样,使家庭更和睦、更美满。

(六) 夫妻双方应齐心抚养子女

子女不仅是夫妻爱情的结晶,也是夫妻感情的纽带。父母对子女的培养、教育,不仅表现在对物质生活的关心、照顾上,而且应该重视对子女思想品德的教育和培养。父母应从小就教育子女了解个人与他人、与集体的密切关系,培养他们关心集体、关心他人、热爱祖国、热爱劳动、遵守法纪等优秀品质。鼓励他们自信、自立、自强,积极向上,树立远大人生目标,做一个有理想、有道德、有文化、有纪律的社会主义新人。父母应让子女明白:在人生道路上,他们可以从事各种职业,但不能没有道德,只有先学会做人,才能更好地做事。

对于子女,养而不教不对,教而不当也不妥。家庭教育不仅要有正确的指导思想、高尚健康的教育内容,还要有科学的教育方法。父母对子女要做到正确施爱,就应该既对子女的言行有所制约,又鼓励他们参加集体活动和社会活动;既在生活上关心爱护他们,又注意培养他们的自立意识和独立生活能力;既严格要求他们,又民主平等地对待他们。父母对子女应坚决避免溺爱、偏爱、封闭式的爱、自私的爱等错误的施爱方式。

二、子女与父母相处的礼仪

在现代家庭里,无论儿子还是女儿,对家庭的责任、义务和权利是等同的,这是社会提倡男女平等的原则在家庭中的反映。子女与父母相处,既要批判地继承中国传统的家庭礼仪,又要根据时代的发展,增添新内容。

(一) 尊重父母

尊重父母是我们中华民族的传统美德。子女应尊重父母的人格、父母的劳动、父母的教诲和父母的情感。

父母为家庭幸福和子女成长付出的心血,难以用语言表达和衡量。因此,不管社会地位高低,经济收入多少,身体状况如何,他们都有自己的人格和尊严,都应受到儿女的尊重。子女在成长过程中,消费的都是父母用辛勤劳动换来的成果,每一分钱都凝聚着父母的劳动,子女能勤俭节约,不追求高消费,就是对父母劳动的尊重。同时,子女要主动帮助父母承担家务劳动,不能躺在父母的劳动成果里"衣来伸手,饭来张口"。父母有人生阅历,有人生经验,他们都希望儿女能走正路,能顺利成才。所以在面对人生的重大决策时,子女应与父母商议,认真征求他们的意见,尊重他们的教诲。子女倾听父母的教诲要有一个谦恭的态度,不可漫不经心,也不可表现出不耐烦的样子。即使父母教育中有不足取的部分或态度过于严厉,也不应顶撞、吵闹,应该在事后大家都心平气和时,再向父母解释以消除误会。子女要了解父母的良苦用心,体谅他们的感受,尊重他们的情感,珍惜他们的心血,学习并继承他们的美德。

(二) 理解父母

子女对父母的理解主要是指子女对父母的言行应多进行"设身处地""将心比心"的换位思考。有一句社会名言"理解万岁"足以说明"理解"问题的重要性。

父母总是希望子女健康成长、顺利成才。因此,父母都希望子女能接受他们的人生经验。父母们常常用自己的亲身经历、今昔对比、榜样的力量等来教育子女,为了让子女牢牢记住,他们会反复地、不厌其烦地讲述。此时,子女一定要理解父母的良苦用心,不要因为觉得他们"啰唆"而产生厌倦情绪,更不要掩耳逃避。

有些父母有许多业余爱好或者特长,年轻时由于工作太忙或家务负担重,无法展现。等到子女长大了,闲暇时间多了,他们就很想发展自己的业余爱好,如跳舞、唱歌、绘画等。子女对父母理解和尊重,就要支持父母参加上述活动,同时帮助他们准备各种"备品",创造条件让父母展现才华。有条件时,子女还要参与或欣赏父母的业余活动,与父母共享人生的快乐。子女要理解父母的生活方式,谅解父母的心理定式是历史条件形成的,他们有权利按自己适应的方式生活。子女不应随意改变和干涉父母的生活,对父母的生活方式,不能简单地以"僵化、保守"给予贬低或否定。

对于失去老伴的父亲或母亲,子女要多关心他们的情感生活。如果他们有再找老伴的愿望,子女应根据情况了解事情真相,认真分析帮助父母解决问题,尽量支持他们的"黄昏恋"。如果对方条件不合适,子女要耐心听父母的倾诉,关注他们的想法,动之以情,晓之以理,认真说服引导,让他们心服口服;千万不要横加指责,更不能讽刺挖苦,恶语相加。子女要多理解父母的孤独处境和失落情绪,为父母的幸福晚年生活创造条件。

(三)感恩父母

每个人的生命都是父母给的,每个孩子从一出生就浸透着父母无尽的爱。父母不仅用激动的泪水和幸福的微笑迎来了子女的生命,还不辞辛苦地教子女说话、走路、认字、懂礼貌等生活技能,子女的每一步成长都是父母耐心呵护、教育的结果。

无论父母的处境如何,他们都会把自己的情感无私地倾注给子女。当子女遇到困难或委屈时,父母会真心地听其倾诉,并会尽其所有、全力以赴地给予帮助。当子女取得成绩时,父母是最从内心为之高兴、祝贺、分享喜悦的人,还会嘱咐其戒骄戒躁、继续努力。当子女犯了错误陷入逆境时,父母是最先给予他们心灵慰藉、改错的自信和前进动力的人。当子女外出或在外地工作时,父母是从内心时刻想念、牵挂和祝福的人。即使子女长大成人,自己安家之后,父母还不放心,又会把精力投入到子女的小家庭中。很多父母自己省吃俭用,给儿孙花钱却从不心疼;自己年迈体弱,还尽力帮助子女做家务;为了给子女带孩子,他们常常放弃自己休闲、游玩、娱乐的机会……可以说,父母一生都在为子女无怨无悔地操劳奔波,他们对于儿孙的爱就像瀑布一样向一个方向倾泻,从来不图回报。

因此,对父母给予的生养之恩、教育之恩、奉献之恩,子女要尽力在物质、精神、身体等方面给予关照和回报。而且怎么报答"都不嫌多",父母对子女的付出是子女永远报答不完的。世上最大的恩情莫过于父母对子女的恩情,这种恩情值得子女们用赤诚的心去感激,用真诚的行动去回报。

(四)孝敬父母

"百善孝为先",孝敬父母和长辈是中华民族的传统美德。早在元代我国就有"二十四孝"的故事。随着社会的发展和进步,我们对孝文化的理解也要与时俱进,既要保留积极因素,又要克服消极因素,既要传承,又要创新。由全国妇联老龄工作协调委员会办公室、全国老龄工作委员会办公室等共同发布的新二十四孝行动标准(如图3-1所示),比传统的二十四孝更简洁易懂,是与现代社会生活紧密相结合的行动标准。

1. 经常带着爱人、子女回家	2. 节假日尽量与父母共度
3. 为父母举办生日宴会	4. 亲自给父母做饭
5. 每周给父母打个电话	6. 父母的零花钱不能少
7. 为父母建立"关爱卡"	8. 仔细聆听父母的往事
9. 教父母学会上网	10. 经常为父母拍照
11. 对父母的爱要说出口	12. 打开父母的心结
13. 支持父母的业余爱好	14. 支持单身父母再婚
15. 定期带父母做体验	16. 为父母购买合适的保险
17. 常跟父母做交心的沟通	18. 带父母一起出席重要的活动
19. 带父母参观你工作的地方	20. 带父母去旅行或故地重游
21. 和父母一起锻炼身体	22. 适当参与父母的活动
23. 陪父母拜访他们的老朋友	24. 陪父母看一场老电影

图3-1 新二十四孝行动标准

三、父母与子女相处的礼仪

父母是家庭的核心,是子女成长过程中的"主心骨"。父母对家庭的很大一部分责任就是抚养和教育子女。在此过程中,父母应遵循以下礼仪规范。

(一)父母要以身作则

一个家庭家风的好坏,首先取决于父母的礼仪修养。良好的父母关系会使子女感到安全和幸福,父母是孩子人生的第一任"老师"。身教胜于言教,榜样的力量是无穷的。因此,父母要以身作则,做儿女的好榜样。

在家庭生活中,家长经常告诫子女要尊敬父母,那么父母首先自己就要孝敬老人;父母让孩子刻苦学习、上课注意听讲,那么自己就要先勤奋工作、钻研业务;父母教育子女不要乱花钱,自己就要艰苦朴素、勤俭持家等。家长教育子女不是居高临下以老子自居,不能以"家长"身份压制子女,也不能用打骂的暴力方式对待子女,更不可以因工作上的不顺心,把子女作为"出气筒"。父母对待子女要讲平等,要注意自己必须具备教育子女的条件,以自己的言行为子女做出表率,让子女心服口服,这样才能达到好的教育效果。这就要求父母必须放下在子女面前的权威感,要以理服人、以情感人。在生活、学习、工作、劳动、待人接物等方面,父母都要为子女做出好的榜样,努力构建家庭的融洽氛围,使家庭成为子女幸福生活和健康成长的温馨港湾。

(二)尊重爱护和严格要求

父母作为长辈,对子女的教育具有权威性,但是也要注意教育方法,要树立正确的家庭教育观。父母要细心观察和研究子女在各个发展阶段的生理与心理的变化,因势利导,施之以教,既要严格要求子女,也要懂得如何尊重子女。在教育子女的过程中,父母要避免两种倾向:一是为了达到"望子成龙""望女成凤"的目的,对子女要求过于严格,不给孩子自由活动的空间,而且态度生硬,甚至使用暴力,走向"专制";二是只强调爱护,对子女百依百顺,放任自流,使孩子形成任性和唯我独尊的毛病。这两种情况都是较常见的,也都是错误的。正确的做法是把两者结合起来,在教育过程中,有严有宽,宽严结合。父母应教育子女人生有理想、学习有目标、行为有规范、生活有规律。为了做到这些,必须经过艰苦的努力,父母应做到严格要求、严格教育、严格训练,让子女有一定的压力,受到一定的制约。同时,父母又要尊重和爱护子女,把家庭教育与学校教育、社会教育结合起来,根据子女的特点把他们培养成具有独立人格的人;还要在子女需要帮助时,无论是学习、生活、工作、思想、精神、心理等方面,都应给予无条件、无保留的关怀和鼓励。父母要让子女有一定的自由,让他们感觉到生活虽然有压力,也有轻松,有紧张,也有快乐。父母对子女的严格要求,是对他们的人生负责,是对他们最深沉的爱。

要做到对子女尊重爱护和严格要求,父母还必须辅之以表扬、奖励和及时批评相结合的方法。对子女好的行为和品质,父母应及时肯定、表扬,鼓励他们再接再厉;对不良思想和行为要及时批评,以便及时纠正。

(三)对子女的教育要求应一致

父母的教养态度和教育方法直接影响子女的行为规范和心理健康,在家庭生活中,父母要承担对子女教育的主要责任。对子女的教育,父母双方的教育态度、教育要求、教育目的等都应该是统一的。不能一方批评,另一方袒护;一方严格,另一方放纵。这样会造成不良后果。一是会使子女不能正确认识自己的问题和缺点。因为孩子在家长面前,总是希望得到表扬。当受到父母一方批评时,特别希望有人庇护自己,而另一方的袒护正好迎合了孩子的这种心理。长此以往,孩子不但不会认识和改正缺点,反而会产生对袒护一方的依赖,对批评一方的反感,给家庭教育带来更大的麻烦。二是会使孩子不知所措、无所适从、左右为难,不知如何辨别是非、好坏,进而导致孩子认知歪曲或形成错误观念,最后可能使孩子形成看人行事、看脸色行事的不良个性。

因此,父母对子女的教育要求必须一致,只有这样才能形成一种教育合力。让子女感到父母二人是铁板一块,没有空子可钻,自己有了错误必须改正,父母双方都不会为自己辩护。这样,自然会明显提高教育效果,有效地促进子女身心健康发展。

四、兄弟姐妹之间的礼仪

兄弟姐妹之间有着亲密的血缘关系。在一个家庭之中他们互相陪伴,共同成长。这种共同生活经历的情感是无比珍贵的,也是无法取代的。但是随着年龄的增长,兄弟姐妹会从父母呵护的小家庭迈入社会生活的大家庭,有了自己新的学习、生活、工作环境,情感的投入也不仅仅是父母和兄弟姐妹,扩大到社会范围。为了使兄弟姐妹之间始终保有"手足之情",大家有必要践行以下礼仪规范。

(一)彼此爱护,互相关照

兄弟姐妹"本是同根生",互相之间的爱护、关照应该是不计较任何条件,不图回报的。这不仅体现在关照生活上的冷暖、物质方面的支援上,也包括精神方面的沟通,情感的慰藉等。兄弟姐妹之间的这种关心和爱护应保持经常性,即使长大之后,各自建立了家庭,也要经常联系、沟通。特别是每逢节日或生日时,不仅要及时问候,还应记住兄弟姐妹的爱好和兴趣,送点对方喜欢的小礼物。这会让他们感到惊喜和兴奋,也会使大家深深地体验到兄弟姐妹还在互相牵挂、互相爱护,"手足之情"还在延续,互相之间的亲情不但不会淡化,还会越来越浓。

(二)彼此谦让,宽宏大度

兄弟姐妹虽然都是父母所生,都在同一家庭长大,但是性格、兴趣、爱好都不会完全相同。在生活中兄弟姐妹间难免会产生分歧,遇到矛盾,也会涉及物质利益问题,也会生气甚至争吵。当遇到上述问题时,大家一定要友爱谦让、宽容厚道。哥哥姐姐要以身作则,爱护弟弟妹妹,弟弟妹妹要尊敬哥哥姐姐,互相之间多做退让,不要斤斤计较。遇到问题,大家要理性分析、公平处理,学会尊重、理解和感恩。大家不要将对方的爱护看作是应该的、理所当然的,也不要把出于关爱目的所进行的批评,当作耳旁风或是负担,甚至反感或"记仇";而是要宽宏大度,能听得进逆耳之言,还要领情、知恩图报。在钱和物的问题上,要尽力自己"吃亏",让对方"占便宜"。虽然表面上在物质利益上有损失,但是兄弟姐妹之间的亲情关系会更加紧密,这种情谊比金钱更加可贵。

(三) 取长补短,共同进步

兄弟姐妹虽然在一个家庭中成长,在相同的环境中生活,但是由于先天的因素和后天的习惯等不同,各自形成了自己的特点。例如,有的性格开朗,有的性格内向;有的反应灵敏,有的显得迟钝;有的比较勤快,有的比较懒散,等等。总之,人无完人,每个人都有优点,也有缺点,有长处,也有短处。兄弟姐妹之间要互相了解各自的长处和短处,敢于正视自己的不足和缺点,学会欣赏对方的优点和长处,这是一种谦虚的品质和境界。无论在生活、学习方面,还是在其他方面,都不要拿自己的长处与对方的短处相比,要耐心地用自己的长处去影响对方,并虚心地学习对方的长处,做到大家共同进步。要牢记有优点要继续发扬,不可以骄傲;有缺点应该克服,不应该掩饰。只有这样才能不断地互相提高、共同进步。

(四) 携手并进,共渡难关

兄弟姐妹在互相关心、互相呵护中成长,大家应尽力做到彼此照料,共享顺境。但是,生活中没有永远的顺境,不可避免也会遇到困境,会遇到各种各样的矛盾,甚至坎坷。当遇到困境时,大家要互相体谅、互相慰藉,并且要出手相助。对于各自因为家庭的责任、子女的教养、工作的重担等方面出现的问题甚至困境,兄弟姐妹之间要多一些理解,要在力所能及的情况下"拉兄弟(姐妹)一把"。要让有困难的人感到自己不是在孤军奋战,从而增强战胜困难的信心。如此,不管谁遇到困难,大家都能携手并进,共渡难关。

(五) 赡养父母,共同尽孝

父母为家庭的幸福做出了贡献,为子女的成长付出了心血,到他们年老体衰时,理应受到家人的尊敬和子女的赡养。这既是法律规定的义务,也是中华民族的传统美德,每个家庭成年的兄弟姐妹都应自觉自愿地践行。作为子女,不管工

作多忙,生活负担多重,都不要忽视父母,既要关心父母的物质生活,又要关心父母的精神需求。兄弟姐妹都要积极履行赡养父母的义务,不要互相推诿。大家还应该找机会互相约定回父母家聚会,特别是节假日或父母生日时,带着孩子回家看看,让父母看到子孙后代的健康成长、家庭的兴旺,享受子孙绕膝的人生幸福和自豪。这样不仅会让父母心里高兴,延年益寿,也会在对父母的尽孝中增强兄弟姐妹之间的亲密情感。

五、公婆与儿媳相处之礼

公婆与儿媳的关系是一种没有血缘联系的特殊关系,是通过儿子的婚姻而形成的亲属关系。要想处理好这层关系,互相之间的礼让、理解、尊重、宽容是非常重要的。

(一)公婆与儿媳都要把对方看作是自家人

公婆与儿媳关系的重要性,就在于公婆的儿子是儿媳的丈夫,他们都是儿子或丈夫最亲最爱的人。他们的关系影响家庭关系的"全局"。

儿媳既然进了婆家门,和公婆就是一家人。公婆应该主动沟通、真诚地欢迎,尽快接受对方。家里多了成员,无论做什么事,公婆都要考虑儿媳的感受和态度。有的事情以前与儿子商量,现在必须还要与儿媳商量,征求她的意见。即使儿媳的态度与公婆不一致,也要认真倾听,互相商量,坦诚以待,互相说服,争取达到互相理解或一致。切忌凡事瞒着儿媳,把儿媳当外人。这样不仅不利于正常交往,也会伤害感情。公婆对儿媳称呼尽量用"爱称",用称呼子女的方式称呼儿媳,让儿媳感到亲切、温馨。

儿媳对待公婆要像对自己的父母一样,感情上尽量消除隔阂,生活方面多体贴、关照,经济方面主动多付出。儿媳对公婆的称呼,自"进门"起,就应叫"爸爸""妈妈"。每到节日或生日,儿媳还应"主动"赠送礼物或准备家宴,让公婆感受到儿媳进家后,他们多了一个女儿,不但儿子的孝敬有增无减,而且弥补了儿子在细小事情上的粗心和不周。

总之,公婆与儿媳应主动消除彼此之间的隔阂和戒备心理,主动拉近互相之间的情感距离,自觉做一些有利于互相增进感情的事情。

(二)公婆与儿媳之间要互相理解逐渐适应

由于公婆和儿媳原来生活在两个不同的家庭,各自形成了自己的生活观念和日常习惯,现在相聚在一个家庭,必然需要一个互相了解和适应的过程。双方应互相观察对方的行为习惯,尝试着接受和适应。公婆不能要求儿媳完全按自己家的一套行事,要多了解儿媳的生活习惯,尽量给予理解,不要总觉得别扭,或者这也看不惯,那也不顺眼。儿媳要仔细了解婆家的处事规矩,尽量地适应,不要总是挑剔,甚至用自己娘家的规矩来"对抗",这样必然会加深矛盾,甚至引起争吵。

既然是一家人,有事应全家商量。在家庭消费、教育后代、家务安排、亲朋来往等问题上,大家应尽可能经常交流、彼此信任、求同存异、协商解决。即使有分歧,也要恳切地了解事情的首尾,要"设身处地""将心比心",尽量多考虑对方的想法,关注对方的处境。双方都不宜轻视对方或只想改造对方,强制对方附和自己的意愿,更不要随意指责对方。

总之,公婆和儿媳在相处过程中,双方都应尽量全面了解对方的性格,尝试适应对方的生活习惯,尽量为对方创造方便,要共同努力,在理解和接受中拉近感情、增进亲情。

(三)公婆与儿媳之间要互相尊重和宽容

公婆与儿媳之间的相处,要多一些尊重和宽容,少一些挑剔和强势。双方要尊重对方的人格、情感和劳动。无论在家里家外,儿媳都要尊重长辈,对于公婆为事业和家庭的付出,要给予肯定和赞扬,对于公婆对家庭成员的关心和爱护,要给予足够的回报。例如,常常夸奖公婆做的饭菜可口,肯定公婆对子女、儿孙的关怀和教育,感谢公婆为家里清理卫生,夸奖公婆洗的衣服干净,经常为公婆买些礼物来表示敬意,在日常生活中主动做家务,让公婆多休息等。

公婆对于儿媳也不要苛求,应尽量减少儿媳的家务负担,使其多出时间来干事业。对于儿媳对自己或家里的关照,公婆要给予及时的肯定和表扬,即使儿媳存在一些缺点,也要以长辈的姿态,给予宽容,或者采取适当方式,心平气和地沟通交谈,或者通过儿子,间接地做儿媳的工作,以达到互相理解的效果。

当公婆和儿媳之间有矛盾时,双方不能一味强调自己正确,让对方认错以至"屈服"。特别是公婆,不能站在同一"战壕"里对待儿媳,公公或婆婆应站在中间立场,尽量做对方工作,缓和矛盾、调节情绪。这种中间者的特殊关系,对双方会更有说服力和影响力。

总之,双方都要大度宽容,要有忍让的气度,不随意批评,不生硬顶撞;要互相把对方放在眼里,放在心上,互相尊敬,互相爱护。

六、岳父岳母与女婿相处之礼

岳父岳母与女婿的关系同样是一种没有血缘联系的特殊关系。他们之间的礼仪与公婆儿媳相处之礼基本相同。但是,相对于公婆与儿媳的关系,岳父岳母与女婿的关系处理显得单纯得多。

(一)摆正双方位置,互相尊重体贴

摆正双方位置,互相尊重体贴,是讲双方要客观正确地看待彼此。岳父岳母作为长辈,要爱护女婿,把女婿当儿子看待;女婿也要把岳父岳母当作父母一样孝敬。在家庭里,女婿要称岳父岳母为"爸爸""妈妈"。双方在一些家庭问题的处理上,要多考虑对方的意向,即使有分歧,也要以互敬互爱的心态,彼此之间不伤和气,共同商量探讨解决。

在现实生活中,有些年轻人不会做饭,不会洗衣,更不会做其他家务,过着"衣来伸手,饭来张口"的生活,即使成家立业,也很难改掉这些习惯。岳父岳母对这样的女婿,不要嫌弃,不要讽刺挖苦,以免伤其自尊。应该像对儿子一样去关心他,帮助他学会从简单的家务做起,开导他要做家庭的顶梁柱,要承担家庭的责任。岳父岳母要用亲情去感染他,用行为去影响他,使女婿逐渐成为能独立生活、热爱家庭、重视亲情的男子汉。

女婿像对自己父母一样对待岳父岳母并不难,除了对老人的尊敬和关心,还有一张缓和关系的"王牌"——爱人。她作为自己的妻子、岳父岳母的女儿,深爱着双方,是双方沟通的"天使"。所以女婿应尽量做到敬老爱老,万一有了分歧,也不要直接"对抗",可通过妻子去做工作。这样,岳父岳母不仅会理解自己、谅解自己,还会更体贴和爱护自己。

(二)岳父岳母与女婿要互相关心与支持

岳父岳母与女婿应该在生活中互相体贴关心,事业上互相支持,在关心与支持中加深情感、升华亲情。

老年人退休在家,尽管有老伴陪同,也会产生孤独寂寞之感。随着年龄的增长,身体逐渐会出现一些老年病症。女婿应该与妻子一道带着孩子,常回家看看,有时间多陪陪老人,唠唠家常,谈谈亲朋故友,听老人讲讲人生经历,陪老人下棋等;还要关注老人身体,经常给老人讲讲保健知识,一旦发现老人身体出现不适,

要陪同他们去医院及时检查和治疗。这样可以使老人体验到女婿和"儿子"一样关心自己,也会像对"儿子"一样爱护女婿。

老年人在刚刚退休的时候,从社会岗位回归家庭有个适应的过程,最好在家或在社会有事做,使精神上有所寄托。女婿要体谅岳父岳母的心情,对岳父岳母的第二次"就业"不要持否定态度,更不能为了让老人多照顾自己的"小家",而把他们"管"在家中。要积极鼓励他们走出家庭,广交朋友,多参加社会公益活动,甚至主动帮他们找事做,帮助他们发挥余热,得到社会的重新认可,使老人从工作岗位回归家庭"软着陆",有利于他们的身心健康。

俗话说"活到老,学到老",老年人退休后,坚持看报读书,写写文章或回忆录,上网看看新闻,不仅使他们增长知识,开阔视野,跟上时代的步伐,还会使他们从中找到乐趣,保持积极和热爱生活的心态。女婿要积极支持岳父岳母的"充电"学习,鼓励他们上老年大学,学习自己感兴趣的知识和技能等。例如,可以经常给老人带回各种信息和资料,教老人学会电脑操作等,使老人陶冶情操,丰富晚年生活。

岳父岳母不仅应在生活上像关心自己的子女一样对待女婿,问寒问暖,体贴入微,还要关心和支持女婿的事业,鼓励女婿作为家庭的顶梁柱、社会的男子汉,要有成功的事业。要经常关心女婿的工作,当好参谋、出好主意,当女婿取得成就时要及时鼓励和为其庆贺,当女婿受到挫折时要及时给予安慰和关怀。除此之外,岳父岳母还要给女婿做好后勤工作,尽可能地帮助他们的小家庭减轻家务负担,减轻生活压力,让女婿和女儿无后顾之忧,轻装上阵。

总之,岳父岳母与女婿之间要真诚地关心体贴、以礼相待,这样有助于营造和谐的家庭关系、温馨的家庭氛围和幸福的家庭生活。

第三节　家庭仪式礼仪

家庭生活与社会生活密切相关,离不开某些仪式。这些仪式都有一套活动规范和行为准则,约束着家庭生活必须遵循相关礼仪的要求。

一、结婚庆典礼仪

结婚庆典是人生重要经历,也是家庭的重要礼仪。每个家庭和当事人都希望结婚庆典喜气美满,给家庭带来吉祥、安康。

(一)结婚庆典前的准备工作

1. 要确定结婚庆典的时间、地点和规模

当事人和家长要根据双方及亲友的情况,确定结婚庆典的具体时间。从社会的整体情况看,在城市,多在节假日举行婚礼,以便客人有时间参加。在农村,还要考虑农闲季节和食品丰裕的季节。婚礼的地点,在城市,多选择饭店、酒楼;在农村,除饭店外,也有在自家庭院举行结婚庆典的。

双方当事人还要拟定参加结婚庆典的宾客名单,主要包括各自的父母及亲朋好友。邀请父母和子女的领导参加结婚庆典,并作为证婚人或做祝福讲话,也是当前比较流行的做法。有些亲朋由于各种原因不能来参加的,也要"明知故请",以表示对其的重视和尊敬。参加结婚庆典的人数决定其规模,主办方应尽量把该来参加的人都通知到,名单一旦确定下来,就要正式发出请柬或进行口头通知。

2. 认真研究结婚庆典的礼仪细节

完美的结婚庆典不能在细节上有失误。例如,迎亲车队的数量、路线,伴郎伴娘的选择,摄影摄像工作,主持人的邀请,男女双方家族的婚俗要求,宾客的迎送及座位安排,婚宴的菜谱,酒水的选择,乐曲或乐队,主要招待和迎送人员,以及给有关人员的礼品等,都应有详细的安排和计划。

3. 结婚庆典会场的布置

结婚庆典会场要弘扬喜庆气氛,一般以红色为主调,还要挂彩带、摆鲜花、贴大红双喜字等。在结婚庆典会场的背景墙上,一般会写上结婚当事人的名字"××女士和××先生的结婚庆典"。当前还流行在结婚庆典会场门口或场内摆放当事人的艺术照片,以突出主人形象和烘托喜庆气氛。为规范结婚庆典的秩序,还应在婚宴桌上放置"娘家客人""新娘(新郎)同事"等指示标志,以引导客人有序就座。

4. 新人的准备

到了结婚年龄的男女,经过恋爱的阶段后要缔结婚姻,成为社会制度所确认的夫妻关系。双方都要离开自己的父母,重新建立新的家庭,开始新的生活,所以称为"新人"。这标志着两人的家庭角色发生根本变化,面对这个变化,双方都必须有各方面的充分准备。

对于新人来讲,原来在各自的家庭里有父母等亲人的照顾、呵护,生活、工作、社交等都有一定规律,并且"吃粮不管事",不用操心个人生活之外的具体事务。面对结婚后的新家庭,由原来的被呵护对象变为家庭的主角。从柴米油盐的小事,到住房、子女培养及其他生活问题,都需要俩人筹划和实施。所以,新人必须有充足的心理准备,才能以积极的心态,顺应家庭角色的转变。

在众多准备之中,非常现实的问题是应对"结婚仪式"。其中,重要的一项内容是拍结婚照。这是现代青年比较在意的仪式。随着经济的发展和生活水平的提高,结婚照的形式越来越多,价格也越来越贵。新人应根据俩人的经济状况及其他条件选择适合自己的结婚照,以作为永久的纪念。

同时,新人还要特别注意婚礼时的修饰打扮。一般情况下,新郎应准备两套服装。一套是西装,举行婚礼仪式时穿,要配红色领带;正式仪式结束后,要给亲朋敬酒,最好换上便装,例如"唐装",方便招待亲朋。新娘也需准备两套服装。一套是举行婚礼仪式时穿的婚纱装;正式仪式结束后,为亲朋敬酒时要换旗袍或其他类型的服装等。新娘的发型也要精心设计。

新房的装饰也需要新人认真策划。因为新房不仅要给亲朋"参观",更重要的是,它是两个人的"新巢",一定要温馨浪漫。从新房的整体设计到各种家具及用品的摆放,既要考虑到时尚因素,也要考虑品位,同时,要考虑经济条件。床上用品可以以红色、粉色为主调,其他就不能全用红色,因为红色刺激性强,满屋红色不利于身心放松和休息。特别是窗帘,最好选用淡绿色、淡蓝色或其他浅花色,这样不仅视觉上舒适,而且也会显得淡雅温馨。

(二) 婚礼仪式

1. 传统婚礼

传统婚礼,即采用迎娶的方式,新郎亲自去新娘家里迎接新娘,而且将婚礼仪式与婚宴结合。传统婚礼的一般程序是,主持人宣布仪式开始,请出新郎新娘及陪伴人员,新娘挽着新郎,从入口处缓缓入场,向大家挥手致意。新郎新娘到婚礼台后,陪伴人员下场,由主持人邀请大家向新人送上祝福。接着是双方亲朋代表讲话,双方家长讲话。然后新人要给双方父母鞠躬,感谢父母的养育之恩。接着是新人互拜,新郎为新娘戴戒指,新娘向新郎赠送手表等结婚纪念礼品。仪式结束后,新人换装为到场的亲朋敬酒,婚宴正式开始。

2. 旅游婚礼

旅游结婚是近年来比较时尚的结婚方式,即新郎新娘以旅游的方式代替传统的结婚仪式。这种方式大多是新婚男女选择独立自由的"两人世界",既可以相依相恋地度蜜月,又可以游览观光、放松身心、尽情休闲。也有家人陪同新人共同去旅游结婚的,但要给新婚夫妇充足的自由空间,不宜"形影不离"地跟随陪伴。

旅游路线最好选择双方都感兴趣,而且没有去过的"名景区",不宜选择偏僻的地方,也不宜选过多的景点。这样才能以度蜜月为主,使双方的身心充分放松,避免过于紧张和疲劳,以达到新婚安康幸福的目的。

在新人旅游结婚出发前及返回时,双方的家庭及好友一般会举行适当的欢送和迎接仪式,到机场或车站送行和迎接,以表示家人和好友对他们的真诚关爱和美好祝福。

新人在旅游中应以轻松愉快的心态度婚假,可用录像、照片等方式留下永久的、美好的回忆,也可用手机视频及时把旅游中的美景传递给亲朋好友,请大家分享新人的幸福和快乐,也免去亲人的担忧和牵挂。同时,新人不要忘记给家里等待的亲人买些有纪念意义的小礼品等。

3. 集体婚礼

集体婚礼是我国近年来倡导婚事新办而出现的新事物。这种婚礼有自发组织的,但更多是群众团体组织的。集体婚礼一般由发起的群众团体的领导主持,来宾也大多是双方的同事和单位领导。

集体婚礼仪式没有一定之规,除了新娘要披戴婚纱和新郎穿婚礼服饰外,其他内容丰富多彩、各有特色,而且还会避免铺张浪费以及烦琐复杂的程序。由于舆论的宣传、众人的关注,集体婚礼一般会更隆重、庄严、气派、欢快。集体婚礼具有更广泛、更重要的社会影响和纪念意义,在我国的婚俗改革和建设方面起到了积极作用。

4. 特色婚礼

随着社会的发展,人们的生活方式包括婚礼观念都发生了巨大变化,随之出现了各种新颖形式的婚礼,特别表现在"迎亲"仪礼方面。目前,婚礼的迎亲方式一般都用轿车车队,但也有一些年轻人结婚时别出心裁,用自行车队或新郎骑马迎亲,新娘坐新郎的自行车或"花轿"赴婚礼场地。这种形式的婚礼,既节俭、节能,又有特色,让人们耳目一新,不仅有吸引力,也更具有特殊的纪念意义。

5. 西式婚礼

随着对外开放和中外文化交流的增多,西方国家的婚礼形式也在我国出现。西式婚礼一般的礼仪流程包括以下几条。

(1) 宾客入席落座。

(2) 奏结婚进行曲、亲朋表示祝福。

(3) 主席(牧师)宣布婚礼开始。

(4) 新人登场,有两种形式:一是新郎新娘携手同时入场。花童走在新郎新娘的前面,伴郎伴娘在新郎新娘的后面入场;二是新郎新娘分别入场。新郎先入场,站在主席(牧师)左侧,然后伴郎、伴娘、花童进场,最后新娘身披婚纱、手捧鲜花和父亲挽臂入场走向新郎,新郎向父亲鞠躬并从父亲手中接过新娘。

(5) 全场起立,工作人员播放有关婚姻的歌曲。

(6) 主席(牧师)祷告、献诗,祝福新人。

(7) 主席(牧师)证婚,意愿确认。例如,你愿意与这位男士(女士)结为夫妇吗?

(8) 新人签写婚约,证婚人致辞并颁发结婚证书、签字祝愿;主婚人、父母分别致辞、签字祝愿。(为了不影响婚礼的连续性,也可以在婚礼前或婚礼后签署。)

(9) 新郎新娘互致结婚誓词,许下终生相守的诺言。

(10) 新郎新娘互戴戒指。新郎为新娘揭开面纱,双方相互拥抱,亲吻。

(11) 主席(牧师)宣布成婚,献诗(祝福的话)。

(12) 新郎新娘谢恩(向双方家长献花或三鞠躬,向来宾致谢)。

(13) 举行香槟酒仪式,新郎新娘喝交杯酒。

(14) 双方父母上台和新人共同举杯,婚宴开始。

(15) 新人在人们的起立鼓掌中,重新走过婚礼甬道,走出婚礼场地。

(三) 婚宴仪式

由于传统习俗的影响,人们向来比较重视婚宴。以喜酒、喜糖相伴的丰盛佳肴,是凝聚亲朋和展示喜庆气氛的重要仪式。

1. 婚宴来宾的座次安排

婚宴的座次安排有讲究,一般把参加婚宴的单位领导安排在贵宾席,即婚礼台前的中间位置。如果没有领导参加,此位置就应安排双方的长辈。以此席为中心,面向亲朋,右侧是女方亲属及客人,左侧是男方亲属及客人。还要适当安排同事或其他朋友,并在餐桌上写明:新郎(新娘)同事,新郎(新娘)校友等。这样做,既显得亲切,又细致周到。

2. 新人敬酒

由新人给来宾敬酒是婚宴的重要环节。一般情况下,新人要先从主桌开始,由伴郎或伴娘陪同,先女方后男方,依次给来宾敬酒。伴郎伴娘这时还要担负引导、斟酒等职责,新人双手拿杯,微笑文明地敬酒即可。被敬酒的人要回敬"新婚幸福""白头偕老"等祝颂之词。在新人敬酒过程中,常常有宾客特别是比较熟悉的同龄人,与新郎新娘开玩笑。这时新人应忍耐,总是微笑为之"服务",直到满意为止。伴郎伴娘此时还要担负保护新人,为新人解围的职责。当然,来宾为新人出难题也要适可而止,不宜无止无休,更不宜过分为难。

3. 婚宴结束

婚宴持续时间一般在2个小时左右。来宾切忌在新人婚礼仪式进行中进餐。进餐时要文明礼貌,不宜大声喧闹及过量饮酒等。等重要节目过后,来宾可以提前退席,但是一定要与主人打招呼。主人应依次为退席的客人送行,对关系较为密切的重要客人,新人与家庭成员应一同为其送行,以表示尊重和敬意。直到将最后客人送走,婚宴结束。

(四)婚后答谢礼仪

婚礼举行之后,新人及家长要向本次婚礼相关参与者答谢及走访亲朋,这是必须重视的礼节。

1. 答谢为婚礼做出贡献的人

"婚礼大家办",婚礼的举行有一个策划准备和进行的过程。虽然参加的人很多,但其中参与重要环节、出力、帮忙、做贡献的人却是主要的一些人。例如,婚姻的介绍人、婚礼仪式的主持者、伴郎伴娘、主要接待人员及其他重要参与人员等。对这些人的付出和辛苦,新人及家庭要向他们表示感谢,答谢并没有统一的模式,有的可以再宴请一次,有的送些纪念品等。无论采用哪种形式,这个礼节都是必要的,这是表达对他们的付出及其劳动的尊重。这样既可以加深友谊,又可以表现新人及家庭重情重义的人品和家风。

2. 答谢婚礼的参加者

新人对婚礼的参加者、祝贺者,特别是送了礼品的人进行答谢,也是婚后答谢礼仪的重要内容。其中,对"礼尚往来"的客人,即新人或家长以前对他们"有礼"在先,或者以后有机会"还礼"的客人,要心中有数。一般表示谢意的是对那些无法"还礼"的客人,最好要回赠一些礼品。至于用电话答谢还是登门拜访,取决于客人与新人及家庭的关系。

对没有参加婚宴的同事或比较熟悉的邻居等,送发喜糖,也是现代婚庆活动的常见礼节。

3. 拜访双方的至亲好友

新人的至亲好友都是与其关系密切的人,他们关注新人的婚礼,参与婚礼,都比一般朋友迫切,甚至出力最大,帮助最多。祝愿新人的婚姻美满和家庭幸福也是他们的共同心愿。新人在婚后对他们进行走亲访友礼节性的拜访,表示对他们的敬重,能体现对他们的特殊的亲近关系。这样,会很快拉近互相之间的情感距离,使他们很快接纳新郎或新娘,为今后的亲情来往和友谊发展奠定良好的感情基础。

这种拜访没有固定模式,是礼节性的,根据具体对象可以采取灵活的形式。只要礼数到位,亲友都会高兴。亲友对于来访的新人,要热情接待并给予美好的祝福。

二、家庭成员生日礼仪

每个人的出生都标志着此人的家族"添人进口",意味子孙后代兴旺,是家族喜庆之事。传统的生日纪念形式主要是给过生日的人吃鸡蛋寿面,表示"滚"运气,吉祥如意。随着经济和社会的发展,人们越来越重视生日的庆贺礼仪,形式也越来越多样化。

1. 给长辈过生日

一般的家庭给长辈过生日,要全家人聚在一起庆祝,要点蜡烛、吃蛋糕,每个成员都说些感谢长辈的养育之恩、祝愿他们健康长寿的祝福语。然后由生日主人吹灭蜡烛,并主刀切开蛋糕,家庭成员每人一份,体会长辈的恩泽,共享家庭的美满幸福。接着,还要给长辈吃"长寿面",里面除了长长的宽心面还要有"荷包"鸡蛋,表示吉祥如意、安康长寿。若赶上长辈的六十、七十等逢十的大寿,还要请一些亲朋共同来庆贺。生日宴会有的在家举办,有的在饭店举办。

给长辈过生日,除举办生日宴会外,有的家庭成员还要给长辈送生日礼物。送给老人的生日礼物,要让他们高兴满意,因此要考虑老人的实际需要,可征求他们的意见,要以物美价廉、实用为主。

2. 给晚辈过生日

给晚辈过生日,意味着这一天父母给了他们生命,没有父母的孕育、呵护、抚养,就没有他们的一切。因此,晚辈在庆祝自己生日时,首先要向父母和长辈谢恩,可以向他们鞠躬、敬酒,以感谢他们给了自己生命,哺育自己成长,抚育自己成才,并表示要以最大的努力回报父母及长辈。

一般情况下,给晚辈过生日也要准备生日蛋糕和礼物,随着生活条件的提高,有些家长还送给孩子生日礼金。当今有些年轻人,包括大学生、中学生,都喜欢和朋友、同学一起庆祝生日,常常拿着长辈给的生日礼金去聚会,显得热闹、时尚。至于赠送生日礼物,要根据具体情况而定。一般情况下,可以送一些本人喜欢的小礼品。特殊情况下,可赠送令本人惊喜的或盼望已久的礼品,例如,孩子上大学了,家里条件允许,生日礼品可以送电脑,方便在学校学习。

生日庆贺礼仪是值得重视的,但要根据家庭的具体情况而定,对于年龄很小的孩子,最好不要送"大礼品""大礼金"。即使年龄大一些的孩子,也没必要攀比他人,避免造成不必要的负担和浪费,甚至对孩子成长造成不良影响。

三、丧葬礼仪

人的死亡是生命的结束,对家庭和亲属都是重大的心灵打击。如何使逝者有尊严地告别人世、入土为安,既要尊重当地社会习俗的特点,又要考虑家庭及亲属对逝者的情感。因此,丧葬礼仪是家庭礼仪中庄重、严肃的重要礼仪。

1. 陪亲人走完人生的最后时刻

丧葬礼仪都是从亲人的死亡时刻开始的。在亲人病危的弥留之际,要有家人陪伴。直系亲属最好都能在此刻守护在亲人身边,直到其生命结束。

在亲人停止呼吸时,要把事先准备好的"寿衣"给死者穿好,让其干净整洁、有尊严地离开人世。同时要及时和丧葬部门联系,有序地安排"后事"。

此时,逝者的直系亲属要身着素装、臂戴黑纱,以示庄严、肃穆,寄托哀思。

2. 告知亲朋参加悼念活动

按传统习俗,逝者在死后第三天入葬。在此期间,要通知亲属、逝者生前好友以及相关人员参加悼念活动。通知的方式有多种,最常用的方式是电话通知,也可以通过捎口信、发信息等方式,具体方式视情况而定。通知的内容主要包括逝者去世的时间、丧礼的日期、具体时间、地点、联系方式等。

亲友接到通知后,应该立刻打电话或亲自登门表示哀悼和慰问,送花圈、花篮、挽联、挽幛也在此时进行。花圈、花篮都要缀以白纸或白绢(布)的标志,上写"×××千古",落款为"×××敬挽"等。送挽联或挽幛是中国传统的哀礼方式,一般由当事人自拟文字并自书,或自拟文字请别人帮忙书写。联语一般应对逝者的人生高度概括,给予高风亮节的评价,要写得情真意切。

3. 遗体告别仪式

遗体告别仪式即追悼会,一般由逝者所在的单位、团体或社区进行组织安排。现代丧葬提倡火葬,遗体告别仪式一般都在公墓举行,还可以由公墓管理部门安排专人组织悼念仪式。

在悼念厅里,正面悬挂逝者遗像,遗像要加黑边,还要挽上黑纱结成的挽带。大厅内外要摆上亲朋好友送的花圈、花篮、挽联、挽幛,用黄色、白色的鲜花和松柏把遗体环绕起来。亲属要站在遗体的右侧,恭候亲朋好友与遗体告别和接受慰问。

参加葬礼的亲朋好友在进入告别大厅前,每人领一朵小白花佩戴在胸前,依次进入大厅,排队在哀乐声中向逝者三鞠躬,此时神情要庄严、肃穆,举止要沉稳端庄,严禁多言多语,更不能轻松谈笑。有许多家庭还安排有主持人和致悼词等活动,悼词要概括逝者的生平,评价其人生事迹。然后,大家在哀乐中依次绕行遗体,与逝者告别,并与逝者亲属握手慰问,可轻声说"请节哀""要珍重"等简明扼要的安慰语。

四、家庭节日礼仪

家庭节日是家庭值得纪念和庆贺的日子。家庭是社会的细胞,社会的节日必然渗透和反映在家庭中,我国的传统节日和现代一些节日是全民性的节日,也是家庭主要庆贺的节日。

(一) 春节

春节是我国各族人民最为重视的传统节日。按传统习俗,从腊月二十三(小年,有些地方为腊月二十四)到新年正月十五都称为春节。现代春节的庆贺活动一般从本年的最后一天(即除夕,一般为大年三十)开始到新年的正月十五结束。

1. 吃团圆饭

每年农历十二月最后一天(即除夕),人们会全家团聚在一起吃最丰盛、具有象征意义的晚餐——年夜饭。餐桌上要有鱼,象征年年有余;有鸡,象征年年吉利等。餐桌上的菜多以双数出现,即四、六、八、十等,分别象征着四喜临门、六六大顺、恭喜发财、十全十美等。这顿饭是每年的最后一餐,寄托着全家人对生活幸福、吉祥安康、家族兴旺的美好祝愿和憧憬。家庭的全体成员无论在外地学习,还是工作,一般都尽可能赶回家,与家人一起吃团聚年夜饭。

2. 吃年夜饺子

吃过团圆饭,全家人还要通宵围坐在一起享受欢聚的喜悦,或玩各种游戏,或一起看春节晚会。久别重聚的一家人会相互交流这一年的生活、工作情况,有说不完的贴心话,叙不完的亲情。在有些地方,到午夜12点,即将迎来新年,全家人还要吃年夜饺子,预示来年家庭兴旺、丰衣足食、万事如意等。

3. 燃放鞭炮辞旧迎新

为了表示人们喜悦、欢乐的心情,人们还要在午夜前后燃放鞭炮。人们在鞭炮的燃放中辞旧迎新,去掉晦气,迎来吉祥。但是燃放鞭炮也会污染空气,影响公众健康,对一些需要安静、惧怕响声的人也是一种烦恼。所以我国多数城市规定不准随意燃放鞭炮,或者只允许在指定的时间、地点燃放鞭炮。这种做法已被越来越多的人所接受。一般情况下,在大年三十晚上,正月初一早晨和正月初五、正月十五等日子,是人们燃放鞭炮的高潮期。

4. 祝福拜年

春节拜年是人们互致祝福、联络感情、共享节日快乐的传统礼仪习俗。传统的拜年习惯，是人们走亲访友，登门祝贺。许多基层单位领导会集体走访员工家庭，有关部门会慰问军人、烈士家属，还有的单位会组织"团拜"，即全体职工聚会庆贺，免去了每家走访的"麻烦"。近年来，拜年的习俗随着社会的发展发生了很大变化，人们越来越普遍地通过电话、微信等形式拜年。这些现代的拜年形式方便、简洁、亲切，越来越受到人们的欢迎。

（二）元宵节

元宵节是农历正月十五这一天，是新的一年的第一个团圆日，也是传统的春节活动的最后一天。元宵节民间有许多礼俗活动，每个家庭也很重视这个节日。

1. 吃元宵

元宵是一种用糯米粉等做成的球形食品，有馅儿，多煮着吃，是元宵节的应时食品。在我国，正月十五吃元宵已经有一千多年的历史了。各地区元宵的做法、风味各有特色，但是吃元宵的象征意义都是相同的，即代表团团圆圆、和和美美、红红火火，寄托着人们对生活、对事业、对家庭美好的企盼和祝福。元宵之夜，每个家庭都洋溢着团圆的喜悦和浓浓的亲情。

2. 观灯放焰火

在元宵节，人们有在家门口挂灯笼的习俗，大家以挂灯、观灯为喜为乐。为了表示喜悦，许多家庭会燃放焰火或鞭炮，庆祝春节假日的结束，祝贺新生活的开始。有的地方还会组织元宵灯会等活动，有的地方则有扭秧歌、耍狮子、踩高跷等活动。我国北方有些地方在元宵节还会举办冰灯、冰雕展览等活动。

（三）清明节

清明是农业生产中二十四节气之一，一般在每年的阳历4月5日左右，是中国传统的祭祀节日，是祭祖和扫墓的日子。祭扫活动既表达了人们对祖先的感恩，也表达了对故人的怀念。

1. 祭祀故去的亲人

在传统的扫墓活动中，人们要带酒食果品、纸钱等物品到墓地，供奉在去世亲人的墓前，将纸钱烧掉，然后叩头行礼拜祭。去墓地祭拜的人不能穿过于鲜艳的衣服，应选择素色、庄重的衣着。在祭拜过程中，不能打闹嬉笑，否则是对故去亲人的不敬。近年来，清明祭扫活动发生了很大变化，许多家庭到亲人墓前默哀，用献鲜花等形式代替了烧纸钱，这是移风易俗的表现，将会被越来越多的家庭接受。

有些家庭借清明节的机会,举行追悼仪式,由家庭成员宣读悼词,共同缅怀已故亲人生前的高风亮节及对家庭和社会的贡献,以寄托哀思。同时,勉励后人要以其为榜样,传承其优秀品质及优良家风。

2. 为烈士扫墓

清明节时,许多单位、学校都会组织职工、学生集体给为国捐躯的烈士扫墓,大多会到烈士碑前进行哀悼和缅怀。一般情况下,悼念烈士要献花圈或鲜花,在墓前肃穆默哀,缅怀他们的英雄事迹,以继承他们的遗志。有些家长为了教育子女,也会带着子女为烈士扫墓,向孩子讲述烈士的功绩,鼓励孩子学习烈士为了祖国安全和人民的幸福而表现出的无私奉献和牺牲精神。这种现实的正面教育是最好的感恩教育和爱国主义教育,值得在全社会提倡和发扬。

无论是为故去亲人扫墓,还是为烈士扫墓,都是庄严、肃穆的行为,是一种怀念和敬慕情感的表达。所以在祭扫活动中要遵守祭祀礼仪,自始至终要保持严肃的态度和缅怀的情绪,不能心不在焉,更不能嬉笑打闹、交头接耳、轻松哼歌等。

(四)端午节

端午节又称端阳节、龙舟节等,节期在农历五月初五,是中国民间的传统节日,最初是夏季驱除瘟疫的节日。后来,爱国诗人屈原于此日投汨罗江自尽,人们对他的爱国精神非常敬佩,对他的死非常痛惜,就把端午节的赛龙舟和吃粽子等习俗都与纪念屈原联系在一起,使端午节成为有一定文化内涵的传统节日。

1. 悬艾蒿、佩香囊

传统的端午节,人们要起早在门楣上挂上艾蒿。艾蒿是一种植物,有挥发性芳香味,可以杀菌防病、净化空气,引申其意即为辟邪驱瘟之意。除悬艾蒿外,人们还佩香囊,特别是小孩子和妇女。传说胸佩香囊,用五色丝线环绕于手腕,有消灾保平安之意。随着社会的发展,这些习俗中传统的迷信色彩已经少见,但是悬艾蒿、佩香囊的习俗还延续着,这表达了人们希望平安吉祥的意愿。

2. 浸糯米、包粽子

粽子古代称"角黍",是端午节的食品,也是中国历史上文化淀积深厚的传统食品。据说屈原投江之后,百姓怕屈原的尸体被鱼吃掉,就包了许多粽子投入江中喂鱼。因此,从南北朝以后,民间就有了有关粽子是百姓祭奠屈原的说法,至今广泛流传。

许多家庭会自己动手包粽子。粽子可热吃,也可冷吃。吃粽子已经成为端午节的主要习俗。

3. 赛龙舟

赛龙舟也是端午节的主要习俗，人们一般会用刻成龙形的独木舟，在击鼓声中做竞渡游戏。相传当年爱国诗人屈原投江后，人们敬重他，就划船追赶拯救，人们争先恐后，追至洞庭湖时不见踪迹。之后每年农历五月初五，举办划龙舟活动以纪念之。随着社会的发展，赛龙舟除纪念屈原外，还赋予了不同的意义。1980年赛龙舟被列入中国国家体育项目，每年都举行"屈原杯"龙舟赛，使赛龙舟盛传于世。在端午节的假日里，人们可以全家出行观看龙舟赛，为家庭节日增添快乐。

（五）中秋节

每年的农历八月十五是我国的传统节日，由于农历八月十五是在秋季的中间，故称中秋节。"八月十五月儿圆"，古人把圆月看作团圆的象征，因此中秋节也称团圆节。

1. 共赏明月

中秋赏月是中秋节的重要风俗。人们把明月视为团圆美满的象征，中秋赏月体现了人们对家庭幸福的渴望以及人与自然和谐的向往。

每当中秋之夜月亮升起，皎洁的月光洒满大地。人们会在室外摆上桌椅，把圆形的食品——月饼和圆形的苹果、葡萄等水果摆在桌上，全家人围桌而坐，边吃边谈，共赏明月清辉，共享全家团聚的天伦之乐。由于各种原因，不能回家与家人团聚的家庭成员，会望月生情，李白的"举头望明月，低头思故乡"的诗句，此时最能引起人们的心灵共鸣。

2. 品尝月饼

吃月饼是中秋节的又一重要习俗。月饼又称胡饼、宫饼、月团、团圆饼等，是古代中秋祭拜月神的供品，沿传下来，就形成了中秋节吃月饼的礼俗。

月饼以圆的形状居多，馅以甜味为主，象征着人们对家庭团圆、生活甜美的向往。从传统的节日食品发展至今，月饼品种更加繁多，风味也丰富多彩，其中京式、广式、苏式、潮式等月饼为我国南北各地的人们所喜爱。

（六）母亲节、父亲节

随着我国对外交往的不断扩大，母亲节、父亲节也在我国流行开来，并逐渐成为家庭的重要节日。

1. 母亲节

母亲节是子女专门为感谢母亲的养育之恩而设定的节日。世界上大多数国家把每年5月的第二个星期日定为母亲节。

母亲是和子女接触最多、最受子女尊敬、对子女成长影响最大的人。她的思想品德、性格乃至言行举止都潜移默化地影响着子女。母亲不仅给了儿女珍贵的生命,更重要的是,她为家庭幸福付出了辛劳,为儿女的成长付出了心血,她对子女默默倾注的爱最无私、最纯洁,不图任何回报。因此,子女对母亲的爱是炽热而发自内心的。

一般情况下,子女在母亲节之前就应做准备,可以根据具体情况举行家庭聚会或聚餐,歌颂无私的母爱,赞赏母亲的品德。子女还应为母亲送礼物,可以为母亲买她喜欢的衣服,各种饰品、保健食品等,节日当天可以给母亲送贺卡,写上对母亲的感恩、祝福之言,或者给母亲送鲜花,最好送"母爱之花"康乃馨。子女们还可以带母亲和父亲出游观光赏景,或者让母亲和父亲在这一天"放假",彻底摆脱各种家务,放松享受,从早到晚家中的事务则由子女来承担。

2. 父亲节

父亲节是子女为感谢父亲对家庭的贡献和对子女付出的心血而设定的节日。世界上大多数国家把每年6月的第三个星期日定为父亲节。

一般在家庭里,父亲是家庭的顶梁柱,他对子女的思想、学习、生活和成长,在一定程度上起决定性的影响;同时,对家庭的经济收入、家庭消费、家庭的对外交往等方面都起着重要的作用。相对于母亲对子女慈祥、温柔的爱,父亲的爱显得更深沉和严肃。父亲和母亲共同支撑和建设着家庭,父亲对家庭的责任和负担甚至比母亲更重。因此,在父亲节表达对父亲的尊重和孝敬是子女的自觉心愿。

父亲节时子女要充分赞赏父亲对家庭的贡献,敬佩他是儿女心中的强者。子女给父亲送礼物,要选择日常需要、实用的物品,如手机、剃须刀、领带、衬衣等;还可以写信发贺卡,把平时对父亲没有说出的感恩之情写出来,把爱"寄"给父亲。在节日当天子女也可以送鲜花给父亲。

(七)老年节

农历九月九日是老年节,也是我国的传统节日——重阳节。关于重阳节的由来有一种传说:古人将天地归为阴阳两类,阴象征黑暗,阳象征光明,又把偶数定为阴,奇数定为阳,九是奇数,九月九日是两阳相重,故称"重阳"。由于九是个位数字中最大的数,所以被赋予生命长久、健康长寿之意,后来发展为尊老爱老、祝福老人长寿等寓意。重阳节的主要习俗有登高、赏菊、饮菊花酒、吃重阳糕等,表达了人们期盼吉祥、祈求幸福的美好愿望。重阳节蕴含深厚的传统文化底蕴,有广泛的社会影响力。全国人民代表大会常务委员会于2012年修订《中华人民共

和国老年人权益保障法》时,明确将每年农历九月初九定为老年节,老年节入法更加突显敬老、爱老、尊老、助老的重要性。

根据我国传统的养老观念,90%以上的老年人选择居家养老。家庭成员必须尊重和关注老人,履行对老人经济上供养、生活上照料和精神上慰藉的义务。与老人分开住的家庭成员,应当常回家看看,经常探望、关心、问候老人。所有用人单位应按国家有关规定,保障赡养人探亲休假的权利。给老人过节,家庭成员不仅要给老人买礼物,也可以全家带老人出游赏景、临水玩乐、登高远眺、观赏菊花等。通过这些活动,大家可以交流感情、开阔视野、愉悦身心,不仅可以让老人享受全家欢聚的天伦之乐,也可以使他们感受到沐浴在大自然之中的快乐。

各个单位也要开展敬老、尊老的活动,可以为老年人办联欢会,组织退休老年人参观游览活动等。敬老活动不仅在农历九月九日节日当天,重要的是在平时也要尊敬、关怀、爱护老年人,全社会都要为老年人创造一个良好的社会环境和生存环境。这既是家庭礼仪的重要内容,也是中华民族的传统美德。

(八)"六一"国际儿童节

"六一"国际儿童节是社会和家庭都十分重视的节日。儿童是祖国的花朵、民族的未来、家庭的希望,全社会包括学校和家庭都特别重视儿童节的安排。因此,儿童节也是家庭的重要节日。

儿童节是儿童企盼的节日,因为这一天他们会得到社会及家庭的特殊关注。平时家长工作忙,可能顾不上陪孩子娱乐,但在"六一"这一天都要放下手头的事情,来陪伴孩子愉快过节。一般情况下,家长都会提前承诺和安排节日的内容,如游园参观、游戏娱乐、赠送礼物等,或者根据自家的情况,安排其他有利于孩子成长的活动,还可以带孩子"回家看看",感受祖孙相聚的融融情意,让孩子沐浴在亲情中,度过最轻松、愉快的一天。

第四节 家庭交往礼仪

家庭除了家庭成员之间的关系之外,还有广泛的对外社交,例如,请客、待客、赴宴、出访、探视等一系列的活动都在家庭的日常生活中进行,是家庭交往的重要内容。由于上述活动的礼仪与社交礼仪大致相同,因此本节只介绍邻里关系礼仪和亲朋交往礼仪。

一、邻里交往礼仪

邻里是一种地域位置相近、生活空间相邻的家庭与家庭之间的社会关系。邻里之间朝夕相处,彼此交织着多方面的生活联系。邻里关系的好坏,对每个家庭生活都有直接影响。而邻里之间以礼相待是处理邻里关系,使之和睦团结的关键因素。

1. 邻里之间要互相尊重

邻里之间相处应该以互相尊重为前提,要尊重彼此的人格、民族习惯、生活方式、兴趣爱好和职业等,不要轻视他人、妄加评论和指手画脚,更不能将自己的意愿强加给他人,"以势压人"。即使邻居的某些习惯比较落后,甚至影响了自己的正常生活,也要设法寻找妥善的、使对方能接受的解决办法,使其感到邻居是理解和尊重自己的,自己也应该做出让步。这样,在互相尊重的基础上,大家互相理解、互相学习、取长补短,必然能越处越好。

2. 邻里之间要互帮互助

在现代社会中,任何一个家庭都不可能孤立存在,而是处于复杂的交际网络之中,不可避免地要与其他家庭互相往来、互帮互助。当家中遇到困难或发生危机情况时,往往是邻居首先伸出援助之手。邻里之间互帮互助的及时和程度常常胜过亲朋好友,俗话说"远亲不如近邻",讲的就是这个道理。

每个家庭都有自己的长处或者弱点,通过邻里之间的团结互助,大家可以优势互补。例如,老年人有生活经验,又有闲暇时间,可以帮助邻居做些力所能及的事情,特别是帮助年轻夫妇解决生活中的某些需要。而年轻人有朝气、有体力,可以主动帮助邻居,特别是老年人解决生活中的某些困难。邻里之间互相帮助,既解决了对方的困难,也给自己带来了很大方便。邻里之间你来我往,以礼相待,天长日久,有助于形成团结和睦、文明融洽、亲如一家的良好关系。

3. 邻里之间要互让互谅

邻里之间距离最近,长年累月相处,难免会出现这样或那样的纠纷和矛盾,问题发生后大家应该尽力做到互让互谅。

邻里相处要尽量为对方着想,例如,对于公共空间的使用,应合理安排,各得其所,不要抢占位置,"寸土必争"。每家的生活习惯、兴趣爱好等各有特点,不要过于张扬,影响邻居的生活和休息等。即使发生矛盾,双方都要礼让,有理者要宽容,要理解对方,要宽以待人、让人;无理者要"见好就收",主动认错,赔礼道歉,一句"对不起",就可能得到对方的谅解,取得双方和解的效果。邻里之间就是在互让互谅中和睦相处、守望相助,做到"不是一家,亲如一家"的。

二、亲朋交往礼仪

一个家庭的和睦幸福、兴旺发达离不开亲朋的关怀和帮助。如何与亲朋以礼相待、携手发展,是家庭交往礼仪的重要内容。

1. 亲朋之间要真诚相处

亲朋的关系是建立在亲情、友情基础之上的。无论是亲情还是友情,都必须是出于共同的利益、共同的目的联系起来的互相喜欢、互相依赖的真诚情感。没有真诚相处的感情,就不会互相信任、互相喜欢,就不会有亲朋之间的交往。

这种真情体现在互相交往中没有谎言、没有虚伪,坦诚相见、真诚相处。只有这样才能体现浓浓的亲情、深深的友情,才有继续交往的可能,才能有亲情和友情的延续和发展。

2. 亲朋之间要平等相待

亲朋之间平等相待是彼此交往的前提,也是延续亲情和友情的关键。平等相待包括对亲朋地位的认可、人格的尊重、情感的接受、处境的理解、能力的体谅等。

由于家庭条件、个人经历、受教育程度、从事的职业、社会地位等的不同,亲朋在性格、能力、经济条件等方面都会存在差异。大家不能因为亲朋在上述方面的差异,就把他们分成不同等级,"另眼相看";应该不论地位高低、贫富、能力大小,不分亲疏薄厚,不分贵贱高低,不自傲、不自卑,平等地对待他们,"一视同仁"地尊重他们,尊重他们的人格,尊重他们的情感,理解他们的处境,做到"只要遇亲朋,礼仪都到位"。

3. 亲朋之间要互相关照

人与人之间要相互关心、相互爱护、相互关照,亲朋之间更需这种情感。只有这样,才能营造一个充满亲情和友情的空间。

在现实社会中,人们不可避免地会遇到各种困难,例如,经济拮据、事业遇困、身体患病、情感受挫等。遇到这些情况时,人们一般都希望得到他人的关怀和帮助。亲朋之间要比一般人关系密切,此时,就应及时伸出援助之手,给予安慰,并做些力所能及的事情帮助有困难的人解决问题、渡过难关。这不仅会让他们感到宽慰、温暖,而且还会让他们更体会到亲情友情的可贵,使他们更加珍惜这种情谊,并用实际行动给予回报。

亲朋之间的相互关照不仅表现在有困难时相互关心和帮助上,同时也表现在顺利时或遇到喜事、好事时,也要与亲朋共同分享上。大家应特别注意有好事时不宜沾沾自喜、孤傲自赏、疏远亲朋,越是在顺利和吉利之时,越要有自知之明,越要看到亲朋的重要价值。让大家共同庆贺喜悦的成果,做到互相分享、相互鼓励,才能给继续前行注入更大的动力。

 案例分析

> 　　小陈是大三的学生,昨天回家取生活费,不但没有取回,还生了一肚子气。原来,小陈的爸爸出差回来在家休息两天,上班前要换衣服,发现出差前换下的衣服还没有洗,就很生气,大声对小陈的妈妈说:"为什么还没有给我洗衣服?这些天你都干什么了!"妈妈回答:"孩子姥姥、奶奶都病了,这几天我去护理姥姥了,奶奶那里我还没去呢!哪有时间洗衣服呀!"爸爸大声说:"她们身体不好也不是一天两天了,有什么大惊小怪的,洗两件衣服能用多少时间呀!"妈妈也生气地回答:"你的衣服为什么一定要让我洗?你休息这两天不会自己洗啊!你这两天上哪里去了?"爸爸大声呵斥:"这是你应该干的!我去哪里你管得着吗?"妈妈更生气了。这时,小陈对妈妈说:"你们别吵了,给我生活费!我要回学校!"妈妈生气地说:"向你爸要!"爸爸马上说:"我没有钱,你向她要!"小陈面对爸妈的态度,也生气了,"你们吵吧!"说完,他摔门而去。
> 　　请大家从家庭礼仪的角度,分析小陈的爸爸、妈妈以及小陈的言行有哪些不妥的地方,帮助他们学会用家庭礼仪解决互相之间的矛盾。

本章小结

1. 家庭是以人们的婚姻关系为基础,以血缘关系或收养关系为纽带所组成的社会生活的基本单位,是适应人类自身生产和发展需要的社会生活组织形式。

2. 家庭礼仪的特点是:以相互关爱为基础,以增进亲情为目的,以社会效益为标准。

3. 家庭礼仪的社会价值:是维系家庭美满幸福的纽带,是促进家庭成员身心健康、努力进取的重要条件,是社会和谐进步的基础。

4. 家庭成员礼仪主要包括夫妻之间、父母子女之间、兄弟姐妹之间、公婆与儿媳之间、岳父岳母与女婿之间的礼仪。

5. 家庭仪式礼仪主要包括结婚庆典礼仪、家庭成员生日礼仪、丧葬礼仪、家庭节日礼仪等内容。

6. 家庭交往礼仪主要包括邻里关系礼仪和亲朋交往礼仪等。

复习思考题

1. 如何理解家庭的含义？
2. 如何理解家庭礼仪的特点和社会价值？
3. 夫妻之间的礼仪主要包括哪些内容？
4. 父母子女之间的礼仪应该是怎样的？
5. 公婆与儿媳、岳父岳母与女婿相处时，应当遵循哪些礼仪规范？
6. 简述结婚庆典礼仪的主要内容。
7. 常见的家庭成员生日礼仪应该是怎样的？
8. 丧葬礼仪中有哪些注意事项？
9. 我国春节礼仪的具体规范有哪些？
10. 如何理解元宵节、清明节、端午节、中秋节的礼仪规范？
11. 简要说出父亲节、母亲节、老年节的礼仪规范。
12. 邻里之间相处的礼仪规范有哪些？
13. 如何与亲朋以礼相待？

第四章 日常交往礼仪

本章提要

日常交往礼仪是个人修养的重要内容,也是提高民族综合素质的迫切需要。本章从介绍礼仪、名片礼仪、会面礼仪、称呼礼仪、公共场所礼仪和网络礼仪等方面介绍了日常交往礼仪的具体内容和操作规范。

本章学习目标

1. 了解日常交往礼仪的类型及其内涵;
2. 掌握介绍礼仪、名片礼仪、会面礼仪、称呼礼仪、公共场所礼仪和网络礼仪等基本礼仪规范;
3. 在日常生活中灵活地运用日常交往礼仪的具体规范。

第一节 介 绍 礼 仪

介绍是人与人之间的沟通、引见并使双方或多方相识的活动方式,是双方或多方初次见面开始交往的起点。介绍实际上是人际沟通之桥,人和人打交道如果没有介绍,可能就会影响到彼此之间的信任和进一步的交往。

一、介绍的基本规则

介绍主要分为自我介绍和他人介绍。在人们的日常交往中,介绍和被介绍是经常遇到的事情。其中,介绍的次序非常重要,基本规则是尊者居后。

(一)先将男士介绍给女士

在社交场合中,介绍的先后次序一般以性别为基本的判断标准。一般需要先将男士介绍给女士,以表示对女士的尊重。例如,介绍王先生与李女士认识时,介绍人一般应当这样说:"李女士,我来给您介绍一下,这位是王先生。"注意:在介绍的过程中,被介绍者的名字总是后提。

（二）先将年轻者介绍给年长者

在社交场合，介绍的次序还可以以年龄为判断标准，先把年轻者介绍给年长者，表示对前辈、长者的尊敬。介绍老师和同学认识的时候，应先将同学介绍给老师。例如，"王老师，让我来介绍一下，这位是我的同学王丽。"在介绍时，对长者要使用尊称。

（三）先将未婚者介绍给已婚者

当双方性别相同、年龄相仿、地位相当时，应先将未婚者介绍给已婚者。例如，"张太太，让我来介绍一下，这位是李小姐。"当介绍人无法辨别被介绍者是已婚还是未婚时，则不存在先介绍谁的问题。但是，当未婚女子比已婚女子的年龄大很多的时候，则应该先将已婚女子介绍给未婚女子。

（四）先将职务低者介绍给职务高者

在公务场合，介绍的先后次序一般以职务的高低为基本的判断标准。一般需要先将职务低者介绍给职务高者。例如，"王总经理，这位是××公司的总经理助理刘女士。"在这里，介绍人先介绍刘女士，是因为刘女士的职务比王总经理低。

（五）先把家庭成员介绍给对方

在有家庭成员参加的聚会中，一般要先把家庭成员介绍给对方，以表示对客人的尊重。在向别人介绍自己的家庭成员时，应谦虚地说出家人的名字。例如，"张先生，这是我的妻子杨兰。"

二、自我介绍

自我介绍是社交中常用的介绍方式，就是把自己的情况向别人做说明。大家在做自我介绍时，要注意把握好自我介绍的时机、自我介绍的内容，以及要掌握一定的自我介绍的技巧。

（一）自我介绍的时机

自我介绍的目的就是要让对方记住自己，并为以后的进一步交流奠定基础。因此，自我介绍时机的选择就显得特别重要，在恰当的时间介绍自己往往会起到事半功倍的效果。

1. 适合自我介绍的时机

一般来说,在人际交往中以下几种情况比较适合做自我介绍:一是当别人需要了解自己的时候,这是自我介绍的最好时机,例如,代表上级参加会议的时候,需要先做自我介绍。二是需要别人了解自己的时候,可以主动做自我介绍,例如,在求职应聘时,要主动介绍自己。三是在特定场合下,有必要做自我介绍,例如,初次见面时需要做自我介绍。

2. 不适合自我介绍的时机

自我介绍的目的就是要与对方认识,建立人际关系。但是,在下面的场合不适宜做自我介绍。一是当对方正专注于某件事情时,不适合做自我介绍,例如,对方正在看电影、用餐、谈话时,不要做自我介绍。二是当对方正在接待他人时,不适合贸然上前做自我介绍。三是当环境嘈杂,或者在人员流动较大、较为隐私的地方时,不适合做自我介绍,例如,在火车的过道、洗手间、更衣室等地方,都不适宜做自我介绍。

(二)自我介绍的内容

自我介绍的内容是自我介绍的核心问题。一般来说,根据内容不同,自我介绍可以分为应酬式自我介绍、公务式自我介绍、社交式自我介绍、礼仪性自我介绍。

1. 应酬式自我介绍

最为常见的一种自我介绍就是应酬式自我介绍。应酬式自我介绍是当面对泛泛之交而又不愿意深交时,所使用的一种自我介绍。这种自我介绍的内容只说姓名,也就是给别人一个称呼就可以,没有必要向他人提供过多的个人信息。

2. 公务式自我介绍

公务式自我介绍,又叫商务式自我介绍,是在工作场合使用的一种自我介绍。这种自我介绍的内容主要包括工作单位、工作部门、工作职务和姓名,即说明你的工作性质和具体身份,实际上就是一个最基本的联络和沟通的方式。

3. 社交式自我介绍

社交式自我介绍就是在社交场合,为了缩短人际关系距离而采用的一种自我介绍。这种自我介绍的关键就是寻找彼此的共同点作为自我介绍的内容。共同点可以是地缘、血缘、业缘、职业、爱好等,通过共同点介绍可以迅速拉近交流双方的距离,密切双方关系。

4. 礼仪性自我介绍

礼仪性自我介绍是表达尊重的一种自我介绍形式,即向别人做自我介绍时,注意抓住机会适当地向交往对象表现尊敬。礼仪性自我介绍适应于讲座、报告、演出、庆典、仪式等正规而隆重的场合,介绍时应注意谦虚谨慎、恰到好处、适可而止。

（三）自我介绍的技巧

在做自我介绍时，大家一定要注意分寸，适当掌握一些具体技巧。

1. 先报姓名和身份

在做自我介绍的时候，要及时、清楚地报出自己的姓名和身份，如果有可能，要先递名片，再做自我介绍。这样方便交往对象选择正确的交流方式。递上名片有三个好处，一是自我介绍时可以省略许多话；二是可以加深印象，产生重复效应，即同样一个头衔，在较短时间内重复地出现，会使对方加深印象；三是可以表示出对对方的尊重。

2. 内容真实准确

做自我介绍时，要注意介绍内容的真实准确性，所介绍的内容不能夸大，一定要实事求是，但也没有必要过分谦虚或贬低自己。在初次见面做自我介绍时，切记不要使用单位的简称，以免给对方带来理解上的困扰。

3. 态度认真自然

在进行自我介绍时，态度要认真自然，待人要友善、亲切、随和，要面带微笑，注视对方的眼睛，语速要正常，吐字要清晰，要说普通话。

4. 时间把握适度

进行自我介绍时，时间掌握上要注意适可而止。可以先以"您好"作为开篇语，引起对方的注意，然后报出自己的姓名和身份，内容要力求简洁，介绍的时间不宜过长，一般以半分钟为最佳。

三、介绍他人

介绍他人是指自己作为第三者，替不相识的双方做介绍。在实际生活中，需要介绍他人的情况大体分为两类：一是双方彼此互不相识，二是其中一方不认识另外一方。

（一）介绍他人要注意的问题

1. 介绍人

需要替他人做介绍时，首先要考虑介绍人的问题。因为介绍人不到位，或者没有介绍人，非常容易出现一些尴尬的社交状况。日常生活中，不同的场合有不同的礼仪规则。在公务交往中，介绍人主要包括三类：一是专业人员，主要指秘书、公关人员和礼宾人员；二是对口人员，主要指与对方密切联系的人；三是本单位职务最高者,主要指在迎接上级的检查时,一般应由本单位职务最高的人陪同并做介绍工作。

2. 介绍顺序

礼仪讲究尊卑有序、前后有序。介绍他人的顺序是先把地位低的一方介绍给地位高的一方,即尊者居后,因为尊者拥有优先知情权。例如,介绍长辈和晚辈时,应先介绍晚辈,后介绍长辈;介绍上级和下级时,应先介绍下级,后介绍上级;介绍老师和学生时,应先介绍学生,后介绍老师;介绍男士和女士时,应先介绍男士,后介绍女士;介绍主人和客人时,应先介绍主人,后介绍客人。

3. 介绍内容

在介绍他人时,介绍的内容应该根据具体的场合和需要而定。在正式场合,介绍的内容以双方的姓名、单位、职务等为主;在一般的社交场合,往往只介绍双方的姓名。值得注意的是,给双方做介绍时,最好要征得双方的同意,不要在双方原本相识或有过节等情况下做介绍。此外,做介绍时,一定要口齿清楚、发音准确。

(二) 集体介绍

集体介绍是指按一定顺序,对多数人给予介绍。集体介绍多用于宴会或会议等场合。

1. 集体介绍的形式

集体介绍包括两种基本形式。一是单向式,即被介绍的其中一方为一个人,另一方为多人组成的集体,这种情况下,往往可以只把个人介绍给集体。二是双向式,即介绍的双方都是由多人组成的集体,这种情况下,一般应由主方负责人首先出面,依照主方在场者的职务自高而低依次进行介绍,再由客方负责人出面,依照客方在场者的职务自高而低依次进行介绍。

2. 集体介绍的顺序

集体介绍中当被介绍双方的地位、身份大致相同,或者难以确定时,一般应先介绍人数较少的一方,后介绍人数较多的一方。若被介绍者在地位、身份之间存在明显差异,特别是当这些差异表现为年龄、性别、婚否、师生以及职务时,则地位、身份为尊的一方即使人数较少,甚至仅为一人,仍然被置于尊贵的位置,最后加以介绍,若需要介绍的一方不止一人,可采取笼统的方法进行介绍,例如"这些是我的同学""他们都是我的朋友"等。但是,最好还是逐一介绍,介绍时还要按照主次、尊卑的顺序进行。若被介绍的双方人数都很多,则可依照礼规,先介绍地位低的一方,后介绍地位高的一方。各方负责人在介绍自己方人员时,应按照由尊到卑的顺序,如先长后幼、先女后男等。

第二节 名片礼仪

名片是人们在社交中的一种介绍性媒介物,人们交换名片常常在见面之初。因此,交换名片也被称为见面时的致意礼节。

一、名片的格式

制作名片是有一定的格式要求的,从名片的规格、材质与色彩,到名片中的文字、名片的版式,都有一定的规范和标准。

(一)名片的规格

目前,我国通用的名片规格为长9厘米,宽5.5厘米。还有一种常见的名片规格是长10厘米,宽6厘米,多为境外人士使用。至于其他形状的名片,例如,树叶形、心形、苹果形或者开合式、折叠式等,虽有个性特色,但是不适合在比较严肃的社交活动中普遍使用。

(二)名片的材质与色彩

在材质方面,名片应采用抗折、耐磨、利于环保的纸制材料,无须采用昂贵的材料制作名片。印制名片的纸张,应以白色、米色、淡蓝色、淡灰色为宜,并且一张名片以使用一种颜色为宜。如果使用多种颜色,则以不超过三种为宜。

(三)名片中的文字

名片多使用铅印或打印的文字,即使自己的字体很漂亮,也不宜用手写。商务名片中可提供办公电话、邮箱地址、手机号码等,私宅电话可以不写。当电话号码有变动,例如139××××××××变成130××××××××时,不要用笔涂改应重新制作名片。职务要主次分明,不可罗列太多。当然,如果真有许多职务,而且社交时有与他人交换名片的必要,可以将职务分开来印,根据自己参加的社交场合而决定携带名片的类型。

(四)名片的版式

名片的版式分为横式和竖式两种。在现代社交中,中文名片多采用横式。

1. 横式名片

横式名片采用行序由上到下，字序由左到右的书写方式（如图 4-1 所示）。内容主要包括三个部分。第一部分为名片持有者的工作单位，一般在第一行的顶格位置。有的名片会将公司的标志放在单位名称前面。第二部分为名片持有者的姓名，一般用较大的字号书写在名片中部较为显眼的位置，有职务、职称的通常用小字标在名字后面。第三部分为名片持有者的详细地址、电话、传真、邮编、电子信箱等。

图 4-1　横式名片

2. 竖式名片

竖式名片采用行序由右到左，字序由上到下的书写方式，同样主要包括三部分内容。第一部分为名片持有者的工作单位，一般在右侧第一行的顶格位置。第二部分为名片持有者的姓名，用较大的字号书写在名片正中，有职务、职称的通常用小字标在名字右下方。第三部分为名片持有者的详细地址、电话、传真和邮编、电子信箱等，在名片的左侧位置从右往左逐列排出。

二、名片的使用

在现代社交中，名片已不仅仅用于自我介绍，还可以作为简单的礼节性通信的媒介，在信息传递中发挥着不可忽视的作用。

（一）递送名片

在递送名片时，动作要大方，态度要从容、自然，表情要亲切、谦恭。妥当地递送名片会提升人际交流的效果。

1. 存放有序

名片应存放在易于取出的位置，经常存放的位置有公文包、名片夹、上衣口袋等，在需要递送名片时能快速取出名片并郑重地放在手里，然后再恭敬得体地递送给对方。需要注意的是,若将名片装在上衣口袋里,则不宜装得过多,否则将影响着装的效果。

2. 递送名片的步骤

递送名片时,要起身站立用双手递送,以示尊重对方。双手拇指和食指分别持名片的两个角,字体朝向对方,齐胸送出,以便对方观看。若对方是外宾,则将印有对方熟识文字的那面朝向对方,同时可讲些"请多联系""请多关照"等友好客气的话。

3. 递送名片的技巧

递送名片的时间,一般在见面之初,但是也有特殊情况,如果名片持有者与他人事先有约,一般可在告辞时再递上名片。如果双方只是偶然相遇,则可在相互问候,得知对方有与你交往的意向时,再递送名片。

双方递送名片的顺序一般是尊者居后,即晚辈向长辈、下级向上级、男士向女士先递出名片。在人较多的情况下,更要注意讲究先后次序,或由近而远,或由尊而卑,一定要依次进行,切勿采取"跳跃式"。

(二) 接受名片

1. 接受名片的步骤

在接受别人递送的名片时,一般应该礼貌起身,恭敬地用拇指和食指持名片下方两角,接过并面带微笑道谢。接受之后,应当认真阅读名片上的内容,必要时可以从上到下,从正面到反面重复看。有时可把名片上的姓名、职务读出声来,以表示对递送名片者的尊重,同时也可加深对名片的印象。

2. 存放得当

接受名片后,应注意存放得当,珍惜爱护。接过别人的名片后切不可随意摆弄或扔在桌子上,也不可一言不发,甚至看也不看就随便地塞在口袋里或放进包里,一般应放在西服左胸的内衣袋或名片夹里,以示尊重对方。

(三) 交换名片

1. 交换名片的步骤

接受他人名片后,要主动回送自己的名片。交换名片时一般是地位低者、晚辈或客人先向地位高者、长辈或主人送上名片,然后再由后者予以回送。若上级或长辈先递上名片,下级或晚辈也不必谦让,应礼貌地用双手接过,道声"谢谢",再予以回送。交换名片的行为体现了双方感情的沟通,表达了互相友好交往下去的意愿。

2. 交换名片时需注意的问题

交换名片时,应注意最好在收到对方的名片之后,再递送自己的名片,不要一来一往同时进行。需要回送名片时,不可递出污旧或皱褶的名片。如果身上未带名片,应向对方表示歉意。在对方离去之前或话题尚未结束时,不必急于将对方的名片收藏起来。若是长聊或者共餐,则应在交谈前或就餐前交换名片。

第三节　会面礼仪

会面礼仪通常是指在较为正式的场合与他人相见时,表示对他人尊敬、友好的规范的言行举止。正确地践行会面礼仪,有利于交往双方加深印象、增进感情,便于以后社交的正常开展。

一、问候礼

问候也称问好、打招呼,是社交中不可缺少的重要环节。礼貌而得体的问候,能够增加别人对自己的好感。

(一)问候的次序

问候的次序一般应遵循"尊者居后"的原则,通常应是职位、地位较低者先向职位、地位较高者问候。当一个人需要问候多人时,既可以笼统地加以问候,也可以逐个进行问候。当一个人逐一问候许多人时,既可以按照由"尊"而"卑"、由长而幼的顺序依次进行,也可以按由近而远的顺序依次进行。

(二)问候的态度

问候是敬意的一种表现。当问候他人时,要主动、真诚、自然、热情,应当面带微笑,注视对方的眼睛,以示专心、尊重。同时,应尽量用礼貌简洁的语言表示致意,用谦恭的态度打破双方的陌生感,缩短情感距离。这是人际关系发生和发展的起点。

(三)问候的内容

用礼貌的语言表达对他人的问候时,问候的内容应根据对方的情况选择。在日常生活中,"您好""早上好"等问候语的使用越来越普遍。在国际交往中,要根据各个国家、地区、民族的风俗习惯表达自己的问候。

二、握手礼

握手礼是在日常生活和社交中使用频率最高、适用范围最广的一种会面礼仪。践行握手礼仪，主要应注意以下三个方面。

（一）握手方式

与他人握手时，应当神态专注、认真、友好，目视对方的眼睛，面带微笑并问候对方。握手时应以起身站立的姿势，迎向对方，当距离一米左右时伸出右手，上身略向前倾，握住对方的右手手掌，上下晃动三四次，再松开手恢复原状。握手时，用力既不可过轻，也不可过重，若用力过轻，有怠慢对方之嫌，若用力过重，则容易让对方难以接受心生反感。一般来讲，在普通场合与别人握手所用的时间以 3 秒左右为宜。

（二）伸手顺序

会面时，握手的先后顺序一般遵循尊者居前的原则，即应由双方之中职位、地位较高者或年龄较长者先伸手。女士同男士握手时，应由女士先伸手；长辈同晚辈握手时，应由长辈先伸手；上司同下级握手时，应由上司先伸手；老师与学生握手时，应由老师先伸手。若家中有来访客人时，见面之初应由主人先伸手，以示欢迎之意；告辞时，则应由客人先伸手，以示再见之意。

（三）握手的禁忌

践行握手礼仪，应注意以下几个方面。不要用左手与他人相握，因为在社交中普遍认为右手为尊；不要戴手套和墨镜与别人握手，否则有无礼和防人之嫌；与初识者或异性不宜用双手相握，因为只有在熟人之间才会双手相握，以表达深情厚谊，否则会被误解为失态或讨好；不要与他人交叉握手，握手后不要当着对方的面擦手；不要只握对方的手指尖或只递给对方手指尖，这容易让对方感到你漫不经心、傲慢冷淡。

三、鞠躬礼

鞠躬礼是人们在交往中表示对他人恭敬而普遍使用的礼节。世界上许多国家都以鞠躬为礼，以表达对对方的尊重和友好。

（一）鞠躬礼的类型

一般来说，鞠躬角度不同代表的意义也不同，角度越大表示越谦恭，对被问候人的尊敬程度就越高。鞠躬礼可分为三鞠躬和一鞠躬。

1. 三鞠躬

三鞠躬，也称最敬礼。行礼之前，应摘下帽子、围巾等饰物，身体立正，手自然垂直放在裤线两侧，目光平视，上身向前下弯90度，然后恢复原样，动作有节奏地连续重复三次。

2. 一鞠躬

一鞠躬适用于一般社交场合。行礼者一般应在距受礼者两米左右行鞠躬礼，身体采取立正姿势，目视受礼者，面带微笑，上身向前倾斜15度，视线也随之相应下降，随即恢复原态，动作只做一次即可。如果弯腰幅度达到90度，就是深鞠躬，以示深厚的敬意。

受礼者应随即行鞠躬礼相还。在一般社交场合，长者、贤者、宾客、女士还礼时可不鞠躬，欠身点头还礼即可。男性行鞠躬礼时，双手应放在裤线的稍前处，女性则应将双手放在身前下端，端庄地搭在一起。

（二）行鞠躬礼的场合

鞠躬礼的应用范围很广，既适用于庄严肃穆的场合，也适用于欢庆喜乐的场合，还适用于一般社交场合。例如，演员答谢观众，在演出之前或结束时，都要以行鞠躬礼的形式来对观众表示感谢；颁奖活动，受奖者领取奖状或奖品之后，应鞠躬对观众的支持表示致意；拜见师长，在与师长见面或再见时，常以鞠躬礼表示对师长的敬重；结婚仪式，新人要以三鞠躬向父母、亲朋以及自己的爱人表示不同的情感；悼念活动，人们常以三鞠躬表示对逝者的无限哀思和永别之意，家属也以鞠躬还礼。

（三）鞠躬的要领

行鞠躬礼时，要面向对方，视线由对方脸上逐渐落至自己的脚前一米左右。鞠躬时必须伸直腰背、脚跟靠拢、双脚尖处微微分开，然后上身向前弯曲，弯腰速度适中，之后抬头直腰。行礼时，戴帽者应用右手握住帽檐中央脱帽，左手下垂，然后鞠躬行礼。

四、致意礼

致意礼是人们在社交中,不需要做言语表达,但需要用动作表达的一种礼节,是公共场合或比较轻松的场合运用的基本礼节,主要包括点头致意、挥手致意、鼓掌致意、起立致意、欠身致意、脱帽致意等方式。

(一)行致意礼的场合

行致意礼的场合较多,包括在路上行走时、在公共场合、迎送客人时、送亲朋远行时等。

在路上行走或在公共场所与熟人相遇,双方距离稍远而又无须驻足谈话,或是在工作场合与同事多次见面等情况,都可以行点头致意礼,即面带微笑向对方轻轻点头示意。在迎送客人时,应举起手掌轻轻挥动致意。在音乐会、表彰大会等多人聚会中,鼓掌也可作为致敬的一种礼节。当有领导或上级视察时,可以起立致意。当他人为你服务时,可以稍微欠身表示谢意。当亲人或重要客人远行时,可以挥动帽子、手帕、纱巾等物品致意,这样既表达了情深意切、难舍难分,又使礼节鲜明易见。

(二)行致意礼的顺序

行致意礼一般应遵循尊者居后的原则。一般来说男性应先向女性致意,年轻人应先向年长者致意,下级应先向上级致意,地位低的人应先向地位高的人致意。当然,长者或上级也可以主动向晚辈、下级致意,以示谦虚随和,这样反而会使受礼者对行礼者更加尊重。

(三)行致意礼的注意事项

向他人致意时,可以两种形式同时使用,例如,迎接外宾时,可以同时使用起立致意和鼓掌致意。致意时,不要向对方高声喊叫,以免妨碍他人。如果遇到对方先向自己行致意礼,应以同样的方式回敬。在行致意礼时,如果男性戴帽子应施脱帽礼,当两人相遇可脱帽点头致意。遇见相识者不须停留时,点头示意的同时应将帽檐向上轻掀一下以示致意。行致意礼时,不可做将手插在衣裤袋中、叼香烟、吃口香糖等不尊重对方的动作。

五、拥抱礼

拥抱礼是许多国家盛行的会面礼节，普遍应用于各种类型的社交场合。

（一）行拥抱礼的规则

行拥抱礼时，两人应相距约 20 厘米面对面站立，各自先举起右臂，将右手搭在对方左肩后面，左手自然伸向对方右腰的后侧，先与对方左侧拥抱（对方动作也如此）。如果是为了表达较为亲近的情感或更加密切的关系，在保持原手位不变的情况下，双方还应继续向右拥抱，再次向左拥抱。正式的拥抱礼需要反复行三次，才算礼毕。

（二）行拥抱礼的注意事项

在交往中，行拥抱礼应注意交往对象的民族习俗。世界上有些国家和地区的人见面时不喜欢拥抱。例如，欧洲人非常注重礼仪，但是他们不习惯与陌生人或初次交往的人行拥抱礼、亲吻礼、贴面礼等，所以初次与他们见面时，还是以行握手礼为宜。在我国，除了外事活动以外，普通的社交场合一般也不行拥抱礼。

（三）行拥抱礼的禁忌

行拥抱礼时双方身体不要贴得过紧，特别是男士与女士拥抱时；拥抱时间也不可过长，这些做法都是不合礼节的。

当外宾向你行拥抱礼时，接受它是最不失礼的办法。但是，当你要向别人行拥抱礼之前，务必了解对方是否有此习俗，并相应做一些准备。行礼时，双方不要离得太远，不要抱住对方的腰部，不要将手搭在对方肩上，不要抬起小腿，这些都是不合乎礼仪的。

第四节　称　呼　礼　仪

称呼礼仪是指人们在日常交往中，彼此称呼时使用礼貌用语的一种行为礼节，它能恰当地体现出当事人之间的关系。由于各国、各民族的历史文化不同，风俗习惯各异，因此人们的称呼习惯也有许多的不同。

一、姓名称呼

姓名即一个人的姓氏和名字。姓名是使用比较普遍的一种称呼形式。各国人民的姓名有很大的不同,除文字的区别外,在姓名的构成、排列的顺序、名字的意义等方面都不一样,用法大致有以下几种情况。

(一) 前姓后名

前姓后名的称呼是指姓在前名在后。亚洲多数国家基本都采用这种形式。

1. 全姓名称呼

全姓名称呼就是在交往中直呼其姓和名,例如,"刘芳芳""李立华"等。全姓名称呼有一种庄严感、严肃感,常用于学校、部队等场合。而在日常交往中,直接指名道姓地称呼对方是不礼貌的。但是长辈可以直呼晚辈的姓名,晚辈对长辈却不能全姓名称呼。

2. 名字称呼

名字称呼就是省去姓氏只呼其名字,例如,"芳芳""立华"等。这样称呼显得既礼貌又亲切,主要用于家庭成员之间或者关系较密切的朋友、同学、同事之间。对于一般的异性朋友,不适宜只称呼其名字。

3. 姓氏加修饰称呼

姓氏加修饰称呼就是在姓之前加上修饰字,例如,"老李""小刘""大陈"等。这种称呼亲切、真挚,一般用于在一起工作、劳动和生活中相互比较熟悉的朋友、同事之间。

4. 前姓后名的特例

日本的姓名一般由四个字组成,例如,"小泽一郎""安倍晋三"等,其中,前两个字为姓,后两个字为名。日本妇女婚前用父姓,婚后用夫姓,本人名字不变,例如,中野良子嫁给川崎善弘后,改名川崎良子。日常交往,只称其姓,例如,"小泽""安倍",正式场合才使用全称。

(二) 前名后姓

前名后姓的称呼是指名字在前姓氏在后。欧美国家的称呼基本属于这一类型。

1. 名字在前姓氏在后

英、美等国家的称呼基本上都是名字在前姓氏在后,例如,"比尔·克林顿",其中,比尔是名字,克林顿是姓氏。女子结婚后,多采用自己的名加丈夫的姓,例如,希拉里·克林顿婚前姓名是希拉里·罗德姆。日常交往中,可以只称呼其姓氏,加"先生""女士"等,例如,"克林顿先生"。正式场合要称呼全姓名,加"先生""女士"等,例如,"比尔·克林顿先生"。

2．前名后姓的特例

俄罗斯的人名由三部分组成,分别为名字、父名、姓氏。例如,"弗拉基米尔·弗拉基米罗维奇·普京",其中,弗拉基米尔是名字,弗拉基米罗维奇是父名,普京是姓氏。俄罗斯妇女姓名多以娃、娅结尾。妇女婚前用父亲的姓,婚后多用丈夫的姓,但本人名字和父名不变。例如,尼娜·伊万诺夫娜·伊万诺娃与罗果夫结婚,婚后其全名改为尼娜·伊万诺夫娜·罗果娃。

二、亲属称呼

亲属称呼是对有亲缘关系的人的称呼。自古以来,人们在生活和交流中逐渐形成了既定的关系称谓,其中,亲属称谓是家属和亲戚之间称呼的名称,靠姻亲或血缘为纽带,从中可以反映出其相互关系。

(一) 传统称呼方式

我国在亲属称呼上尤为讲究,传统家庭人口较多,所以在使用称呼时也比较复杂。传统的称呼方式主要有以下几种:对亲属的长辈、平辈决不称呼姓名、字号,而按与自己的关系予以称呼,例如,祖父、父亲、母亲、胞兄、胞妹等;称别人的亲属时,加"令"或"尊",例如,称对方的儿女为"令公子""令千金"等;称辈分或年龄高于自己的亲属时,前面加"家",例如,"家父""家母""家兄"等;称辈分或年龄低于自己的亲属,可在其称呼前加"舍"字,例如,"舍弟""舍侄"等。

(二) 现代称呼方式

随着社会的进步,传统的家庭观念发生了改变,在亲属称呼上也有所体现。现代称呼方式一般都直接表达自己与亲属的关系,简洁明了,例如,爸爸、妈妈、哥哥、弟弟、姐姐、妹妹等。有姻亲关系的,在当面称呼时为表示亲切,也有了改变,例如,称岳父为爸爸,称岳母为妈妈,称姻兄为哥哥,称姻妹为妹妹等。但是在书面语言的表达方面,有些人还是喜欢沿袭传统的称呼方式。

三、职务职衔称呼

在工作岗位,同事之间的称呼是有一定规则的,总的要求是严肃、庄重、正式、规范。

（一）职务称呼

职务称呼就是用所担任的职务作称呼。在我国,职务称呼主要有三种形式。

1. 用行政职务称呼

常规的用行政职务称呼的方式有两种：一是在职务前加姓氏,例如"李局长""张科长""刘经理"等；二是在职务之前加姓名,例如,"×××经理""×××校长"等。

2. 用专业技术职务称呼

常规的专业技术职务称呼就是在专业技术职务之前加姓氏,例如,"李教授""张工程师""刘医师"等,对张工程师、刘总工程师还可简称为"张工""刘总"等。

3. 用职业称呼

职业称呼即用其所从事的职业当作称谓。例如,称教师为"老师",称教练员为"教练""指导"等。还可以在称呼前加姓氏,例如,"李老师""赵教练""刘会计"等,不少行业还可以用"师傅"相称。

（二）职衔称呼

在日常交往中,还可以根据交往对象所拥有的社会上备受尊重的学位或学衔来称呼,以体现被称呼者的学术权威性,例如,"博士""硕士"等。这些职衔称呼还可以同姓氏、姓名和泛尊称分别组合在一起使用,例如,"张博士""周涛博士""工学博士王刚"等。

四、使用称呼时应注意的问题

规范地使用称呼,不仅能表现出对他人的尊重,也能表现出彼此的身份。在社交中,人们在使用称呼时应注意以下几个问题。

（一）避免称呼不当

在日常交往中,称呼他人时一定要避免出现称呼不当的情况。例如,因为对方的年龄比自己大,就将对方称为"叔叔"或"阿姨",这是不合礼仪的。因为在社交场合,许多人从心理上不愿意他人把自己看得很"老",也不愿意给别人当长辈。在职场中,要严格按照职务来称呼对方,例如,将"李副校长"称呼为"李校长",就是称呼不当。

（二）避免使用错误的称呼

在称呼他人时，一定要避免将对方的姓名念错，对于把握不准的字，要事先请教，不要凭自己的主观想象，贸然称呼对方。例如，"查""仇"作为姓时的发音分别是"zhā""qiú"，如果望字猜音，肯定发生错误。当对交往对象的年龄、辈分、婚否、职务等情况拿不准时，千万不要想当然地去称呼，而要先摸准情况再选择合适的称呼。

（三）避免使用歧视性的称呼

在称呼他人时，一定不要使用带有歧视和侮辱性质的称呼方式，特别是不能用对方的生理缺陷或缺点来称呼对方，例如，"胖子""矮子""瘸子""大喇叭"等。在正式场合，这样称呼对方既是非常不礼貌的行为，也会影响社交的顺利开展。

（四）避免使用地域性的称呼

有些称呼的使用具有一定的地域性，比如北京人喜欢称人为"师傅"，山东人喜欢称人为"伙计"，但是南方人认为"师傅"就是"出家人"，"伙计"就是"打工仔"。中国人喜欢把配偶、孩子称为"爱人""小鬼"，而在其他一些国家，"爱人"就是"情人"，"小鬼"则常常被理解为"鬼怪""精灵"的意思。所以，因避免使用地域性的称呼，以免引起误会。

（五）避免使用低级庸俗的称呼

在社交中，应避免在正式场合使用一些低级庸俗的称呼，例如，"哥们儿""姐们儿""死党""铁哥们儿""老大"之类的称呼。使用这些称呼显得不严肃、不正式。逢人便称"老板"，也显得不伦不类。

总之，应根据不同的对象、不同的场合，谦恭礼貌地选择运用合适的称呼。称呼虽然是一个代号，但是包含着一定的文化内涵，甚至代表着一个人的尊严，因此，尊重一个人就要尊重他的姓名，重视对他的称呼。

第五节　公共场所礼仪

在社交中，良好的公共场所礼仪可以使人际交往更加和谐，使人们的生活环境更加美好。

一、公共场所礼仪的主要内容

为了保持良好的社会秩序，人们必须掌握和践行公共场所的礼仪规范。

（一）尊重他人

在公共场所，要尊重他人，特别是要尊老爱幼。在公共场所，遇到老人或儿童都要主动给他们让座，发现他们遇到困难时应尽力帮助他们。同时，还要注意不要在公共场所大声喧哗，与他人交流时要注意使用礼貌用语。在办公室等公共场所，一定要注意自己的言行举止，不要影响他人。

（二）女士优先

在公共场所，男士要主动照顾、优待女士。例如，男士可以为女士开门；一起就餐时，可以帮女士拉开座椅请女士先入座；点餐时也可以让女士先点；就餐完毕，一起离开时，男士应先开门让女士先行，等等。

（三）着装得体

在公共场所，着装一定要得体。不穿有污渍的衣服，不穿奇装异服，服装要整洁大方。女士在出席正式活动的时候，也不宜穿着领口过低、过紧、过透、过露的服装，因为那样会让人觉得不够庄重。

（四）举止规范

在公共场所，一定注意要举止规范，要遵守公共秩序。行进时，注意右行礼让。乘车时，不插队、不拥挤，礼让老人、儿童和其他需要帮助的人。此外，还应爱护公共财物和公共设施，不在公共设施上乱涂乱画等。

（五）注意卫生

在公共场所，要注意保持环境卫生和个人卫生。不要吸烟，不要随意吃零食，更不要胡乱丢弃果皮果核等，不要随地吐痰。还要注意保持身体没有异味，不要喷洒刺鼻的香水，出门前不要吃蒜、葱、韭菜等有刺激性气味的食物。上完厕所之后，一定要冲水。

二、公共交通礼仪

交通工具是人们生活中不可缺少的重要组成部分。遵守公共交通礼仪最能体现一个人的知礼程度和个人素养,也是社会精神文明程度的重要体现。

(一)乘坐飞机时的礼仪

飞机已经成为现代生活中人们远距离出行时经常使用的公共交通工具。人们在乘坐飞机出行时,应了解并践行有关的乘机礼仪,这样才能体现出文明素质并使旅途畅行愉快。

1. 起飞准备

按飞机起飞时间,要至少提前一个小时到达机场办理登机手续。出行以轻装便行为主要原则,行李的大小要按照机场的有关规定准备。接受机场的安全检查时,要主动、自觉地配合机场安检人员的工作,不携带易燃易爆等危险物品登机,不随便给陌生人带东西。按规定系好安全带,配合空乘人员工作,关掉手机。如果有晕机症状,应提前向空乘人员索要晕机药物,避免起飞后给周围的乘客带来不便。

2. 飞机上的注意事项

飞机飞行中,要遵守机舱内的一切规章制度。认真倾听乘务员关于氧气面罩、救生衣、紧急出口等有关安全事项的说明。要坐在自己的位置上,注意保持环境卫生,不要随意走动和使用违禁物品,不要大声聊天,以免影响他人休息。飞行途中坐累了,可以将座位倾斜,但是在调整座椅之前,要先向后座的乘客打声招呼。用餐时尽量不要发出声音。最好不要喝酒,要尊重乘务人员,支持他们的工作,服从他们的管理。如果飞机遇到特殊情况,一定不要慌张,要听从空乘人员的统一安排。

3. 离机时的注意事项

到达目的地后,要等飞机停稳之后,再站起来拿行李,防止摔倒或伤到他人。下飞机的时候不要拥挤,应排队按顺序走出去。对空乘人员站在机舱门口的送行要给予回应,微笑点头并说"再见"或"谢谢您周到的服务"等。

(二)乘坐火车时的礼仪

火车是一种重要的交通工具,在现代生活中也非常普遍、不可缺少。乘坐火车时也要遵守一定的规则,这样才能保证出行的安全和顺利。

1. 要有序上车、入座、存放行李

上车前,要自觉排队,有秩序地进入车厢。上车后要对号入座,不占别人的座位。行李以轻便、易携带为宜。较大的行李要放在行李架上,要顺着行李架放好,不要超出行李架之外。

2. 乘车时要文明、礼貌

乘车过程中不要大声聊天,以免打扰周围乘客的正常休息。阅读后的杂志或者报纸要整理好,不要随处乱扔。身旁有无座的长途旅行乘客时,可以主动让他们轮流坐下休息会儿,这不仅表现出个人的修养和道德境界,也会使周围环境温馨和谐。

3. 要保持车厢环境卫生

车厢环境卫生是保证顺利、愉快出行的必备条件,每位乘客都有责任维护车厢的整洁干净。食物的残渣要放在垃圾袋中或放在列车指定的垃圾投放点,不要在列车上脱鞋子,更不要把脚搁在对面的座位上。这样做不但不雅观,也是对其他乘客的不尊重。

4. 要注意安全

乘坐火车出行时,要做到不携带易燃易爆等危险物品上车,注意防火防盗。发现可疑物体和可疑人员,要及时与列车长或乘警取得联系,把隐患消灭在萌芽状态。尤其要注意旅途过程中的人身安全和财产安全,对陌生人的热情接触要格外警惕,防止与陌生人交流涉及个人隐私的话题,时刻都要有防骗意识。

(三)乘坐公共汽车时的礼仪

公共汽车是人们日常生活中非常普遍的一种交通工具,也几乎是人们使用频率最高、涉及人数最多的交通工具。所以,乘坐公共汽车的礼仪规范具有广泛的群众影响。

1. 要遵守乘车秩序

乘坐公共汽车时,应自觉排队、有序乘车,不要拥挤,不要抢座、占座。在车厢里要扶好站稳,以免刹车时碰着别人,万一碰了别人要主动道歉。如果遇到老人、儿童、残障人士、孕妇及体弱者等需要帮助的人,要主动让座。不要拥挤,快要到站之前,应提前向车门处移动,做好下车准备。

2. 要保持车厢的良好环境

乘车时,要注意保持车厢安静。接打手机时应低声细语,并尽量缩短通话时间,不要旁若无人地大声说话。车上人多的时候,遇到熟人点头示意就好,不要硬挤过去交谈,更不要远距离大声交谈。还要注意乘车的卫生问题,乘车时尽量不要穿油污的衣服,不带脏的东西,以免妨碍他人;必须带上车时,要提醒别人注意并且放到适当的地方。下雨天乘车,在上车前应把雨伞收好,雨衣脱下叠好,尽量不要把车厢地面弄湿或把别人的衣服弄湿。

3. 乘车过程中的特殊情况处理

乘车过程中,如果遇到特殊情况,不要慌乱,要听从司乘人员的统一安排,有序离开。当发现有人有意靠近你时,要注意自己的财物安全,防止被盗。

(四)乘坐地铁时的礼仪

地铁已经成为人们外出时经常选择的交通工具之一。乘坐地铁出行时主要应遵守以下礼仪规范。

1. 遵守乘车秩序

遵守乘车秩序是乘坐地铁应注意的首要问题。从进入地铁站口到买票进站,从到达站点下车到出站,都有规范的、明显的指示牌。乘坐地铁时要按照指示信息规范乘车,遵守公共秩序。

2. 保持乘车的良好环境

在乘坐地铁的过程中,要注意保持车厢的环境卫生,做到不吃东西,不乱扔垃圾;保持车厢安静,不大声讲话谈笑;站在车门旁边时应注意安全,并不影响他人顺利下车。在车厢里应该主动给老人、儿童、残障人士、孕妇及体弱者等需要帮助的人让座。

3. 乘坐地铁时的注意事项

在地铁站台的候车区域有乘车区和下车区的明显划分,候车的乘客应按照指示在指定的区域等待,要自觉排队候车,不争不抢。上车时,应注意车门要关时不要抢上,防止发生事故;下车时,要提前移动到车门处,等车停稳、车门打开后及时下车。

(五)乘坐轿车或出租车时的礼仪

在日常生活和工作中,轿车或出租车也是人们出行的重要交通工具,乘坐轿车或出租车出行时主要应注意以下礼仪规范。

1. 上车

如果陪同客人同乘一辆轿车,上车前主人应先打开轿车的右侧后车门,请客人上车,并以手挡住车门上框,提醒客人防止碰头,待客人坐好后再关好车门。特别注意不要夹到客人的手或衣服,然后主人从左侧后车门上车。

如果同亲朋好友一同乘车,应请女士与长辈先上车,并为之开关车门。倘若女士裙子太短或太紧不宜先上车,可以请男士先上车。女士上车时,应先轻轻坐在座位上,然后再把双腿一同收进车内。

2. 下车

到达目的地时,主人应先下车,绕过车体为客人打开车门,以手挡住车门上框,协助客人下车。女士下车时,一般要双脚同时着地,然后轻轻起身。

3. 乘坐位置的安排

如果有专职司机开车,乘车时应按照以后为尊、以右为尊的原则安排就座。其中,车上最尊贵的位置是后排右侧的座位,其他座次排序如图4-2所示(图中,■代表司机)。

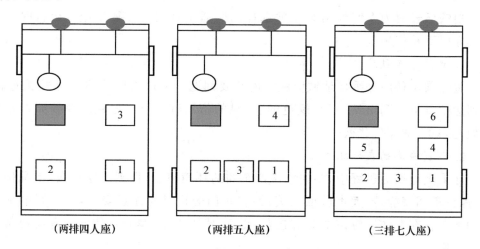

图 4-2　有专职司机的座次安排

如果是主人亲自驾车,乘车时应按照以前为尊、以右为尊的原则安排就座,座次排序如图4-3所示(图中,■代表主人)。

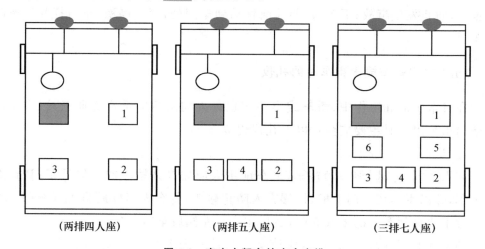

图 4-3　有主人驾车的座次安排

乘坐出租车时,若一人乘车,可坐在后排。若三人乘车,可前排坐一位,后排坐两位。如果是一男二女乘车,可以男士坐前排,女士坐后排;如果是二男一女乘车,则女士坐前排,男士坐后排。

4. 与司机的礼仪

不管是乘坐轿车,还是乘坐出租车,都尽量不要与司机闲谈,以免分散司机的注意力。尽量不要催促司机加快车速。当有事情需要询问司机时,要文明礼貌。同时,还要注意不能与司机有肢体的接触,以免影响司机开车。下车时,要对司机的服务表示感谢。

(六) 骑自行车时的礼仪

自行车是居民出行的常用代步工具。骑自行车出行时,应文明骑乘自行车,规范使用自行车。

1. 严格遵守交通规则

选择骑自行车出行时,一定要遵守交通规则,要在道路右侧的自行车道或非机动车道骑行。同时,还要注意不要多人并排骑车,不要勾肩搭背;不要在无任何手势示意的情况下突然拐弯,不要撑伞或单手持物骑车。要做到不闯红灯,不互相追逐或曲折竞驶,不在市区骑车载人等。

2. 礼让行人

骑乘自行车的过程中,要主动礼让行人,不争道、不抢道。不要在行人背后猛然按车铃。有些老年人动作迟缓,过马路的时间较长,骑车人要给予谅解,放慢车速,让老年人先过马路。如果不小心撞了他人,要主动道歉。如果对方被撞倒,要赶快下车搀扶,必要时应立即陪送就医。

第六节　网　络　礼　仪

网络已经成为人们工作、学习、交往、生活及娱乐活动和进行舆论监督、表达意见建议、讨论公共事务的重要渠道,也是真实的社会生活在虚拟世界的投影。掌握和践行网络礼仪,既尊重他人,也尊重自己。

一、网络礼仪的含义、特点和作用

(一) 网络礼仪的含义

网络礼仪是指人们在以网络为载体的虚拟环境中,使用网络时应有的道德修养和应遵守的行为准则。网络礼仪是现代礼仪的重要组成部分。

1. 网络礼仪是社会性的、大众化的行为规则

随着通信技术的不断发展和完善,网络已经走进千家万户,走进每个人的生活。网络也成为人们学习、工作、生活、休闲、娱乐、交流的重要媒介。因此,网络礼仪成为网络活动迫切需要建设的重要内容。只有网络礼仪规范被大众接受,被网络使用者接受和践行,网络社会才能更加文明,网络行为才能更加规范。

2. 网络礼仪是网络秩序的显著标志

网络礼仪可以促进网络使用者主动遵守相关法律法规,从网络语言、网络行为、网络技术等方面构建良好的网络秩序和网络活动空间。网络活动是否能正常进行,网络秩序是否良好,关键就看网络礼仪的落实和践行情况。网络礼仪既是构建良好网络秩序的动力,也是良好网络秩序的显著标志。

3. 网络礼仪是开展网络文明活动的必备条件

网络现已成为大众普遍使用的工具,并且使散布在各处的信息资源汇集起来,供民众共享,大大促进了社会资源,特别是信息资源分配上的平等与进步。在推进网络普及的过程中,必须重视网络礼仪的宣传和建设,因为只有这样才能提高网络使用者的素质,使网络活动文明有序。因此,网络礼仪是开展网络文明活动的必备条件。

4. 网络礼仪是网络文明建设的重要内容

网络文明包括网络语言文明、网络行为文明、网络内容文明和网络秩序文明等内容。网络礼仪的目标就是规范人们的网络言行,净化网络环境,呈现健康的网络内容,构建良好的网络秩序。因此,只有网络使用者认真践行网络礼仪,才能达到网络文明建设的根本目标。

(二) 网络礼仪的特点

网络礼仪主要具有以下三个方面的特点。

1. 普遍认同性

礼仪规范被人们遵守的前提是社会范围内的普遍认同。伴随网络发展而产

生的网络礼仪在内容和使用对象方面具有更明显的普遍性,涉及社会的各个领域,与社会各个方面都有着广泛交融。从现实看,网络已经被越来越多的人接受和认可,成为人们工作、生活、学习和娱乐的不可缺少的工具。因此,网络礼仪具有越来越广泛、越来越深厚的群众基础,成为人们开展网络交流必须遵守的规范和准则。

2. 时空开放性

网络的发展在很大程度上消除了时空局限性,使人们的交流时空有了空前的开放性。信息网络技术以从前不可想象的方式使人们紧密联系在一起,突破了空间上的局限性。即使居住在不同的国度、地区,人们也可以"在一起"工作、学习、娱乐。同时,人们之间使用网络交流也可以不受时间的限制,不管是白天还是黑夜,只要是双方约定的时间,都可以随时进行交流。网络为网民跨时空交流提供了便利,使网络礼仪也具有了时空开放性。

3. 约束弱强制性

从礼仪的一般特征看,礼仪都具有一定程度的强制性,它既然已经被大众所认同,就"应该"在某些场合"必须"被践行。所谓弱强制性,是指网络使用者由于网络本身的虚拟性,加上人们对隐私权的尊重,使得网络行为具有更多的自主性和自由度,导致网络礼仪对网络行为的约束较弱。如果网民没有自我道德意识,不愿意接受礼仪规范的约束,那么网络礼仪和规范在很大程度上就只是一些建议,不能真正规范网络行为。

(三)网络礼仪的作用

1. 有利于提高网络使用者的素质

在长期的网络交流中,人们若能按照网络礼仪的规范来约束自己的网络言行,逐渐内化为文明的网络操作观念,就能形成理性的网络思维和健康的网络意识,从而养成良好的网络行为习惯,主动践行网络礼仪,人们的素质就能不断提高。

2. 有利于营造积极健康的网络环境

网络环境不仅指网络资源与网络工具发生作用的地点,还包括学习氛围、学习者的动机状态等。由于网络发展存在的某些问题,以及因此可能给社会带来的不利影响,构建和谐网络、健康网络、法制网络,强化网络及其使用者的法律规范、道德规范、礼仪规范已成为净化网络环境的重要任务。网络礼仪能充分发挥群众舆论导向的积极作用,给予网民正确的引导,使群众自发对不良信息及其传播者进行谴责,进而建立良好的道德约束机制和网络礼仪体系,营造积极健康的网络环境。

3. 有利于提升网络社会的文明程度

网络社会的文明程度是一种综合性的网络良好运行状态的体现。网络活动已经成为人们社会生活的重要组成部分。通过多样化的方式加强网络礼仪的宣传教育,影响、改变网民的网络态度、价值追求、社会心态,使人们形成一定的网络共识,组织和发动人们积极投入到网络社会的文明建设中,能使网络秩序更加规范,网络环境更加健康,进而提升网络社会的文明程度。

4. 有利于提高网络内容的可信度

现实网络中时常会出现一些谣言、偏激的评论或虚假信息,这对网络信息的质量、可信度以及舆论的产生与发展方向具有严重的负面影响。网络礼仪就是要通过提升网络使用者的礼仪素养,规范网络的使用方式,使大家自觉宣传和维护正能量的信息,确保发布的网络信息的准确性,并主动抵制虚假、低俗、有违社会主流意识的网络信息,进而提高网络内容的可信度。

二、网络礼仪的基本内容

网络礼仪的内容非常丰富,下面,我们具体介绍一下称呼、交流和表达三个方面的网络礼仪。

(一)网络称呼礼仪

网络称呼礼仪主要是指在网络交流过程中,使用网络问候和称呼时应遵循的规范和标准。

首先,称呼要文明礼貌。在日常交往中,对不同身份和年龄的人会有不同的称呼方式和礼节,如对长辈称呼"您",对同辈和晚辈可以用"你"。而在网络上,交谈双方的身份虽然是不清楚的,但也要使用礼貌用语称呼对方,以构建文明的网络环境。

其次,使用网络名称要规范,应避免使用有歧义的网络名称。人们的网络名称纷繁复杂,网络名称的字数也不受限制,为了便于他人能准确辨识出自己,可以选择有代表性或有典型特征的文字作为网络名称。例如,"桃李满天下",既可以用来表示姓氏李,也可以用来表示从事的职业是教育行业。如果是用于开展工作的网络号,最好使用真实姓名,便于他人正确辨识你的身份,准确使用称呼。

网络名称虽然具有随意性,但是一般网络名称都有一定隐含的意义,也代表着网络使用者的一些特性,影响着他人的认识。因此,在选网络名称时,要尽量避免使用那些让人费解、容易产生歧义的名称。即使是为了保密的需要,也应尽量避免使用太过古怪的名称。

(二) 网络交流礼仪

网络已经成为人们交流的常用媒介,在使用网络进行交流的过程中,应注意网络交流的规则。

首先,交流的信息要准确。网络的开放性为网络信息的传播提供了便利,但很难保证网络信息的准确性。在使用网络进行交流的过程中,要学会理性辨析网络信息,对不确认的信息做到不转发、不传播。注意不要参与网络中的虚假信息、不负责任的信息和无聊信息的传播,不参与网上谩骂与人身攻击等。传播无效的网络信息达到一定的数量,会受到法律的制裁。

其次,交流的方式要规范。网络的最大优点就是为人们交流提供了方便、多样的方式,正是如此,也使得网络交流礼仪的内容纷繁复杂。为了保证网络信息内容传递的准确性,要注意规范交流方式。例如,交流信息的"主题"要规范,通过网络传播的信息在主题的表达上,要注意选择使用简洁明了、清晰明确的文字。

最后,交流往来尽量要及时。在使用网络进行交流的过程中,要注意查收信息,并及时回复。"礼尚往来"是网络交流的重要规则。以网络为媒介的现代交往中,在交往者众多、信息量剧增的情况下,要区别对待不同的网络交流信息。对与工作、生活、学习有关的交流信息要及时关注和回复,对一些无关紧要的信息,特别是垃圾邮件等可以不予回复,甚至可以删除。

(三) 网络表达礼仪

网络表达礼仪是指人们在网络交流过程中通过语言或者符号向他人传递信息的方式和规则。

首先,表达符号要准确。日常交往中表达除了使用语言,还可以辅以人体动作,而人们在网络中互动时只能把人的形体符号化。形象化的符号带给大家的是生动感和幽默感,另外从交流的角度来看,它非常便利,可以表明一个人的态度和情感。例如,表达微笑,可以用三个符号组成":—)",这个合成符号按顺时针方向旋转90度就像一张笑脸,既可以表明发信者对所表述信息的基本态度,又可以影响收信人对待这条信息的态度。这实际上是网络表达的一种"礼仪"方式,也是约定俗成的"规矩",在表明行为态度的同时,也表达了对他人的尊重。在使用形体符号时,要做到礼貌、准确。

其次，表达方式要规范。使用网络进行交流时，表达方式要规范。不能随便往别人的电子邮箱或通信软件里发送不准确、内容低俗或广告之类的邮件或信息。现代网络的使用给人们带来了便捷，人们不用到邮局就可以向任何邮箱发送邮件，还可以向多人发送同一封邮件。需要注意的是，如果别人不愿意交流，就不要继续给对方发送邮件，这不仅违背他人的交流意愿，也有"骚扰"之嫌。

最后，表达态度要认真。使用网络进行表达时，态度要认真。对于接收到的每一条有价值的网络信息，都要进行仔细分析，并认真回复。切忌用相同的内容回复不同主题的邮件，甚至回复信息出现严重的文不对题的情况，这会对发信人的工作或生活产生不良影响。同时，转发的网络信息也要注意分析、查证内容是否准确，是否能对他人或社会产生积极影响。转发的信息内容也能体现出一个人的政治态度、工作态度和生活态度。因此，在使用网络进行信息表达时，思考要谨慎、分析要准确、态度要认真。

三、践行网络礼仪的基本前提

践行网络礼仪主要有以下四个基本前提。

（一）尊重他人网络交流的权利

现代社会因为网络的使用而拉近了彼此的距离，使世界各地人们联系在了一起。人们可以不受时空的限制而交往，使人们之间不同的意识、行为、风俗的交流、碰撞、融合变为可能。但是在这个的过程中，一个地区的习惯与俗语未必能够被另一个地区的人们所理解，不同的论坛有不同的规则，不同的聊天室也有不同的交流方式。所以在进行网络交流的过程中，要注意坚持尊重他人的基本原则，不仅要尊重他人的网络表达方式，也要尊重其他网络群体的交流风格。与他人进行网络交流时，要使用文明用语，对他人的网络语言要学会适度容忍。不要在网上公布私人交往的电子邮件或私聊（QQ或微信等）的记录以及他人的真实信息等。

（二）增强网络使用安全意识

人们在使用网络进行交往的过程中，要时刻树立自我保护的意识。首先，要注意保护自己的隐私。由于网络交流不需要面对面，对于不熟悉的网络交流对象，很难准确识别其真实身份和用意。凡是涉及身份证号、银行账号的等内容，都要注意保密，不能轻易泄露。其次，要注意规范自己的言论。无论是大型网游,还是论坛或聊天室,都要规范发言的内容和方式。虽然彼此不以真实身份示人,但是粗鲁无礼或滋事捣乱,也会因为大多数网站所设有的跟踪功能而被发现或被禁言,最后可能会被阻拦在网站之外。最后,要注意网络交流的人身安全。在网上与人交往,不要将自己的真实信息轻易地透露给网友,更不要随意与网友见面,以免上当受骗。总之,网络使用者要注意增强网络安全意识,提高识骗防骗能力。

(三)谨慎选择网络交流话题

人们在使用网络进行交流的过程中,一定要注意交流话题的选择,不要涉及淫秽色情、暴力恐怖、谣言诈骗、传销赌博等违法违规的话题,对于一些敏感的、违反社会主流的、带有负能量的或反国家反社会的话题,要及时制止。如果你准备发表言论,一定要谨慎,先审视自己的用词,不要使用脏话和容易引起冲突矛盾的语言,更不能言辞激烈地挑衅他人。对那些带有恐吓语言等内容的话题,不要继续转发传播。网上的道德和法律与现实生活是相同的,在网上交流不能降低道德水准和忽视政治倾向,要时刻关注网络信息是否影响国家形象或损害国家利益。

(四)规范网络群组信息管理

网络群组是指互联网用户通过互联网网站、移动互联网应用程序等建立的,用于群体在线交流信息的网络空间,如微信群、QQ群、微博群、贴吧、陌陌群、支付宝群聊等各类互联网群组。

2017年9月7日,我国有关部门印发《互联网群组信息服务管理规定》,明确规定互联网群组建立者、管理者应当履行群组管理责任,依据法律法规、用户协议和平台公约,规范建群网络行为和信息发布,构建文明有序的网络群体空间。

四、网络礼仪的教育途径

网络礼仪的教育主要有家庭教育、学校教育和社会教育三大途径。

(一)家庭教育

随着网络交往的普及和发展,家长要以积极的态度引导孩子提高信息化素质,同时要大力加强网络礼仪教育,使孩子学会正确、安全运用网络。

1. 营造良好的家庭网络氛围

家长要以身作则,提高自己在网络使用方面的素养,规范自己的网络行为,遵守网络礼仪规则。教育和引导孩子正确使用网络资源、文明网络交流、辨析网络信息。在尊重孩子的前提下,对他们浏览网页的内容、网络交流的信息等方面进行适当的监督,并给予合理的指导。

2. 加强家庭的网络道德教育

网络道德教育是国民道德教育的重要组成部分,也是家庭教育的重要内容。在使用网络的过程中,家长要注意加强孩子的网络道德教育,让孩子明确自己在网络交流中的道德权利、责任和义务,形成健全的网络人格并保持良好的道德修养。

（二）学校教育

随着网络时代的发展,学校应当积极开展网络礼仪教育,充分利用网站、各种教育软件等现代化教育手段对学生进行网络礼仪教育,提升学生的网络礼仪素养。

1. 网络社交礼仪教育

网络社交礼仪是网络用户进行交流时普遍应用的规范和准则,也是人人都应该掌握的网络礼仪内容。学校可以有组织、有计划地对学生进行网络社交礼仪教育。一是使用多样化的教学方法和途径,进行网络社交礼仪知识的宣传和渗透,教育学生使用网络称呼时要文明礼貌,避免使用有歧义的称呼;进行网络交流时信息要准确、信息往来要及时;进行网络表达时,表达符号要准确,表达态度要真诚等,规范学生的网络社交行为,营造良好的网络使用环境。二是进行网络技术和网络礼仪的培训和辅导,使学生掌握一定的网络技术,能够合理地运用微信、微博等网络社交平台与他人进行交流,引领学生树立正确的网络社交意识,掌握网络社交的基本规则和技巧。

2. 网络礼仪素养教育

加强网络礼仪素养教育,对学生科学合理地使用网络交流有重要作用。学校可以在举办校园活动的过程中,渗透网络礼仪素养教育的内容。一是学校要充分利用校内传播媒介,如校园网、校园各公众号平台、校报、校园广播等,为学生提供了解网络礼仪素养内容的平台,让学生建立起自己对网络礼仪素养的解构力、接受力、运用力,提升学生网络行为自律的能力。二是树立校园践行网络礼仪的典型,例如,可以通过校园网络活动,参照学校制定的践行网络礼仪的标准,评选出集体或个人网络礼仪优秀典型,总结先进事迹,进行广泛宣传,为学生树立看得见的榜样,提升学生的网络礼仪素养。

(三) 社会教育

网络行为也是社会行为，网络世界不应该成为不受法律约束的独立世界。社会对网络使用者也有义不容辞的网络道德教育责任。

1. 网络使用规则教育

随着网络信息的全民化和普及化，网络成为使用者获得信息和开展交流的主要途径之一。规范网络使用规则，有利于营造优良的网络环境。网络使用者应注意网络信息传播的真实性，规范使用各种微信公众号，确保网络信息发布渠道的准确性，避免虚假信息的传播。相关部门可以通过政府微信公众号平台、公益广告、电视、广播、报纸等，进行网络使用规则的宣传，规范公众的网络使用行为。

2. 网络环境和秩序教育

网络环境和秩序的建设与每个网络使用者密不可分。从网络礼仪的本意来说，是要营造体现诚信、公正、真实、平等、自由的网络环境和网络秩序。但实际上，现有网络的使用环境和秩序却出现了一些反向的现象。例如，虚假信息、色情信息、赌博信息、非法信贷信息等充斥整个网络环境，扰乱正常的网络秩序，影响到网络使用者的正常生活和工作。所以，网络使用者应具有理性的、正确的辨析能力，自觉维护网络公共秩序，人人参与共建文明健康的网络环境。

3. 网络相关法律法规教育

为保障网络安全运行，维护网络空间主权和国家安全，促进经济、社会信息化健康发展，不断完善网络安全保护方面的法律法规建设，社会有关部门必须积极开展网络相关法律法规内容的宣传和教育。目前，已有的网络方面的法律法规有《中华人民共和国网络安全法》《互联网信息服务管理办法》《互联网群组信息服务管理规定》《文化部关于网络音乐发展和管理的若干意见》等。同时，在《中华人民共和国刑法》《中华人民共和国民法典》等法律中也都有相应的规定。这些法律法规对网络管理与安全发挥规范与调整作用。

4. 网络道德规范的教育

加强网络道德建设，净化网络空间，引导网民在网络环境中树立正确的道德观和人生观，是我国公民思想道德建设的一项重要内容。

首先，积极倡导文明上网，提高网民道德修养。网民的道德修养和礼仪素质，是影响互联网环境建设和安全的重要因素。因此，必须切实加强网络道德建设，动员一切社会力量，提高网民的"网德"，倡导文明、健康的网络生活，培养网民良好的道德观念和道德习惯。引导网民自觉抵制各种不文明的行为和不健康的内容，自觉践行道德规范，在全社会形成维护网络文明的公共意识。

其次，不断完善行业自律，形成文明的网络氛围。互联网行业要加强自律，应采取先进的技术手段将不健康的内容拒之门外。要加强网络道德建设和网络伦理规范的塑造，形成文明上网、文明建网、文明网络的社会氛围。增加网络科学、教育、文化的内容，利用网络手段，以生动活泼的形式弘扬主旋律，以科学的、文明的、健康的内容，加强对网民的正面引导，提高网民的文明意识。

最后，提升网络监管力度，建立整体联动机制。通过高科技设备和计算机先进技术实时监控，加大网络文明的监管力度。不断加强网络安全监管体系建设，强化监控机制，提高防范监控能力。

 案例分析

> 长春 ZL 公司总经理袁凯先生因业务合作需要，来到上海 TY 公司进一步考察。TY 公司的秘书小李同张副经理一起到机场迎接。因为双方是初次见面，相互不认识，直到旅客都离去之后，小李和张副经理才找到焦急等待的袁总经理。见面时，小李对张副经理说："这位是长春 ZL 公司总经理袁凯先生。"经介绍后张副经理热情地与袁凯先生握手问好。而后小李告诉袁凯："为欢迎您的到来，今天晚上七点公司在您下榻的酒店特意安排了酒会。"TY 公司工程师刘力负责与长春 ZL 公司项目的合作，对一些技术问题存在疑问，想利用这个机会请教袁凯先生。酒会上，袁凯正与一位熟人交谈，刘力看见袁凯先生，就快速地走到他的面前说："袁总经理，您好，我是 TY 公司的高级工程师，我叫刘力，这是我的名片。希望能与您交流一下关于合作方面的技术问题。"说着，便从随身带的公文包中拿出名片，递给了对方。袁凯显然还没有从与他人谈话中反应过来，就顺手接过了刘力的名片，说了一句"你好"后就将刘力的名片放到了旁边的桌子上。刘力在一旁等了一会会，并未见对方有交换名片和与之交谈的意思，便失望地走开……
>
> 请结合案例材料分析双方在交往中存在哪些失礼的地方，并提出改正的建议。

本章小结

1. 介绍是人与人之间的沟通、引见并使双方或多方相识的活动方式，是双方或多方初次见面开始交往的起点。介绍的基本规则就是尊者居后，先将男士介绍给女士、先将年轻者介绍给年长者、先将未婚者介绍给已婚者、先将职位低者介绍给职位高者、先将家庭成员介绍给对方。

2. 自我介绍是社交中常用的介绍方式,就是把自己的情况向别人做说明。大家在做自我介绍时,要注意把握好自我介绍的时机、自我介绍的内容,以及要掌握一定的自我介绍技巧。

3. 名片是人们在社交中的一种介绍性媒介物,人们交换名片常常在见面之初。制作名片是有一定的格式要求的,从名片的规格、材质与色彩,到名片中的文字、名片的版式,都有一定的规范和标准。

4. 在使用名片的时候,主要应从递送名片、接受名片、交换名片三个方面遵守相关礼仪要求。

5. 会面礼仪通常是指在较为正式的场合与他人相见时,表示对他人尊敬、友好的规范的言行举止。会面礼仪主要包括问候礼、握手礼、鞠躬礼、致意礼和拥抱礼五个方面。

6. 称呼礼仪是指人们在日常交往中,彼此称呼时使用礼貌用语的一种行为礼节,它能恰当地体现出当事人之间的关系。称呼礼仪主要包括姓名称呼、亲属称呼和职务职衔称呼三个方面。

7. 使用称呼时应注意的问题包括:避免称呼不当、避免使用错误的称呼、避免使用歧视性的称呼、避免使用地域性的称呼、避免使用低级庸俗的称呼。

8. 公共场所礼仪的主要内容包括尊重他人、女士优先、着装得体、举止规范和注意卫生五个方面。

9. 网络礼仪是指人们在以网络为载体的虚拟环境中,使用网络时应有的道德修养和应遵守的行为准则。网络礼仪主要有三个特点:普遍认同性、时空开放性、约束弱强制性。

10. 网络礼仪主要包括网络称呼礼仪、网络交流礼仪和网络表达礼仪三项基本内容。

11. 践行网络礼仪的基本前提是:尊重他人网络交流的权利、增强网络使用安全意识、谨慎选择网络交流话题、规范网络群组信息管理。

复习思考题

1. 介绍时应遵循哪些基本规则?
2. 介绍的类型有哪些?分别应注意哪些具体问题?
3. 在日常生活中如何恰当使用名片?
4. 社交中如何正确运用问候礼仪?
5. 践行握手礼仪应注意哪些问题?
6. 根据自己的生活实践,总结一下称呼的使用方法和技巧。

7. 主人驾车时,主宾的座位应怎样安排?
8. 公共场所礼仪包括哪些具体内容?
9. 请简述网络礼仪的作用。
10. 践行网络礼仪的基本前提有哪些?
11. 网络礼仪的教育途径有哪些?

第五章 学校礼仪

本章提要

学校礼仪是学校全体成员调节相互关系的行为准则,是构建良好的师生关系以及和谐校园的重要条件。本章从学校礼仪概述、教师礼仪、学生礼仪、学校人际关系礼仪、毕业求职礼仪等方面介绍了学校礼仪的具体内容和操作规范。

本章学习目的

1. 了解学校礼仪的含义;
2. 掌握教师礼仪、学生礼仪、学校人际关系礼仪、毕业求职礼仪的规范;
3. 掌握学校礼仪并能在实践中灵活应用。

第一节 学校礼仪概述

学校担负着教育人和培养人的神圣使命。在各种礼仪中,学校礼仪尤为重要,认真学习和践行学校礼仪,既可以体现教师的为人师表,又可以体现学生的良好素质。

一、学校礼仪的含义

学校礼仪是指学校师生员工之间在和睦相处时待人接物的礼貌行为及应遵循的仪表、仪态和仪式的规范的总称。

(一)学校礼仪是学校师生员工在交往中的行为规范

师生员工间相互来往,要讲究礼节、注意礼貌,要遵循一定的礼仪规范,以形成师生员工之间良好的人际关系,使学校的各项工作有秩序地开展。为了这一目标,所有师生员工都应学礼仪、懂礼仪、行礼仪、互相尊重、和睦相处,使学校成为培养优秀人才的殿堂,成为和谐社会的重要组成部分。

（二）学校礼仪是学校文明校风的显著性标志

学校礼仪是整个学校文明发展程度的反映和标志，同时，学校礼仪也反作用于校园文明。校园里讲礼仪的人越多，学校环境就会越和谐。在维护学校秩序方面，礼仪有着校规所起不到的作用。学校礼仪通过评价、劝阻、示范等教育形式来纠正师生员工的不正确行为和不良习惯，倡导人们按礼仪规范的要求去协调人际关系，维护校园正常生活。遵守学校礼仪的人，客观上也起着榜样示范的作用，无声地影响着周围的人。大家在校园里各自的岗位上，在互相交往中，都遵守一定的礼仪规范，互相影响，互相促进，才能形成良好的校风，共同加强校园精神文明建设。

（三）学校礼仪是培养理想人格的必备条件

一名合格的人才需要掌握一定的专业理论知识，具有一定的操作技能，同时还应该有良好的人格和高尚的道德品质。学生应该为将来的全面发展做好准备，要有崇高理想人格的追求，一方面要学习专业知识和专业技能，另一方面应具有良好的道德品质，有文明端庄的气质和风度，做一个德智体美劳全面发展的人。这就要求必须认真学习礼仪，在学校的学习和生活中践行礼仪。

二、学校礼仪的特点

学校礼仪在长期的发展过程中受到社会生活的影响和社会文化的熏陶，同时也受到社会历史条件的制约。学校礼仪是社会特有的一种文化现象，具有鲜明的特点。

（一）共同性

学校礼仪作为人类文明的一种表现和象征，具有极其明显的共同性。随着经济全球化的深入发展，不同种族、国家之间的交往越来越密切，同时，学校之间的交往也愈加频繁，大家在进行学术交流的同时，也在进行文化交流，相互之间取长补短，其中，学校礼仪的借鉴和潜移默化的影响也在进行着。在相互交往的过程中，学校礼仪的共同性越来越明显。

（二）时代性

不同时代由于其经济发展以及文化背景方面的差异，学校礼仪的表现形式和内容也有所不同。例如，在中国古代，学生见到老师要行叩拜之礼，但是随着时代的发展，师生礼仪也发生了很大变化，保留了尊师重教的积极因素，除去了繁杂的叩拜等形式。现在的师生礼仪只是简单的鞠躬、问候或者行注目礼，传递着师生平等的信息，同时，礼仪形式也更加简洁、方便。

（三）继承性

礼仪的发展不能脱离历史而进行，同样，学校礼仪的发展也不能脱离历史的轨迹。它植根于传统学校礼仪，在很大程度上受民族传统礼仪的影响，它是在学校长期的礼仪实践中逐渐形成和发展的。例如，有些学校的校训，就是继承了学校的传统文化的精髓，形成了本校的礼仪文化特色，并在学校发展中代代相传。这种继承不是全盘接受，而是吸收积极内容，摒弃消极成分。

（四）特定性

学校礼仪有其特定的对象，主要是指同学之间、师生之间以及大家与学校其他员工间的礼仪。其中，教师礼仪具有不同于其他行业的特性，因为教师承担着教育下一代、培养接班人、传承社会文明的重任。学生是祖国的未来，需要接受文明礼仪教育，形成良好的行为习惯和素质。因此，在学校礼仪中更多了一些人文性，教师不仅要以自己的言行教育、感染、影响学生，还要让学生学有所悟地展示出来。而学生也需要培养自己的人际交往能力，不断提高自己各方面的修养。学校礼仪的主体既是学校组织这个整体，又是在校的每位师生员工个体。

三、学校礼仪的作用

学校礼仪的作用主要体现在以下三个方面。

（一）有助于塑造学生的文明形象

要使学生健康成长和全面发展，礼仪教育是不可缺少的内容。然而，现在相当一部分学校在礼仪教育方面还比较欠缺。一些学生对师长没有礼貌，甚至出言不逊，对同学言行无理，盛气凌人，毫无礼仪修养，甚至出现校园暴力。这种情况已经引起有关部门和教育者的关注。学校礼仪教育有助于培养学生讲究礼貌、注重仪表、举止文雅、表情亲善，有助于在校园内树立朝气蓬勃、积极向上的良好风气。如果学生在日常生活中能很好地学习礼仪、应用礼仪，自然会塑造出知书识礼的美好形象，从而消除许多不文明的现象，使学校这块教育阵地更加圣洁。

（二）有助于提高学生的综合素质

一个人日常生活中的一言一行、一举一动，都与其个人素质有很大联系。如果人们在社会生活中言行文明，就会获得积极的、肯定的评价。在学校里加强礼仪教育，不仅能有效地加强学校管理工作，促进学校德育工作，而且能继承和发扬优良的传统文化，培养学生具有理解、宽容、谦让、诚实、守信的待人态度和形象端庄、热情友好、言谈礼貌、举止文明的行为方式，提高学生的综合素质。

（三）是建设和谐校园的基础

和谐校园是和谐社会的重要组成部分，和谐校园的基础是构建和谐的人际关系。学校礼仪是学校师生员工交往过程中的润滑剂、调节器，是协调人际关系的纽带和桥梁。当同学之间或师生之间发生了不快、误会或摩擦时，常常通过一句礼貌用语、一种礼貌行为，便会化干戈为玉帛，使大家重新获得彼此的理解和尊重。学校礼仪教育使师生之间互相尊重、文明谦让，有助于形成和谐的校园人际关系，创建有利于学生健康成长，有利于教师施展才华，有利于学校发展的环境和氛围，实现人和学校的全面发展。

四、践行学校礼仪应遵循的原则

践行学校礼仪主要应遵循规范、尊重、平等和适度四个原则。

（一）规范原则

学校礼仪的规范原则主要表现在对本校成员的言行有一定标准要求，对其形成有一定的制约性上。学校礼仪要求学校成员的仪容仪表、行为举止等都要符合相应的标准，无论在教室、图书馆、办公室，还是在宿舍、食堂、操场，大家都必须遵守相应的规则，按一定的礼仪规范行事，并且以此作为评价师生员工个人和集体是否文明、优秀或先进的标准。

（二）尊重原则

在教师、学生和学校其他员工之间的人际交往活动中，大家必须首先做到互相尊重，尊重对方的人格尊严，这是落实学校礼仪的情感基础。人与人之间只有彼此互相尊重，才能互相信任，以达到进一步交往，进而加深情感、建立友谊的目的。尊重需要真诚，真诚和尊重是相辅相成的，只有真诚待人才是尊重他人，才能形成良好的人际关系。真诚是对人对事的一种实事求是的态度,也是一种待人真心实意的境界。真诚和尊重,首先表现为不说谎、不虚伪、不侮辱人;其次表现为正确认识他人、关心他人、相信他人。只有做到这些,才能使双方心灵相通,感情相近,友谊不断加深。

(三) 平等原则

平等是建立良好人际关系的必要条件,平等原则要求大家要尊重交往对象,以礼相待、一视同仁。在学校里,每个成员的人格都是平等的。无论是领导、老师,还是学生;无论职务高低、家庭贫富;无论是日常公务,还是私人交往,大家都应遵循平等原则。教师要树立与学生人格平等的意识,虽然传统的师道尊严或者现行教育法规、政策,学生都有服从教师教育和管理的意识及义务,但是,教师应认识到,这种义务是建立在教师和学生人格平等的基础之上的。教师要平等地对待学生,尊重和理解学生的思想感情、兴趣爱好、性格习惯等,要保护他们所享有的公民基本权利,以平等的心态与学生交流和沟通。同时,大家还要重视性别平等,落实民族平等。

(四) 适度原则

做事超过或不够,都是不恰当的,这就是讲做事要"适度"。这种处世之道不仅体现在人们的生活和工作中,也渗透在人与人交往的礼仪修养之中。要想获得校园日常交往的成功,必须讲究礼仪,明晰交往中的基本规范、礼节等,把握其中的技巧和尺度。要注意在交往时不能轻浮、浅薄、过于自卑,也不能盛气凌人、狂妄自大,应做到既不失礼、也不过分。无论是见面时的称呼、介绍,还是相互间的交谈、沟通,以及后来的继续交往等,都要遵循一定的礼节,而且要掌握好分寸,恰到好处,这样才能营造出友好、亲切、和谐的气氛,达到好的交往效果。

第二节 教师礼仪

教师礼仪是指教师在教学过程中和其他教育活动中所应具备的职业修养和应遵守的行为规范。教师被人们誉为人类灵魂的工程师,担负着教书育人、为人师表的神圣职责。教师是学生的楷模,教师所显示的自身的礼仪修养对学生和社会公众有着特别的影响力和示范作用。因此,与其他行业的礼仪相比,教师礼仪

的要求更加严格。所谓"学高为师,身正为范",就是说教师必须具有高尚的职业道德、精湛的业务能力和端正的品行,才能胜任"立德树人"的教育任务。

一、教师礼仪的具体要求

教师礼仪的具体要求包括两个方面,一是内在的素质要求,二是外在的仪表要求,是心灵美和仪表美的完美结合。相比之下,内在的素质要求更高。

(一)内在的素质要求

对教师的内在的素质要求主要包括以下五个方面。

1. 要具有正确的政治立场

教育的根本目的就是以符合时代精神的、正确的政治观点去影响、教育、引导学生。我们的教育必须为社会主义现代化建设服务、为人民服务,必须与生产劳动和社会实践相结合,培养德、智、体、美等方面全面发展的社会主义建设者和接班人。因此,教师必须坚持以习近平新时代中国特色社会主义思想为指导,拥护中国共产党的领导,贯彻党的教育方针,自觉地做中国特色社会主义的坚定信仰者和忠实实践者。心中要有国家和民族,要明确自己所肩负的时代使命和社会责任,把个人的命运同社会主义伟大事业,同祖国的繁荣富强紧密联系在一起。要注重加强对习近平新时代中国特色社会主义思想的学习,加深对中国特色社会主义的思想认同、理论认同、情感认同,不断增强道路自信、理论自信、制度自信、文化自信,积极教育学生从自身做起,刻苦学习,努力奉献,服务祖国,忠于祖国。教师引领学生将自己的梦想与国家的需求结合起来,鼓励学生为实现自己的人生价值、为伟大中国梦的早日实现而努力奋斗。同时,教师还要身体力行,带头践行社会主义核心价值观,弘扬真善美,传递正能量,通过自己的学识、阅历、经验点燃学生对真善美的向往,使社会主义核心价值观内化于学生心田,外化为日常行为,引导学生健康成长。

2. 要具备高尚的道德情操

教师不仅要教授科学知识,还要做传承文明的导师、育人的园丁、以身作则的楷模。"为人师表"是教师职业的本质要求,这不仅表现在课堂上,而且表现在日常生活中。教师的师德修养不仅是教师综合素质的核心和灵魂,也是评价教师队伍整体素质的首要因素。教师要牢记使命、不忘初心,爱岗敬业、教书育人,改革创新、服务社会。教师要做到为人师表,以身作则,举止文明,作风正派,自重自爱。教师作为育人的主体,首先要具有完善的人格,要在思想境界、道德情操上为人师表,以良好的师德风范去影响学生,以人格影响人格,以素质造就素质。正如孔子所说:"其身正,不令而行;其身不正,虽令不从。"其次要落实立德树人根本任务,遵循教育规律和学生成长规律,因材施教,教学相长。教师不应违反教学纪律,敷衍教学,或擅自从事影响教育教学本职工作的兼职兼薪行为。教师的师德素养对学生有着潜移默化的熏陶感染和教化作用。从某种意义上讲,教师的道德情操,比他的学问更有价值。教师要以人格魅力和学识魅力教育感染学生,做学生健康成长的指导者和引路者。

3. 要具有专精的业务素质

教师业务精湛、精通本专业的基本知识和基本技能,是提高教学质量的前提条件。教师只有具备深厚的知识功底,才能在教学中游刃有余。教师对专业知识不仅要知其然,而且要知其所以然。首先,教师要精通所教学科的知识,要对自己所教学科的全部内容有深入了解,无论教材怎么编写、课程怎么变化,教师必须始终是一个知识的拥有者,这样才无愧于学生,无愧于时代。其次,教师必须紧跟社会、科技的发展,了解相关的新技术、新知识,跟踪本专业的最新发展,及时调整教学内容,力求把最新的理论和知识渗透到教学中,使教学内容富有新意,激发学生的求知欲和创造力。最后,学习是教师发展进步的第一要务,终身学习是时代的要求,也是教师自身发展的需要。随着课堂教学改革的深入,教师要熟悉和掌握的东西越来越多。如果不加强学习,不主动地去掌握新的知识、技能,教师就无法很好地胜任本职工作。所以,教师要学为人先,与时俱进,要精通业务、理解深刻,这样才能表达得准确、生动,才能激发学生的学习兴趣,使他们充分感到知识的魅力,从而达到更好的学习效果。

4. 要具备广博的文化知识

教师要崇尚科学精神,树立终身学习理念,拓宽知识视野,更新知识结构,潜心钻研业务,勇于探索创新,不断提高专业素养和教育教学水平。学生的思想活跃、兴趣广泛,他们有着强烈的好奇心和求知欲望,特别是在信息时代,他们接触知识的渠道空前广阔。教师作为教育者,不仅要具有专精的专业知识,还要具备广博的文化知识,才能满足学生成人成才的要求。因此,教师不仅要对自己所讲授的专业知识精通、熟练,还要建立多方面的兴趣和爱好,涉猎其他领域的知识,这样才能使教学丰富多彩,使学生惊叹折服。

5. 要具有无私的慈爱之心

教师礼仪要求教师在任何情况下都要礼待学生,关心爱护每一位学生,尊重学生的人格,平等公正地对待学生,对学生严慈相济,做学生的良师益友。要做到

这些,就要从学生的利益出发,服务学生,对学生循循善诱,启发他们积极思考。总之,教师应以充满爱心的和信任的态度对学生进行教育和引导。一句亲切的话语,一张洋溢着微笑的面孔,对学生都是巨大的激励和鼓舞。教师要在严慈相济的前提下动之以情、晓之以理,让学生"亲其师、信其道"。

(二)外在的仪表要求

教师仪表是教师风范中的重要内容之一,教师在传播知识的同时,自己的音容笑貌、衣着举止、气质风度等,都在一定程度上对学生产生潜移默化的影响。学生会把自己喜欢的教师作为学习、生活和工作中学习的榜样。因此,教师的仪表对学生价值取向和审美取向的形成起着重要的引导和示范作用。对教师的外在仪表的要求主要包括以下两个方面。

1. 仪表美

教师的仪表美主要包括两个方面:整洁大方、端庄文雅。所谓整洁大方,也就是整齐、清洁、大方。教师的衣服不论其质料是好还是差,款式是新还是旧,都一定要做到合身、干净,让人觉得清新、高雅,这样会使学生觉得可敬可亲,无形中就会把教师作为自己的榜样。教师如果衣冠不整,甚至穿超短裙、背心、拖鞋去上课,就会给学生留下不修边幅、修养素质差的不良印象,从而破坏教师在学生心中的形象。所谓端庄文雅,就是服饰、发式方面不要过分追求时尚华美,要朴实素雅。一般来说,教师最好选择庄重和自然的服装式样,衣服的色彩以淡雅、含蓄为主,不宜过于鲜艳、刺眼。发型宜选择普遍流行的、易于梳理的发型,要适合教师的职业和身份。如果教师打扮得油头粉面、浓妆艳抹去上课,不但会分散学生的注意力,影响教学效果,还有可能成为学生议论的话题,影响教师在学生中的威信。

2. 风度美

所谓风度,是指一个人的精神气质、举止行为以及姿态等方面的外在表现。教师的风度,总的要求就是稳重、端庄,落落大方。具体表现就是礼貌、沉稳、得体、自然、不虚假。例如,在讲课时,教师的目光要柔和、亲切、有神,给人以平和、易接近、有主见之感。当讲话出现失误或学生中出现突发事情打断教师的讲课时,不能表现出满不在乎或者鄙夷、不屑以及训斥的态度,这样会使学生觉得教师遇事不稳重,心态不成熟,没有风度,有损于教师的形象。教师在任何场合都要自觉地保持良好的精神气质,举止态度谦恭而自信,待人接物严肃而温和,充分展示风度翩翩的美感,这样才能赢得学生的尊重、信任和爱戴。

二、课堂教学礼仪

课堂是教师教书育人的主要阵地。课堂教学礼仪是教师礼仪的重要内容,对于激发学生的求知欲、启迪学生智慧具有非凡的意义。

(一)流畅精练的语言

语言表达是教师劳动的特殊工具,教师要靠语言把书本知识、科学信息和教学要求传达给学生。流畅精练的语言,可以增强科学知识的魅力,激发学生学习的兴趣,启迪学生的智慧。教师要时刻注意语言表达礼仪。首先,表达要准确,学校设置的每一门课程都有其严谨性、科学性,教师在教授时应严格遵循学科的要求,内容表达必须准确。其次,语言要精练,讲课要抓中心,不说废话和多余的话,不反复啰嗦,力求给学生干净利索的感觉。可以适时插入一些风趣、幽默的话,以活跃课堂气氛,吸引学生的注意力,提高学生学习的兴趣。最后,音量要适当,讲课不是喊口号,声音不宜过大,否则,会给学生以声嘶力竭之感;但是如果声音太低,又很难听清,也会影响教学效果。所以,教师讲课声音要适中,不高不低,抑扬顿挫,让学生感到听课是一种享受。此外,教师在提问时,要采用启发的方式,这有助于学生积极思考、主动探索。对学生正确的回答,应及时给予肯定;当学生回答不出问题时,应让其坐下来进一步思考,切忌用讽刺挖苦的语言去伤害学生的自尊心,挫伤学生的学习积极性。

(二)工整简洁的板书

板书是教学内容的概括化、图表化表示,是课堂教学的有机组成部分。它包括文字、表格、绘画等,既有直观性,又具形象性。好的板书能体现出教师的教学思路,展现教师的备课成果,是教学内容的精华。当然,板书要服从教学内容的需要,满足教学目的的要求;要因义制宜、形式新颖,要图文并茂、脉络清晰。工整简洁的板书可以突出教学重点,加深学生对教学内容的印象,甚至可以给学生一种美的享受;还可以活跃课堂气氛,强化教学效果。

(三)充实准确的教学内容

教学内容体现了教师的专业知识水平和对教材的把握。教师应该通过深入分析教材内容和研究学生的实际认知水平,对教材所呈现的教学内容进行重新组织和整合,准确把握教学内容的深度和广度。教师应特别注重课程内容的基础性,严格筛选课程的核心内容,明确哪些知识必须细讲,哪些知识可以点到为止。在此基础上,还要注意课外内容的援引,处理好"教与不教、教多教少"的问题。此外,要增强教学内容与时代发展、技术进步、社会实际、学生生活经验等的联系,拓展学生的视野,为学生掌握丰富的知识内容留有充足的空间。使课程教学内容为学生的终身学习,以及将来参与社会生活奠定必要的基础,为学生的后续发展提供动力。

(四)与时俱进的教育手段

由于我们处在一个知识迅速发展和信息爆炸的时代,传统的教育手段和方法发生了革命性的变化,以信息技术为核心的现代教育技术,对教学改革产生重大影响。现代教育技术在教学中的运用使教学方法发生了重大变革。使教学活动极大地突破了时空的限制,不仅提高了教师的劳动效率,还催生出一些新型的教育模式和教育手段,如远程教育、交互式教学等。教师如果不积极主动地学习新技术,吸取大量新的信息,就将成为新的"文盲",落后于时代的发展,逐渐失去与未来教育"接轨"的能力。因此,教师要与时俱进,自觉地学习、掌握和运用现代化的教育手段和方法。

三、课外师生交谈礼仪

教师如果找学生谈话,无论出于什么原因,都应该注意遵循相应的教师礼仪要求,做到行为规范、语言文明、注重效果。具体地说,要注意以下几点。

(一)教师找学生谈话要选择合适的地点

教师找学生谈话如果是为了表扬、鼓励、商讨或研究教学方面的问题,可以在办公室进行,有其他人在场也无妨;但如果是对学生进行批评、教育,或向其了解不宜公开的事情,则应选择清净、不引人注意的地方,以便尽量使学生身心放松,没有思想负担。学生都有比较强的自尊心,一些事情不想让其他人或更多的人知道,教师采用"说悄悄话"的方式与学生进行交谈,学生更容易畅所欲言,讲出心里话和事情真相,也更容易接受教师的意见和建议。这样,不仅达到了与学生谈话的目的和理想的效果,还会加强师生之间的思想沟通,加深师生情感。

(二)教师找学生谈话要做到平等相待

教师对于应约来谈话的学生,要热情相迎,营造一种轻松和平等的气氛。谈话前教师应先请学生坐下,谈话后教师应起立送学生离去。特别是对那些犯错的学生,更要做到真诚相待,这是做好学生疏导工作的重要保证。经验证明,教师若用严厉训斥、厌烦、嘲讽的方式对待犯错的学生,只能拉大彼此之间的情感距离,形成人为的思想障碍、心理鸿沟。只有以浓厚的真情和平等的态度给学生以人格上的尊重、精神上的抚慰,才能消除彼此间的心理隔阂,使学生消除抵触情绪和逆反心理,从而收到理想的教育效果。

(三)教师找学生谈话前要有充分准备

教师找学生谈话前,对谈话的内容、方法都要有充分的准备,特别是准备批评教育学生时,一定要认真地调查研究,了解事情真相,包括一些细节问题等。谈话应提前与学生打招呼,让学生有一定的思想准备,这既是一种礼貌,又体现了对学生的信任。在谈话过程中,教师应仔细、耐心地倾听学生的想法,表现出对问题的重视和对学生的尊重,这样才能使学生解除顾虑、打开心扉。如果学生的想法与教师的想法不同或是错误的,教师也应该让他们把话说完,再进行委婉的说服和引导。教师对问题的分析和处理一定要客观、公正,言语要真诚和恳切。如果一次谈得不理想,还可以耐心地再约第二次或第三次,直到双方思想沟通充分和问题解决为止。

四、构建和谐的师生关系

教师和学生的关系是学校里最基本的人际关系。其中,教师是主导的方面,健康师生关系的形成,离不开教师的努力。教师应该放下架子,亲近学生,主动调整师生关系,形成互助互爱的师生关系。

(一)平等相待,尊重学生

教师要平等地对待每一名学生。对不同相貌、不同性别、不同民族、不同出身、不同智力水平、不同个性的学生要一视同仁,不偏心、不偏爱、不偏袒,不歧视有缺陷的学生和后进学生。要尊重学生的人格,无论在任何情况下,都不能用刻薄、粗俗的语言讽刺、挖苦、嘲笑和鄙视学生,尤其不能体罚和变相体罚学生。教师要经常与学生交换意见,采纳他们合理的意见、建议和要求。这样,才能建立一种平等、民主、教师善于教、学生乐于学、教学相长、各得其所的和谐的师生关系。

培养和尊重学生的自尊心是对教师的重要要求,也是对教师与学生相处和交往时的礼仪要求。自尊心是个体从内心对自身的价值和尊严的肯定,是个体的自我意识和道德情感的表现,并以特定的方式指导和约束着个体的行动。自尊心具

有明显的个体差异,它与个体对自身的能力和价值的评价有关。当个体对自身的肯定与他人对自己的肯定一致时,其自尊心就会得到满足,反之会受到伤害。所以,教师在与学生的交往中,应当把学生看作与自己地位完全平等的、独立的、自主的,有思想、有情感、有意志、不容别人忽视的人加以尊重。尊重是双向的,只有懂得尊重他人,才能赢得他人的尊重,才能形成真正融洽的师生关系。

(二)倾注爱心,关爱学生

教师倾注爱心,关爱学生,是建立良好师生关系的基础。教师应以深情无私的爱,教育、引导学生学会学习、学会生活、学会做人、学会处事。

关爱学生,必须是爱与严相结合,爱与严相辅相成。爱,不是出于个人的狭隘感情或自然好恶,而是出于教师对祖国和民族未来的热爱,对教育事业的热爱,出于一种高尚的道德感、责任感。严,也不是随心所欲,而是严中有爱、严中有理、严中有方、严中有度,只有把爱与严相结合,才能建立更和谐的师生关系。

(三)公正地评价学生

教师尊重、爱护学生,重要的是要公正地评价学生。如何对学生的知识、能力、品质和进步程度给予恰当评价,这是一个比较复杂的问题。教育公正更注重最大限度地提高学生的综合素质和创新能力。评价学生不要以成绩分数作为唯一标准,既要看学习成绩,更应看思想境界、道德品质、协调能力、组织能力、表达能力、服务意识等,要做到全面地、公正地评价学生。

第三节 学生礼仪

学生是学校全部工作的主体,学生不仅要学习科学文化知识,还要在课堂上、生活中,以及与教师和同学相处中遵守一定的礼仪规范。礼仪是学生道德修养的体现和未来发展的基础,对他们的健康成长起着非常重要的作用。

一、课堂礼仪

课堂是教师授课的主要场所,教师在课堂的言行举止对学生的影响非常大。课堂教学是教师和学生双方的互动过程,学生的体态言行对教师讲课也有影响。因此,学生在课堂中要遵守一定的礼仪规范。

（一）上课前

1. 复习、预习课程内容

"凡事预则立，不预则废"。学生要养成复习、预习的习惯。复习、预习是学生在上课前的自学，包括两个方面：一是要复习老师上一节课讲过的内容，以便与本节课的内容衔接；二是要收集资料，提前了解本节课所要学的知识，找出有疑问的地方，带着问题听课，这有助于在听课时精力更集中，效果更明显。

2. 做好课前的准备

学生进入教室后，应该在课前五分钟把本节课的教材、笔记本放在桌面上，并做好上课的其他准备，静候教师前来上课。学生做好上课前的准备，既是尊重教师、尊重集体的表现，也对取得好的课堂学习效果有帮助作用。否则，如果预备铃已响，学生还是走进走出，教室里秩序混乱，必然会影响同学听课的心情，也影响教师的情绪。

3. 妥当处理课前的特殊情况

学生在课前如果遇到特殊情况，在教师开始上课后才进入教室，要特别注意举止文明和礼貌。此时，学生应站在教室门口先喊"报告"或轻轻敲门，得到任课教师的允许后才可进入教室。如果教师询问迟到的原因，学生应诚实地告知；如果有些原因课堂上不方便说，那么可以下课后主动找教师解释清楚。在得到教师的允准后，学生回座位时的速度要快，脚步要轻，动作幅度要小。在放置书包、挪动桌椅和拿课本时，学生要小心翼翼，尽量不要发出声响；更不能为了掩饰自己的窘况，故意做出惹人发笑的举止。坐下之后学生应迅速取出课本和笔记，集中精力听课。总之，迟到的学生要把由于自己迟到而对课堂秩序造成的影响减小到最小。

如果教师因为偶然原因，在上课铃响过后才进入课堂，学生应给予一定的理解，切记不要在教室里交头接耳，而应像往日一样起立向教师致礼、问好。当教师就迟到的原因做出解释并表示歉意时，学生应表现出谅解和宽容的态度。这样会使教师感到温暖、亲切，使师生关系更加融洽。

（二）课堂上

1. 遵守课堂纪律

遵守课堂纪律是学生课堂礼仪中最基本的内容。当老师宣布上课时，学生要全体起立，向老师行注目礼，待老师答礼后，方可坐下。在课堂上，学生要认真听讲，重要的内容应做好笔记；上课时不能随便离开座位到处走动，更不能接听电

话、吃零食或玩手机；当老师提问时应积极思考，踊跃举手，待老师允许时才可站起来回答；发言时身体要立正，要落落大方，声音要清晰响亮。听到下课铃响时，若老师还未宣布下课，学生应当安心听讲，不要忙着收拾书本或把桌子弄得乒乓作响，这是对老师的不尊重。下课时，全体同学仍需起立，与老师互道"再见"，待老师离开教室后，学生方可离开。

2. 认真听课、积极思考

课堂教学是学生增长知识的最基本途径，课堂听课效果的好坏直接关系到学生的学习效果。集中注意力认真听讲是学生在课上接收信息、吸取知识的根本保证。学生养成认真听课、积极思考的习惯，是课堂教学取得实效的保障。听课时学生要积极思考，一边听一边想并适当做些笔记，要积极参与课堂讨论，不懂多问；在独立思考、认真倾听和相互补充、共同评价中，将自己的想法与别人的想法进行对比，学会取长补短，学会吸取更多的知识。养成认真听课、积极思考的好习惯，对于学生在学校的成长乃至一生的发展都有着至关重要的作用。

3. 积极回答问题

课上提问是一种正常和必要的教学手段，学生应正确、有礼貌地对待教师的提问。当学生想回答老师提问或有疑问要提出时，学生应先举手，得到老师允许后再起立发言，而不应一边举手一边回答，更不可坐在座位上直接回答或发问。学生回答问题或发问时要用普通话，不要搔首弄姿或故意做出滑稽的举止引人发笑。如果对老师提出的问题没有把握回答好，又恰好被老师点名回答，这时也应该大大方方地站起来，实事求是地向老师表明，不可以有抵触或反感的情绪。对老师讲授的内容有疑问时，不要随便打断老师的讲课，可先将疑点记录下来，待老师讲授告一段落后再举手提问，也可在课后或辅导课时向老师请教。在其他同学回答问题时，不要随便插话。其他同学回答的不对或者回答不出来的时候，不要在旁边提醒，更不要在旁边讥讽嘲笑。

二、公共场所礼仪

在学校的公共场所，一定要遵守公共场所的礼仪规范，这是学生应具备的基本素质。

（一）宿舍

对于住校的学生来说，宿舍是大家共同生活、休息的重要场所，是大家共同的"家"。它的面貌在一定程度上反映出学生是否有良好的生活方式和自我修养。

1. 遵守宿舍制度

同学们同住一室,大家的性格、习惯、爱好、兴趣等各不相同,为了维护宿舍的秩序,保证同学们正常的生活和休息,学校制定了相关制度,例如,作息制度规定了起床、就寝、用餐、熄灯的时间。宿舍里的各项活动都应按规定进行,早晨要按时起床,晚上要按时就寝,上下床时动作要轻,不要随意晃动床体。住宿的同学平时收听广播、录音、用电脑时,要尽可能使用耳机或把音量调低一些,以免影响他人;进出宿舍门口不要拥挤,不要随便把外人带进宿舍,更不要留不知底细的人住宿,以保证宿舍的安全。

2. 爱护公共财物

住宿的同学要爱护宿舍里的一切公共设施,包括宿舍的门窗、桌椅、床铺、书橱等。如果无意中损坏了,应主动向有关部门报告并自觉赔偿。宿舍内外墙壁严禁乱写乱画,要保持墙壁的干净整洁。要注意节约用电,白天尽量不开灯,离开宿舍时要关灯,做到人走灯灭。还要节约用水,如果偶然发现洗漱间有水龙头没关好或者应该关闭的电灯,不要认为与自己无关,要主动地把它关好,避免"长流水""长明灯"的情况发生。这些虽然都是小事,却能反映一个人的素质高低。

3. 注意卫生、安全

住宿的同学要注意保持宿舍内外的整洁,经常打扫卫生,定期擦洗地面、桌椅、柜橱和门窗等。不要随意在宿舍内外乱扔纸屑、瓜果,乱倒饭菜,被褥要折叠整齐,并统一放在规定的位置上,床上用品要保持干净、整洁。衣服、鞋帽、热水瓶等要统一、整齐地摆放在规定的地方,换下的脏衣服、脏鞋袜要及时洗干净晾干,未洗前不要乱丢,收在隐蔽的地方。重要的物品不要乱丢乱放。此外,严禁私接电源,私拉电线、网线和使用超大功率的电器,如电炉、卷发器、热得快等,不要在宿舍内点燃明火,以免发生安全事故。严禁在宿舍内吸烟、酗酒、赌博等。

4. 待人谦恭礼让

在宿舍的集体生活中,同学们由于远离父母,缺少生活经验,必然会遇到各种困难,同学之间在生活中要相互关心、互相帮助。大家同住一间宿舍,要像兄弟姐妹一样相处。互相之间谦恭有礼,起床相见主动问好,晚上睡觉互道晚安;同学病了,主动关心和照顾;使用公共设施时,先人后己,礼让三分;还要认真了解各自的性格和生活习惯,做到互相理解和宽容等。在日常生活中,不要过分热心于别人的私事,要做到不随便移动和翻看其他同学的东西,不打探和背后议论同学的隐私,不可乱叫同学的绰号,不可讲粗言秽语,不开过火的玩笑。借用他人的物品时,虽是同室,也必须先征得物主的同意,用后应及时归还。物品若有损坏,应主动给予赔偿。

（二）图书馆

图书馆是公共学习场所，为了创造良好的学习环境，同学们都要自觉遵守相关的礼仪规范。

进入图书馆时，一定要衣着整洁、得体，不要穿拖鞋、背心、短裤进入图书馆。进入图书馆时，不要带过多的私人物品，如果需要携带，应当按馆内规定寄存或摆放。进入图书馆时要维持公共秩序和公共卫生，要排队按次序进入，不要拥挤。手机要设置为关机或者静音状态，不能发出声响。走路时脚步要轻，尽量少说话，不要高声谈笑，不要为自己的同伴预占座位，也不要"侵占"暂时离开的读者的座位，更不要利用空座椅躺下休息。就座时，移动椅子不要发出过大的声音，要保持座位的干净、整齐。在图书馆里，应做到不吃东西，不在任何地方留下垃圾，不吸烟、不随地吐痰。

爱护图书是每位同学必须遵守的礼仪规范。图书馆的书籍是公共财产，要轻拿、轻翻、轻放，绝不能为了个人方便而随意乱写乱画或者折页，更不能把自己需要的资料、图片撕下。切忌翻书时沾唾沫，这是十分不文明的行为。取看图书时应当小心翼翼，注意不要将旁边的书籍碰落。不要同时占用多本图书，看完后应当及时放回原处，以便他人阅读，不要将图书遗落在一边。借书时应当排队等候，不要插队。不使用别人的借书证借书，也不要将自己的证件借给别人使用。借到图书后，要抓紧时间看，并按时归还。有的同学借到了心爱的图书后，不仅爱不释手，迟迟不还，甚至还想将其据为己有，这是缺乏社会公德的表现。

（三）食堂

食堂是大家经常光顾的地方，在食堂用餐时也要遵守相关的礼仪规范。

1. 遵守就餐秩序

在食堂就餐时，要遵守秩序、排队礼让、不乱拥挤、不加塞儿。吃饭过程中，不高声喧哗，不大声说笑，不说低级趣味影响食欲的话，不影响他人用餐。如果和师长在一起用餐，要请师长先入座。不要当着食堂工作人员的面抱怨饭菜不好，如果有必要，可以通过正当途径提出自己的意见。同师长、同学以及熟悉的人在一起吃饭时，若先吃完，告别的时候，说句客气话——"大家慢吃"再离开。

2. 保持食堂卫生

食堂的卫生对大家的身体健康是非常重要的。在食堂里，不能破坏就餐环境，乱扔餐具和剩余食物。当众随地吐痰、擤鼻涕是非常失礼、不讲公德的行为。

就餐过程中,对不能下咽的鱼刺、骨头等硬物,要放在规定的容器内或用纸包上,离开时扔到垃圾桶内。用餐时要小口吞咽,闭嘴咀嚼,尽量不发出声响。

3. 爱惜粮食

爱惜粮食既是中华民族的优良传统,也是个人勤俭节约的美德。在食堂就餐时,要爱惜粮食,吃多少买多少,养成"光盘"的好习惯,不要随便剩饭、剩菜。如果有无法吃掉的饭菜,不要往洗手池里倒,要倒进指定的泔水桶里。如果多位同学在食堂聚餐,尤其要注意适度点餐,做到不攀比、不铺张、不浪费。

(四)卫生间

每到课间,都是卫生间最"繁忙"的时候,在卫生间里的行为举止也是一个人文明素养的最直接的表现。

如厕时要遵守秩序,不要拥挤、插队。在门外边等候的同学,不宜紧挨门口站着,要离门稍微远一点,这样于人于己都方便。如厕时动作要尽量迅速,节约时间,给后面的同学提供方便。注意不要将排泄物弄到便池以外,使用完卫生间,要自觉冲水,不能不管不顾地扬长而去;要将厕纸放到垃圾桶里,不要随意丢进便池,以免堵塞。

在卫生间里,要保持安静,遇到熟人点头、微笑示意即可,不要高谈阔论、传播小道消息,不要信笔涂鸦,更不要吸烟。

三、学校活动礼仪

除了在课堂上对学生进行德、智、体、美、劳的教育外,学校还会经常开展各种各样的校园活动。在这些学校活动中,学生要积极主动地参加学校或者班级组织的各项集体活动,遵守集体活动的纪律和相关的礼仪规范,顾全大局,服从集体活动组织者的安排,扮演好自己在活动中的角色。

(一)参加学术报告会

1. 遵守纪律

参加学术报告会时每个学生都应提前几分钟到达会场,入场时不要勾肩搭背、大声谈笑、东张西望或寻人打招呼。必要时要在最短的时间内整好队列,并以较快的速度进入会场。入场后要在指定位置入座,不要自由散漫,到处走动。如果事先没有指定座位,也要听从会议组织者的安排,迅速就座。不要挤占位置好的座位,不要坐其他班级的座位,更不要坐贵宾席或教师席位。报告结束后,应等贵宾和教师先离开会场后再按次序退场,切忌一哄而散、乱拥挤。

2. 尊重报告人

报告人未入场前,与会学生应端正坐好,安静地等候报告人。当报告人出现在主席台上时,全场应立即报以热烈的掌声,这是一种基本的礼貌。这种礼貌是对报告人的尊重和鼓励。报告开始后,学生要端坐静坐,集中精力听,不要打瞌睡、用耳机听歌、看手机或看与报告内容无关的书籍,更不要吃零食或与旁边的人交头接耳,这样会影响报告人的情绪,也会干扰其他同学听报告。一般情况下,报告进行中不要随意离开会场,如有特殊原因确需离开,应悄悄出场,以减少对报告人和其他听众的干扰。

如果不同意报告中的某些观点,或因报告的引例和数据不够准确而持不同看法,应采取正确而礼貌的方式处理,例如,向报告人递纸条,或者会议结束后向会议组织者提出意见或建议。而不宜当场在下面议论、喊叫或当面责问,这都是不礼貌的行为。

3. 发言时要注意礼貌

当报告进入讨论发言环节时,如果要发言,应该先举手,在得到主持人的同意后方可发言。在别的同学发言时应该认真倾听,不要做出无所谓或不耐烦的样子,不要随便插话,更不能强行打断别人的讲话。如果不同意发言人的观点,在其没有讲完之前,不要立即反驳,也不要和周围的同学议论,扰乱会场纪律,更不要公然露出鄙夷的神色或拂袖而去。发言时不管是阐述自己的看法,还是反驳别人的论点,都应尽量做到观点明确、论据充分、态度真诚、以理服人。对不同的意见,要虚心分析,切忌出言不逊、恶语伤人。当他人批评自己的观点或对自己的观点提出不同看法时,应该虚心听取,让他人把话说完,互相切磋;不要急躁,不要说有损他人人格的话。

(二)参加典礼活动

典礼活动是各种庆祝仪式的统称,是一种常用的隆重的仪式。在学校活动中,学生参加的典礼活动主要有开学典礼,毕业典礼,军训开营、闭营仪式,学校成立周年庆典,学校荣获某项荣誉时的庆典等。举行典礼的目的一般是增强学校全体师生的凝聚力与集体荣誉感,树立新形象,增强全校师生的自豪感,扩大学校的社会影响力等。参加典礼活动时应注意以下几个方面的礼仪规范。

1. 服饰规范

学生参加学校组织的典礼活动时,应该根据活动的不同性质和举办场合选择合适的服装。活动的工作人员、特邀嘉宾、大会发言者以及受表彰者,都要注意自己的着装,最好着正装。其他参会学生的服装一定要整洁、大方、端庄。若学校有要求,还应穿着学校统一的校服或礼服。

2. 仪容仪表

学生在参加学校组织的典礼活动时,要注意自身的仪容仪表。男生应当注意面部整洁,发型得体;女生可以化淡妆,但整体上应体现端庄、文雅的气质。在举行典礼的整个过程中,学生都要全神贯注、聚精会神。若活动过程中安排了升国旗、奏国歌的程序,一定要表情严肃、庄重,及时起立、脱帽、行注目礼。

3. 言谈举止

学生参加学校组织的典礼活动时,应注意自身的言谈举止,应做到文明礼貌。遇到来宾时,要主动热情地问好。对来宾提出的问题,要及时给予恰当的答复。当来宾发表典礼贺词或进行参观时,要主动鼓掌表示欢迎或感谢。不要在典礼举行期间随意走动、随便议论、心不在焉、东张西望等。

4. 遵守时间

学生参加学校组织的典礼活动时,一定要遵守时间,应做到不迟到、不无故缺席、不中途退场。这是典礼礼仪中最基本的要求。如果有特殊情况需要在中途退场,应该向相关负责人员说明情况,并表示歉意,得到允许后,方可离开。

(三)参加升降国旗仪式

国旗是一个国家的象征,是神圣而庄严的,升降国旗是对学生进行爱国主义教育和礼仪规范教育的重要活动。

1. 升旗仪式

学校常规升旗仪式一般在每周星期一早晨举行,若遇到重大会议,一般在会议开始时举行升旗仪式。

升国旗是一种庄严的活动,举行升旗仪式时,全校师生应在集合地点整齐列队,面向国旗的方向庄严肃立。升国旗时,全体师生要做到身体立正,脱帽,昂首挺胸,双手下垂靠拢身体两侧,保持直立姿势,眼睛要始终望着国旗致注目礼,目光随着国旗冉冉升起而移动,奏唱国歌时态度要庄重,声音要洪亮。

若有特殊原因未按时到达升旗仪式指定地点或者在场外遇到升降国旗和奏国歌时,应立即停止行走,原地肃立行注目礼,待升旗仪式完毕再继续行走。

2. 降旗仪式

降国旗一般在傍晚离校前进行,不再举行集体聚会仪式,由旗手和护旗员直接降旗。降旗时态度要认真恭敬、庄严肃穆。国旗降下后,应认真地将其仔细卷好,放到珍藏国旗的地方,不可将国旗弄脏弄皱。

四、人际交往礼仪

学生在学校的人际交往主要包括师生之间的交往、同学之间的交往以及大学生之间的恋爱。若忽视了与教师、同学、恋人相处的礼仪,轻者会影响师生间、同学间和恋人间的关系,重者会带来互相之间的情感矛盾,影响正常的学习和生活。

(一)师生之间的交往

师生之间应互相尊重、互相信任、互相理解、互相关心与爱护。教师要践行相关礼仪,学生应遵守相应的礼仪规范。

1. 学生应尊重教师

第一,学生对教师要有礼貌,见到教师应主动热情打招呼,与教师讲话时语气要温和,语调要平稳,感情要真诚。课前学生要把讲桌擦干净,课间擦好黑板;在多媒体教室上课时,课前学生应打开投影仪和降下大屏幕,下课时帮助教师关掉开关和收好 U 盘。第二,要尊重教师的劳动,上课认真听讲,积极思考、回答问题,及时完成作业。第三,要尊重教师的人格,学生要理解教师的苦心,当有不同意见时,应以诚恳的态度、恰当的方式向老师提出。

2. 学生应虚心向教师请教

教师把知识耐心地、无私地、毫无保留地教给学生,如果他们希望得到什么回报的话,就是希望看到学生成长、成才,在知识的高峰上越攀越高。学生要向教师虚心求教。因为这不仅有助于学生解决学习中的疑难问题,还会加深和教师的交流,缩短与教师的距离。学生在向教师求教的过程中,态度要诚恳,语气要温和,若有不同意见或其他想法,应礼貌地说出来,虚心地与教师交流。

3. 正确对待教师的过失

世界上没有完美的人,教师也不是完美的,也会有缺点,有时也会出现偏差。学生发现教师的不足时要持理性的态度,向教师提意见时语气要委婉,时机要适当。如果教师冤枉了你,不要当面理直气壮地顶撞教师,这样不但无助于问题的解决,还可能会激化师生矛盾。正确的方法是暂时放一放,等大家都心平气和时再与教师诚恳交谈。这样既维护了教师的尊严,得到了教师的理解,也有助于使教师认识到自己的不足,在之后的教学和相处中注意或改善。

4. 勇于承认错误

有的学生犯了错误受到教师批评时,即使心里服气,嘴上也不肯认错,与教师的关系搞得很僵。也有一些学生,受到教师的批评后,心里就特别怕教师对自己有成见,从此不愿意和教师接近和交流。这两种态度都是不对的,学生犯了错就应该主动向教师承认错误,改正了就是好学生。教师不会因为学生有一次没有完成作业或有一次违反了纪律就认为他是坏学生,就对他有成见。教师对学生是宽容的。对犯了错误或有一些缺点、毛病的学生,教师会格外关注,如果学生能正视、检讨自己的错误或不足,教师不仅会理解和原谅,还会耐心地鼓励、指导学生去改正。所以,学生犯了错误,要敢于承认,敢于说出真实情况,要相信教师是会全面、客观地评价学生的。

(二) 同学之间的交往

同学之间在交往过程中,只有增进友谊的良好愿望是不够的,还要注意情感的交流与沟通,交往时要遵循交友原则,加强礼仪修养。这样才能友好地相处,拉近情感距离,成为真正的朋友。

1. 热情待人,真诚帮助

热情待人,真诚帮助,这是与同学相处的一个基本原则。很难想象会有人愿意与一个感情淡漠、口是心非、不关心他人的人交往和做好朋友。俗话说"予人方便,才能予己方便",关心他人的人常常会得到他人更多的关心。例如,当同学有病的时候,要问寒问暖,陪同看病,热情照顾(如帮忙打饭、打水等);当同学思想苦闷时,要认真听其倾诉,分析原因,及时开导,尽快使其从痛苦中解脱出来;当同学在生活上有困难时,要认真了解情况,尽力帮助,如果感到自己能力有限,可以联系其他同学,"众人拾柴火焰高",这不仅有助于同学摆脱困境,还可以使其体验到集体的力量和温暖;当同学有客人来访而同学本人又不在时,应主动热情地代为接待,等等。

2. 尊重他人,注意礼貌

同学之间应相互尊重,相处时应注意礼貌。例如,应尊重和保护他人的隐私。在集体生活中,每位同学都要注意尊重和保护他人的隐私权,凡是同学不愿意谈的事情,就不要去打听和追问。有的同学出于好奇,喜欢私自翻看他人的手机、日记和私拆他人的信件,甚至还公之于众。这样做不仅是一种不道德、不礼貌的行为,而且还是一种违法行为,在同学交往中,这类行为是必须杜绝的。

此外,同学之间相处要谨防传话,在背地里说别人长道别人短,这是同学相处最忌讳的事情。也不要给同学起绰号和嘲笑同学的生理缺陷,因为许多绰号是带讽刺和侮辱意义的。一名有道德、有礼仪修养的学生,应积极地关心和爱护身边的同学,尽力帮助他们,绝不能奚落、嘲笑和鄙视他们。

3. 严于律己,宽以待人

严于律己,宽以待人,这是中华民族的传统美德之一,也是人际交往中重要的礼仪规范。严于律己,就是对自己标准高、要求严,自觉地约束自己,不断完善自

己,时时刻刻坚守做人的底线。宽以待人,就是以宽厚、宽容的态度对待他人,不求全责备,不过于苛刻,不斤斤计较,体谅他人的难处,适当包容他人的缺点与不足。同时,宽以待人还要求尊重他人的个性,求同存异,欣赏他人的优点和长处,并虚心向他人学习。在与同学相处的过程中,若与同学发生矛盾,有了隔阂,要通过开展批评与自我批评的方式及时消除,要给别人反思的时间和纠正错误的机会。允许别人澄清误会,自觉做到与人为善,要做到不贬损别人抬高自己,不诬告别人发泄私愤。总之,严于律己,宽以待人是品德高尚的行为标志,是豁达的人生态度的体现。

(三)大学生恋爱

恋爱问题是青年学生必须面对的人生课题,也是影响学生心理健康的主要因素之一。如何正确指导和解决好学生的恋爱问题,成为当今学校思想道德教育和文明礼仪教育的重要问题。大学生恋爱礼仪主要包括以下几个方面。

1. 情投意合,志同道合

在社交中,人们起初往往以思想相近、爱好相同、性格一致来选择交友的对象。互相喜欢、互相倾慕,并渴望对方成为自己终身伴侣的恋爱双方,更需要有共同的理想、相同的志向和追求,彼此之间要情投意合,更要志同道合。只有这样恋爱双方才能在交往中有共同的思想基础和兴趣爱好,越谈越相知,产生心灵上的共鸣。逐渐地双方的共同点越来越多,双方越来越默契,越来越依恋,从而形成对未来的事业、家庭等人生理想的共同向往,使恋爱的甜美情感不断升华和健康发展。

2. 互相尊重,平等相待

恋爱双方应互相尊重,平等相待。互相尊重要求恋爱双方既要尊重对方的人格和权利,也要尊重对方的情感和愿望。男女之间确定恋爱关系,必须是出自双方的共同意愿,一厢情愿的"单相思"的爱情是不会成功的。在恋爱过程中恋爱双方都有自愿选择和决定恋爱对象的自由与权利,不能强迫对方选择自己,即使自己的爱慕是纯洁的、真诚的,也不能要求对方违心地接受。那种只考虑自己而不尊重对方的意愿,强迫或诱骗对方接受自己的"爱情"的行为,不仅是自私的行为,也是不道德的行为。平等相待主要表现为恋爱双方在恋爱过程中,不能一切以自我为中心,要设身处地地多站在对方立场考虑问题。遇到分歧,要互相商量,认真倾听对方的意见,双方应尽量在互相理解、互相体贴中达成一致。即使达不到统一,也不要性急,要求大同存小异,积极沟通,逐渐解决,千万不要把自己的观点强加于对方。

3. 忠贞专一,真诚相处

爱情的专一和忠贞不渝是爱情道德价值的重要内容,也是恋爱礼仪的主要特征。恋爱只限于一对男女之间,一旦建立起恋爱关系,就不允许与第三者建立这种关系,即恋爱具有排他性的特点。若发现对方不适合自己,那么就应当通过正常的方式与对方中断恋爱关系,然后才能再去选择新的恋爱对象。男女相爱之前,应相互坦诚说明自己的各方面情况,让对方对自己有全面的认识和了解。相爱的人应当对彼此的思想品德、志趣性格有相当深刻、真实的了解,这样才能建立起相互信任的关系。如果不负责任地"谎报军情",乱加猜疑,左右摇摆,朝三暮四,没有诚意,必然导致恋爱关系的破裂,给双方造成心理和感情上的伤害。因此,男女双方对爱情要有严肃的态度和责任感,要真诚地、专一地珍惜和爱护这种情感。

4. 文明恋爱,健康交往

有些学生堕入情网后便不能自拔,陷入彼此形影不离、卿卿我我的狭小天地里,把时间和精力都用在谈情说爱上,放松了学习,荒废了学业,疏远冷落了同学和朋友。同时,在恋爱交往和表达方式上,有些学生不注意控制自己的感情和行为举止,过早地表达缠绵亲昵,甚至在大庭广众之下及公共场所,旁若无人地搂抱亲吻。这些行为不仅违背了学生道德礼仪规范,也有伤校园纯净、质朴的良好风气。正确处理感情与理智的关系,以文明的方式表达爱情,以健康高尚的情趣进行交往,也是恋爱礼仪的重要内容之一。具有较高修养的人,对待恋爱应是热烈中有持重,亲密中有羞涩,浪漫中有端庄,行为落落大方、彬彬有礼、谦恭文明。

5. 心胸宽广,失恋不失德

失恋对双方都会造成痛苦,特别是对于不情愿中断、还想继续发展恋爱关系的一方。失恋的原因是复杂的,失恋后每个人的表现也不一样,有的人如坠深渊、情绪低落、意志消沉,甚至出现轻生的念头;有的人不甘心失恋,对对方百般纠缠,试图再续前缘,甚至企图胁迫对方屈从;有的人化爱为仇,伤害对方,散布流言破坏对方名誉,施加压力进行报复等。这些态度都是错误的,也是没有道德的行为。

对于失恋,首先是要控制自己的情绪,虽然痛苦,但也要对生活充满信心,要知道爱情是人生的重要内容,但不是全部,人生还有许多梦想在等待着我们去追求,失恋决不能失志。其次,要善于调解和转移自己的注意力,对失恋的痛苦,俗话说提起千斤重,放下二两轻。要敢于面对现实,想办法减轻痛苦,可以向家人或亲朋倾诉,因为倾诉也是一种解脱;可以与朋友结伴去旅游、娱乐、聚会等;可以自己静静地思考,总结失恋的教训,重新振作起来,寻找新的、更适合的恋爱对象;可以把精力集中在学习上,课余时间到图书馆、自习室去读书、学习,用学习的乐趣和收获冲淡失恋的忧伤,弥补内心的痛苦;等等。失恋是考验一个人的意志和道德水平高低的试金石。失恋不失志、不失德,是新时代有志青年应该具有的礼仪修养。

五、毕业求职礼仪

大学毕业生在即将离开校园、步入社会之前,需要了解、掌握并恰当地运用求职礼仪的相关知识,以便获得聘任单位的满意,成功步入理想的工作岗位。

(一)求职面试前的准备

1. 心理准备

在大学生活即将结束,寻找适合的工作之前,大学生最重要的事情是做好求职就业的心理准备,因为他们要面临由一名学生向社会工作人员的社会角色的转换。这是人生的重要转折,一定要有充足的心理准备,要有信心面对现实,有信心取得求职面试的最好成果。所以增强自信是毕业生在面试前必备的心理素质,也是面试成功的先决条件。由于毕业生缺少社会实践经验,加上有些毕业生性格比较内向,不善于表达和交往,在这种重要的场合难免会产生紧张、胆怯的心理。这些是求职面试的障碍,毕业生必须通过自我调节加以克服。比如,要提前了解招聘单位的情况并对考官可能提出的问题进行认真的分析和思考,做好多种充分的应对准备,并反复背诵、朗读准备应答的内容,也可以在同学或家人面前模拟面试现场,反复演习,直到把所准备的内容练习到非常熟练为止。

2. 求职材料准备

现代企业的招聘、安排面试的依据多是反映求职者情况的书面材料,企业相关人员通过这些书面材料来判断和评价求职者的学习能力和工作潜力。因此,毕业生若想迈好走出校园的第一步,就要懂得如何准备求职材料。

(1)求职简历

求职简历是一种书面的自我介绍材料。一份吸引人的求职简历,是获得面试机会的敲门砖。求职简历的正文一般包括以下五部分内容。

① 个人基本情况,即姓名、年龄、学历、证件照片、联系方式等基本信息。

② 求职目标,主要是求职者对未来职业的目标定位,要尽可能根据自己的专长选择一个相对具体的部门,要简练准确。

③ 教育背景,主要是指求职者的学习经历,重点写与求职岗位相关的主要专业课程的名称、成绩、排名、在校期间获奖和荣誉情况,以及和求职有关的选修课程、培训项目等,要表明自己的学习能力和专业实力。

④ 实践经验,招聘单位一般都很重视求职人员的实践经验和技能。毕业生要把在校学习期间的社会实践、实习、课余兼职、志愿服务、社会调查,以及参与的各种社会活动等整齐地列出来,并简要写出活动时间、收获以及有关奖励,以表明自己的实践能力和创新潜力。

⑤ 个人专长,主要包括技能专长、兴趣爱好等,用来展现自己的综合素质和特长。例如,英语的运用能力、计算机操作能力、写作表达能力、沟通协作能力、组织管理能力,以及其他对求职有帮助的兴趣爱好等。

求职简历的内容最好能控制在一页左右,不必填写对薪金的期望值。尽量用人力资源熟悉的定量化语言写简历,简历中具体数字、具体事实越多,越和所求职位相关,商业价值就传达得越明确,就越有说服力。简而言之,简历要符合企业及岗位对求职者的基本需求,要突出优势,淡化弱势。此外,为证明简历的真实性,可在简历后面附上相关的证件和资料的复印件。

(2) 毕业生就业推荐表

毕业生就业推荐表是反映毕业生综合情况并附有学校书面意见的推荐材料,一般包括毕业生基本资料、照片、学历、在校期间社会活动情况、奖惩状况、科研情况、本人兴趣特长、本人就业意愿、学校推荐意见等信息,一般还附有教务处出具的成绩单。毕业生就业推荐表的"综合评定"及"推荐意见"部分一般由最了解毕业生情况的院系辅导员老师填写,并且是以组织负责的形式向用人单位推荐的,具有较强的权威性和可靠性。所以,大多数用人单位历来把毕业生就业推荐表作为接收毕业生的主要依据。正式的毕业生就业推荐表只有一份,只有正式签订就业协议时,才能向用人单位上交此表。

(3) 求职信

求职信是求职者向用人单位或单位负责人介绍自己的实际才能,表达自己就业愿望的书信。它同个人简历有所不同,求职信针对特定的个人而写,而简历的写作却是针对特定的工作岗位,求职信可以说是对简历的补充和概述。看似简单的求职信,却大有"学问"。好的求职信是一块很重要的求职敲门砖,可以在你和用人单位未谋面时,给对方一个良好、清晰的印象,能起到事半功倍的效果。

① 求职信的基本范式

求职信一般由开头、正文、结尾和落款四部分组成。

A. 开头部分要有正确的称呼和格式。当招聘单位负责人不太明确的时候，可以用"尊敬的××公司领导""尊敬的人事处负责同志"等来代替。当招聘单位负责人明确的时候，则可以直接写出负责人的职务、职称，如"尊敬的李××总经理""尊敬的王××教授"等。称呼在第一行顶格书写，并加一句问候语以示尊敬和礼貌。

B. 正文部分主要用来介绍个人基本情况，主要是个人所具备的素质、条件。核心内容主要包括专业知识、专业技能、实践能力、性格特长等几个方面。介绍时既要实事求是，又要简练朴实，切勿夸大其词或不着边际。

C. 结尾部分主要用来表达求职情感。要做到令人回味，尽量把想得到工作的迫切心情简要表达出来，语气要热情、诚恳、有礼貌，以使用人单位能尽快回复并给予面试的机会。

D. 落款部分用来署名并附日期，如果有附件，可在求职信的左下角注明。如"附1：个人简历""附2：毕业生就业推荐表"等。

② 求职信的基本要求

求职信的基本要求主要有以下五点。

A. 不宜太长。求职信要全面、真实地介绍自己的情况，既要简明扼要，又要突出重点，精练简洁是一个十分重要的标准。

B. 不要有文字错误。求职信中切忌有错字、别字、病句及文理欠通顺的情况，写完之后要多通读几遍，精雕细琢，以保证准确无误。

C. 不要"翻版"简历。求职信不是要简单重复简历中已有的内容，而是要用简洁、明了、具体的语言，提出自己非常突出的或者可能引起用人单位特别注意的能力和条件。

D. 言辞要礼貌。求职是希望用人单位能聘用自己前去工作，所以写求职信的态度要热切、诚恳和谦虚，对求职单位要加以一定的褒扬，并表示对该单位的向往之情，表示恳切希望能到该单位工作。

E. 不要突出物质利益。招聘单位希望看到求职者能够理解并站在他们的角度去想问题。因此求职者不宜一味强调自己的需求和期望，特别是不要过于看重物质待遇，不要赤裸裸地提工资、住房等具体条件。

3. 形象准备

在求职面试时，求职者的形象会产生"首因效应"。求职者给招聘方留下的初步印象，不仅关系到招聘方对求职者的形象评价，甚至会直接关系到求职的成败。所以，毕业生求职一定要认真进行形象设计，使自己的形象符合礼仪标准。

男生参加面试时,首先要注意个人的清洁,胡须一定要刮干净,指甲要剪干净,头发要在应聘之前修剪好并梳理整齐,不要留长发。其次,穿衣服也要整洁,男生在春、秋、冬季面试时最好穿正式的西装,夏天可以穿短袖衬衫配西裤,最好不要穿休闲服或者运动服。西装一定要合身得体,颜色应当以主流颜色为主,如藏青色、蓝色、黑色、深灰色等;档次上不要超出学生消费水平,要符合学生身份。衬衫以白色或浅色为主,这样比较好搭配领带和西裤。领带不要太花哨,最好是单色,领带在胸前的长度以刚好能达到皮带扣为好。鞋子要选择正式的硬底皮鞋,以黑色为宜,不管新旧,一定要擦拭得干净、光亮。袜子的颜色也有讲究,必须是深灰色、蓝色、黑色等深色,这样在任何场合都不失礼。

女生参加面试时,穿着要简洁、大方、合体,要穿较为朴素的裙装或套装。套装的样式应与准上班族的身份相符。颜色要上下一致,鲜艳的服饰会使人显得活泼、有朝气,但不能太花哨、太艳丽。素色稳重的套装会使人显得大方干练、成熟端庄。着裙装时要注意裙子的长度,一般应到膝盖,太短有失庄重,太长显得拖拉。化妆要清爽自然、明快轻松、轻妆淡抹,切忌浓妆艳抹,且不宜使用闪光的化妆品。在香水的使用上要格外谨慎,喷洒时要注意用量,香味以淡雅清香为宜,避免使用浓烈或者味道怪异的香水。指甲要修剪得整洁而且干净,不要涂指甲油。鞋子应穿高跟鞋,但鞋跟不宜过高,样式不能过于前卫,夏日最好不要穿露出脚趾的凉鞋,更不宜将脚指甲涂抹成红色或其他颜色,丝袜以肉色为宜。佩戴饰物应注意和服装的整体搭配,最好以简单朴素为主。

4. 物件准备

(1) 公文包

求职时带上公文包会给人以专业和规范的印象。公文包不要求是很贵重的真皮包,但是看上去要大方典雅,大小应以可以平整地放下 A4 纸大小的文件为宜,主要用于存放求职面试的各种材料。

(2) 求职记录本

求职记录本里面一般应记录已经参加过求职面试的时间、各公司的名字、地址、联系人和联系方法,面试过程的简单情况、跟进情况等。求职记录本应该随时带在身边,以便记录最新情况或供随时查询。

除此以外,还应准备好笔、简历、身份证、个人登记照片、学历证书、所获奖励证书等备查文件的正本和复印件。如果面试时公司人事主管提出查看一些文件的正本,而面试者却没有带,则是非常尴尬和不礼貌的,这是求职者在面试时应该避免的疏漏。

（二）面试

面试是求职过程的重要一步，求职的成功与否，很大程度上取决于这个环节。所以，要认真对待面试，尤其是要重视面试过程中的礼仪，这样能给主考官留下深刻的印象，提高应聘的成功率。

1. 按时赴约

按时赴约是面试礼仪的基本要求，按约定时间提前10～15分钟到达面试地点是比较合适的。切忌面试时迟到或是"踩点"匆匆忙忙赶到，这是面试的一大禁忌，而过早来到面试地点会被认为没有时间观念。到达面试地点时，不要左顾右盼、来回走动，这是不稳重、没有耐心的表现，应该在等候室耐心等候，并保持正确的坐姿。如果面试地点没有等候室，应在面试办公室的门外静候。当办公室的门打开时应有礼貌地说"您好，打扰了"，然后向室内面试官表明自己是来面试的，经允许后才能进入，绝不可贸然闯入。

2. 进门

遇到等候面试的人较多的情况时，要在你之前到来的人两三步远的距离处静静等候。进入面试室之前，可以通过深呼吸来让自己保持平静，然后再敲门。即使门是虚掩着的，也应敲门，千万别冒冒失失推门就进，给人留下鲁莽、无礼的印象。敲门时要注意敲门声的大小和敲门的速率。正确的方式是用右手的食指关节轻轻敲三下，问一声："可以进来吗？"听到"请进来"后再进入房间。如果主考官让求职者在门外等一下，就应按他的要求去做。进入房间后，要转身轻轻把门关上，然后向主考官点头致意，走向面试位置。

3. 行为举止

进入面试位置后，要先报上自己的名字并向对方行礼。向对方打招呼时要面带真诚的微笑，直视对方的眼睛，精神饱满。听到对方说"请坐"以后方可坐下，要坐在对方指定的位子上，若无指定位置，可以选择在主考官对面的位子坐好，这样方便与主考官面对面交谈。

正确的坐姿从入座开始，入座的动作要轻而缓，不要随意拖拉座椅，发出很大的声音。身体不要前后左右晃动，背部要与椅背平行，沉着而安静地坐下。落座后，上身要保持直立状态，既不前倾，也不后仰，双手轻轻放在自己的双膝上或轻轻握拳放在腿的旁边，双脚靠拢。

面试交流中，求职者要不时地与对方有目光交流，但是一定要避免长时间凝视对方，这样会让人感觉很不舒服。如果在场的除了主考官以外还有其他的考官，那么说话的时候要经常用目光扫视一下其他人，以表示对其他人的尊重和关注,切忌眼神游离、斜视或漠视。说话时手势宜少不宜多,多余的手势会给人留下装腔作势、缺乏涵养的感觉。

求职者要学会主动积极地聆听,不需要滔滔不绝地讲话。听对方说话时,求职者要面带微笑、积极互动,并不时做出点头同意状,表示自己正在注意倾听或者听明白了。在面试中如果面试官说话比较多,一般说明他对你感兴趣,愿意向你介绍情况和热情交流。但有些求职者却认为只有自己多说话才是最好的自我推销。因此,他们通常会多说话,甚至任意打断面试官的谈话和随意插话,这些都是很不礼貌的表现,会让自己陷入被动的局面,一定要避免这种做法。

4. 自我介绍

当主考官要求求职者做自我介绍时,一般情况下求职者都已事先提供自荐信或者个人简历加以辅助,所以切忌像背书似的长篇大论,这样会让主考官觉得冗长、重复而不感兴趣。自我介绍一定要力求简洁,尽可能地节省时间,最好不要长于一分钟。

另外,自我介绍的时候态度一定要自然、友善、亲切、随和,内容要实事求是、真实可信。要以对方为导向,注意对方的需要和感受,并根据考官们的需要和感受来说服对方,让对方接受自己。要从能够引起对方注意的话题入手,以此来突出自己的与众不同,努力争取给对方留下深刻的印象。要善于面对面交谈,克服自己的心理障碍,控制好情绪,语气要自然,语速要适中,语音要清晰。要注意观察对方的表情,分析对方的心理,以便能够随机应变。如果发现对方对自己不感兴趣或者时机不对,应该适可而止,礼貌告别。

(三) 面试后

许多求职者一般都非常注重应聘面试时的礼仪,认为面试结束就意味着求职过程的结束,于是,面试结束后就袖手以待聘用通知的到来,而忽略了面试后的礼仪。事实上,面试后的礼仪也非常重要,它能使主考官在做决定时加深对求职者的印象。面试后,求职者一般应注意以下几个方面的事项。

1. 礼貌地起身告辞并离开

当面试结束后,求职者应该注意告别的礼仪。无论是被顺利录取,还是只得到一个模棱两可的答复,应聘者都应该以礼相待。要对用人单位给自己面试机会和主考官抽出宝贵时间与自己见面表示感谢,并且表示期待着有进一步与招聘者面谈的机会。这样既保持了与主考官的良好关系,又表现出自己良好的人际关系能力。当用人单位最终考虑人选时,能增加自己的分数。离开面试现场时,应该把刚才坐的椅子扶正到刚进门时的位置。离开时,要拿好自己随身携带的物品,边点头边轻轻地退出面试室。出门经过前台时,要主动与前台工作人员点头致意,或说"谢谢,再见"之类的话,体现出个人的良好修养。

2. 梳理面试过程

面试之后回到家里,一般应该仔细回忆整个面试经过,主考官提问的每个细节,应尽量都记录在求职记录本里。每次面试都不能保证录取成功,最重要的是从上次面试中,分析各种因素,总结经验,以保证下次面试表现得更好。应聘的成功常常要经过多次面试,如果向几家招聘单位求职,则必须平稳心情,全身心投入每一次面试。在没有接到聘用通知之前,面试就不能算成功,所以就不应放弃其他的面试机会。

3. 等待面试结果

面试结束后,求职者可以在48小时内向目标单位打一个电话或写一封信表示感谢。感谢电话要简短,最好不要超过2分钟;感谢信要简洁,300字左右即可。电话或感谢信的开头应提及你的姓名及简单情况,以及面试的时间。这样做一方面表示对招聘人员的感谢,另一方面重申自己对工作的热情和能够胜任工作的能力,并表示愿为招聘单位的发展尽力。这个电话或这封感谢信会使对方加深对印象,从而增强竞争力。

一般情况下,每次面试结束后,考官们都要对应聘人员的情况进行分析、综合、讨论和投票,然后送人事部门汇总,最后确定录用人员。这个阶段可能需要三五天或更长一点的时间。求职者在这段时间内一定要耐心等候消息,不要过早打听面试结果或者再三催促用人单位。因为一般情况下,越显得急躁,越没有竞争力。

 案例分析

> 某日清晨,上课铃声刚刚响过,有一位同学左手拿着包子,右手拿着豆浆,不急不慢地走进教室,准备在课堂上吃早餐。当刘老师走进教室上课时,教室里弥漫着一股早餐食品的味道,还有人发出咀嚼声。刘老师让坐在窗边的同学打开窗户透透气,接着开始上课。突然,教室中响起了"喂,有电话了,喂,有电话了"搞怪的手机铃声,立即引起了哄堂大笑。这时,只见坐在第一排的赵明同学急忙站起来跑出去接电话。刘老师脸色显出了愠色,没有理会赵明,继续讲课,并在课堂上讲大学生素质的问题。突然,坐在后排的一名女生站起来,提起书包就往外走。刘老师说:"站住,我课没上完,你走什么?"该女生回了

> 一句"你不觉得你上课讲这些东西很无聊吗?"接着,这位女生头也没回就走出了教室。刘老师马上冲出教室,叫住该女生,然后回到教室收起教案,带着这个女生去教研室进行教育。
>
> 结合案例,分析在这场师生矛盾中,主要出现了哪些问题?你认为应该怎样避免类似事情的发生?

本章小结

1. 学校礼仪是指学校师生员工之间在和睦相处时待人接物的礼貌行为及应遵循的仪表、仪态和仪式的规范的总称。学校礼仪具有共同性、地域性、继承性和特定性的特点。

2. 教师礼仪是指教师在教学过程中和其他教育活动中所应具备的职业修养和应遵守的行为规范。教师礼仪的具体要求包括两个方面,一是内在的素质要求,二是外在的仪表要求。

3. 课外师生交谈礼仪的内容包括:要注意选择合适的地点;谈话要做到平等相待;找学生谈话前要有充分准备。构建和谐的师生关系主要应做到:平等相待,尊重学生;倾注爱心,关爱学生;公正地评价学生。

4. 学生礼仪包括课堂礼仪、公共场所礼仪、学校活动礼仪、人际交往礼仪和毕业求职礼仪。上课前,学生应注意:复习、预习课程内容、做好课前的准备、妥当处理课前的特殊情况;课堂上学生应做到:遵守课堂纪律、认真听课、积极思考、积极回答问题。在学校的公共场所,如在宿舍、图书馆、食堂、卫生间,学生应遵守相应的礼仪规范。参加学术报告会、各种典礼活动、升降国旗仪式等,学生也要践行相关礼仪。

5. 学生在学校的人际交往主要包括师生之间的交往、同学之间的交往和大学生恋爱。师生之间交往时,学生要尊重教师、虚心向教师请教、正确对待教师的过失、勇于承认错误。同学之间交往时,大家要做到热情待人,真诚帮助;尊重他人,注意礼貌;严于律己,宽以待人。

6. 毕业求职礼仪主要包括求职面试前的准备、面试、面试后三个方面的礼仪。面试前要做好心理准备、求职材料准备、形象准备和物件准备。面试中要注意按时赴约、进门、行为举止、自我介绍等方面的礼仪。面试结束后,要礼貌地起身告辞并离开、梳理面试过程和等待面试结果。

复习思考题

1. 简述学校礼仪的含义及其特点。
2. 根据自己的体会，谈谈学校礼仪的重要性。
3. 教师如何通过自身的礼仪修养对学生起到示范作用？
4. 构建和谐的师生关系，教师应注意哪些事项？
5. 怎样看待学生在教室、课堂使用手机这个问题？
6. 简述正确处理同学间交往应注意的问题。
7. 简述宿舍礼仪的主要内容。
8. 学生在食堂就餐时应注意哪些礼仪？
9. 如何正确理解恋爱礼仪？
10. 谈谈良好的学校礼仪规范在日常学习和生活中带给你的帮助。
11. 毕业求职面试前要做哪些准备？
12. 面试中应注意哪些礼仪？
13. 面试结束后应注意哪些礼仪问题？

第六章 社交礼仪

本章提要

对社交礼仪的掌握和运用程度,体现了人们的形象、气质和基本素质,也影响着社交的效果。本章从社交礼仪概述、拜访礼仪、聚会礼仪、舞会礼仪、晚会礼仪、宴请礼仪、馈赠礼仪等方面介绍了社交礼仪的具体内容和行为规范。

本章学习目标

1. 了解社交礼仪的类型和基本原则;
2. 掌握拜访、聚会、舞会、晚会、宴请和馈赠等礼仪要求;
3. 掌握各种社交礼仪的技巧。

第一节 社交礼仪概述

社交是人的本质的内在要求,是社会关系构成与发展的基础。社交的形式是多样的,但都有一定的行为准则和规范。

一、社交礼仪的含义和特点

(一) 社交礼仪的含义

社交礼仪是指在社交中,人们在互通信息、交流思想、建立友谊以达到继续交往目的时,应该共同遵守的行为规范和准则。

1. 社交礼仪是人的内在需求的体现

在社会生活中,人们必须满足自己的许多内在需求。美国著名社会心理学家马斯洛曾提出,人的需求包括生理需求、安全需求、社交需求、尊重需求和自我实现需求由低向高的五个层次。当生理需求和安全需求被基本满足后,人们的社交需要、尊重需求和自我实现需求就变得相对比较迫切。人们希望和他人建立关系、保持友谊,希望得到他人的信任和友爱,渴望成为群体的一员。人们努力去寻找归属感,实现更高层次的需求。这个过程是人们按照一定的礼仪规则建立社会关系的过程,也是人的社会性的必然体现。

2. 社交礼仪是人们社会生活的重要内容

人的本质是一切社会关系的总和。这种社会关系包括血缘关系、地缘关系、朋友关系、工作关系等。一个人只有维护好这些社会关系,才能展示人的本质,才能拥有正常的社会生活。要想维护好这些关系,人们就必须进行社交。在社交中,人们应遵循相关的礼仪规范和规则。只有这样,人们才能建立起良好的人际关系,进而使社会生活更加融洽。因而,社交礼仪是人们社会生活的必要环节。

3. 社交礼仪是影响社会文明的重要因素

社会文明是社会的各个领域所获得的积极成果,是人类社会的进步状态。在社会文明的发展过程中,人们的素质,特别是人们的礼仪素质发挥着重要的作用——可以使人际交往更加顺畅,人际关系更加融洽,社会更加和谐。因此,社交礼仪在推动精神文明建设中起着重要的作用,也是影响整个社会文明的重要因素。

(二) 社交礼仪的特点

社交礼仪主要有规范性、等级性和技巧性三个特点。

1. 规范性

在社交活动中,无论是个人的服饰、言谈、举止,还是活动的操作方式、程序、安排等,都具有一定的规范和标准。人们要想在社交中表现得彬彬有礼、很有修养,有效地实现社交的目的,就应了解并遵守这些规矩和标准。

2. 等级性

人们总是根据不同的社交对象、不同的关系、不同的社交任务和内容,来确定不同的礼仪活动规范和准则。社交活动的级别不同,对礼仪规范的要求就不同,社交活动的级别越高,对礼仪规范的要求就会越高。例如,宴请的礼仪规则会根据宴请对象及级别有所不同。

3. 技巧性

社交礼仪是有一定的技巧的。例如,善于发现并赞美对方的优点,这些优点有可能是潜在的、不容易被人发现的,如果你能挖掘和赞美这些优点,可能会使对方更愿意与你交往;关注他人的细微变化,若发现对方穿戴、发型等方面的细微变化,并真诚道出,对方会感到你对他的重视,这样互相之间的感情会拉近一步。了解并恰当运用一些社交礼仪技巧，往往会使社交达到事半功倍的效果。

二、践行社交礼仪应遵循的基本原则

社交礼仪有助于协调人际交往中的各种关系。要想把复杂的社会关系协调好，就要践行一定的社交礼仪。践行社交礼仪一般应遵循以下几个基本原则。

（一）尊重原则

尊重原则是践行社交礼仪应遵循的首要原则。尊重包括自尊和尊重他人。自尊是社交礼仪的基础，主要是指在各种场合都要尊重自己，维护自己的尊严和人格。尊重他人是一个人礼仪素养的体现，主要是指在交往中，要尊重他人的人格、价值、习惯、兴趣、爱好等。只有尊重他人，才能获得他人的尊重。

（二）平等原则

平等是人与人交往时建立情感的基础，也是保持良好的人际关系的基础。人们在职务、经济、文化以及其他许多方面，常常是有差别的。但作为社交的双方，大家的人格、尊严和权利是平等的。在交往中对交往对象应做到一视同仁，不因家庭背景、经济条件、地位职权等不同而另眼相看，要学会换位思考，平等待人。

（三）真诚原则

真诚是对人对事的一种实事求是的态度，是真心实意待人的友善表现。只有真诚，才有尊重，才能建立和谐愉快的人际关系。苏格拉底曾说过：不要靠馈赠来获得一个朋友，你须贡献你诚挚的爱，学习怎样用正当的方法来赢得一个人的心。在与人交往时，要付出真诚的感情，才能获得友谊、取得信任。

（四）互利原则

互利是指双方在满足对方需要的同时，自己也能从中获益。人际交往是双向选择，在交往的过程中，双方应互相关心、互相爱护，既要考虑自己的权益，也要考虑对方的权益。如果只是追逐单方面的利益，很难维持持久和稳定的社交关系。

（五）宽容原则

在人际交往中，宽容是创造和谐人际关系的法宝。人无完人，在人际交往中，要善于包容他人的缺点和不足，这既是对他人的尊重，也是自信的表现。在社交

活动中,难免会产生一些分歧或矛盾,这就要求社交双方有博大的胸怀、宽大的气量,能互相理解并包容对方,给对方留有思考和决策的余地,正所谓退一步海阔天空。

三、社交关系的类型

人们的交往需求是多方面、多层次的,于是形成了复杂而多变的社交关系。

(一)亲缘型社交关系

亲缘型社交关系主要包含血缘关系、姻亲关系和代际关系。这三种关系实际上就是家庭关系。要想处理好这些关系就必须认真践行家庭礼仪。

1. 血缘关系

血缘关系是指以血缘为纽带所结成的人际关系。它包含父子(女)关系、母子(女)关系、兄弟姐妹关系、祖孙关系等。处理好血缘关系,不仅有助于家庭的和谐,而且对社会的稳定和发展也有很大作用。在处理好血缘关系的同时,还需要处理好血缘关系利益同他人利益及社会整体利益的关系,不能为了血缘关系利益,而侵害他人利益或社会整体利益。

2. 姻亲关系

姻亲关系是指以婚姻为纽带结成的人际关系,姻亲关系主要表现为夫妻关系。在夫妻关系中,爱情应是夫妻关系建立的基础。但是,婚姻问题是社会问题。它涉及现实中的许多问题,例如,家庭财产问题、子女的抚养和教育问题、老人的赡养问题等。因此,夫妻关系又不仅仅是夫妻之间的爱情和感情的问题,更是家庭和睦幸福的基础。夫妻双方都应该摒弃以自我为中心的思想,应互敬互爱、互相理解、互相信任,这样才能保持稳定和睦的夫妻关系。

3. 代际关系

代际关系是指上一代同下一代的关系。上一代同下一代之间不仅存在着年龄上和心理上的差异,同时还存在着社会经历、成长环境以及知识结构等方面的差异,在思想观念上往往也存在一定的差距。良好的代际关系是维护家庭和谐的基础,也是家庭成员获得人生幸福和事业成功的条件。因此,代与代之间应加强沟通、互相理解、互相尊重、互相谦让,这既是家庭礼仪的重要内容,也是处理好相互关系的重要条件。

（二）地缘型社交关系

地缘型社交关系是指以生存的地理空间为纽带结成的人际关系。它包含邻里关系、同乡关系等。邻里关系是相对稳定的,而同乡关系则有一定的条件,一般来说,人们只有离开家乡时才能产生同乡的关系和感情。

1. 邻里关系

邻里关系是指左邻右舍间的人际关系,一般以家庭之间的联系为表现形式。邻里之间空间距离较近,交往相对频繁,相互影响也比较大。邻里间应互相尊重、互相关照、适度来往、互不纠缠,这样的邻里关系一般都比较融洽。相反,若邻里关系紧张,就容易发生摩擦,给双方都带来不必要的麻烦。

2. 同乡关系

同乡关系是由于生长地区的共同性,加上都背井离乡出门在外,自有一股割不断的乡情,从而使彼此萌生出一种特殊的情感,"亲不亲,故乡人""老乡见老乡,两眼泪汪汪"。这种亲切感和信任感,使彼此更加容易开展各种交流与合作,提高社交活动的有效性。同时,也要尽量避免产生狭隘的地方保护观念,损害他人和社会整体的利益。

（三）业缘型社交关系

业缘型社交关系是指以所从事的职业为纽带结成的人际关系,即因工作和业务上的联系所形成的人际关系。业缘关系主要包括同事关系、同学关系、师生关系、上下级关系等。

1. 同事关系

同事关系是指在一起工作所形成的,没有权力等级差别的人际关系。其中包括曾经在一起工作和现在一起工作两种类型。处理好同事关系是职场礼仪的重要内容。

2. 同学关系

同学关系是指在学习过程中所形成的人际关系,包括同班同学关系、同年级同学关系、同校同学关系等。同学关系是人际关系中最纯洁的关系,拥有互相之间的平等和真挚的情感。处理好同学关系需要加强同学之间的交往,更需要文明、礼仪。

3. 师生关系

师生关系是指以教和学为纽带结成的人际关系。在师生关系中,教师是影响双方关系的主要因素。学生一般比较喜欢和信任道德高尚、知识渊博的教师。教师一般更喜欢积极上进、勤学善思的学生。此外,师生彼此的兴趣、性格和修养,也是影响师生关系的重要因素。

4. 上下级关系

上下级关系是指因职务不同所形成的领导与被领导的关系。上下级关系既包括职务上的序列等级关系,又包括人格上的平等和互相尊重的关系。在工作中,下级要尊重和支持上级,上级要尊重和理解下级。处理好上下级关系是职场礼仪的重要内容。

上述各种社交关系常常是相互渗透、互相交叉的,有时也会相互转化。若想处理好这些复杂的社交关系,应先以社交的内容和目的来确定其类型,明确自己的社交角色,进而使用恰当的社交礼仪。

第二节　拜访礼仪和聚会礼仪

拜访和聚会是人们最常使用的两种社交形式。通过拜访,可以增进社交双方情感交流,稳定人际关系。通过聚会,可以不断拓展社交范围,密切交往双方的联系。在拜访和聚会的过程中践行得体的社交礼仪是非常重要的。

一、拜访礼仪

拜访是指前往他人的工作单位或住所,去会晤、探望对方。拜访是双向性的活动,在拜访中,作为访问、做客的一方称为客人或来宾,作为待客、接待的一方称为主人。只有主客双方都遵守相关礼仪规范,拜访活动才能顺利进行并达到理想的效果。下面我们从客人和主人两个方面分别介绍拜访礼仪。

(一) 拜访中客人应践行的礼仪

为了达到理想的拜访效果,在拜访前、拜访中和拜访结束时,客人都应遵循一定的礼仪规范。

1. 拜访前

(1) 事先有约

事先有约主要包括约定时间、约定地点、约定人数和约定主题四个方面的内容。

① 约定时间。拜访前,客人与主人约定时间时应以主人方便为前提,主要应约定好到达的时间和离开的时间,便于主人安排接待。拜访前,客人与主人约定时间时还应尽量避开就餐时间和休息时间,如果晚上拜访也不宜太晚,以免影响

主人休息。

② 约定地点。拜访前,客人与主人约定地点时应以主人方便为前提,应优先考虑主人提出的方案。同时,应对约定的地点进行详细的确认,避免因地点信息不准确而耽误拜访。

③ 约定人数。拜访人数的多少会影响到主人招待规模大小。尤其在公务拜访中,客人应提前说明拜访的人员及身份。拜访的人员一经约定就不宜随意变动,尤其是主要成员,否则会打乱主人的计划和安排,影响拜访的效果。

④ 约定主题。拜访前,客人要向主人说明拜访的原因及拜访交谈的主题,以便主人做好待客谈话的内容准备和心理准备。

事先有约是拜访中非常重要的一项礼仪,既体现了对主人的尊重,又反映出客人的良好修养。

(2) 拜访的事项

要想拜访成功,拜访前客人应注意以下几个事项。

① 明确拜访的目的。拜访要有一定的目的性,要想达到理想的拜访效果,就要做好认真准备,尽量做到"师出有名"。

② 准备好拜访内容。对拜访中需要商量的事情、拟请对方做的工作,以及如何同对方交谈等,拜访前客人都应做认真的设想和安排。

③ 设计好个人形象。正式拜访前客人要认真准备好自己的服饰,做到仪容仪表端庄文明。如果参加公务拜访,要着正装,以表示对对方的尊重。

④ 准备好拜访礼品。拜访时如果需要带上礼品,客人也要事先做好准备。客人在准备礼品时,应根据对方的年龄、职务、爱好等进行选择。

2. 拜访中

(1) 准时赴约

约定拜访时间后,客人最好准时到达,也可以提前几分钟达到,不要提前太多时间或者迟到。

为避免堵车等意外情况的出现,客人最好提前出发。如有特殊原因不能按时赴约或要取消拜访时,一定要尽早打电话通知对方,客气地讲明理由,并约定好下次拜访的时间。当与对方再次见面时,一定要对这次的无法赴约表达歉意。

准时赴约在拜访中也是一项非常重要的礼仪,不仅展现了客人的诚实守信,也反映了对对方的尊重。

(2) 拜访的程序

拜访他人时,不论是在办公室还是在住所,客人进门之前都要先敲门或按门铃。敲门的声音不要太大,轻敲两三下即可;按门铃的时间不要太长,响两三声即可。等有人应声允许进入或主人出来迎接时方可进去；不可不打招呼就推门而入。即使门是开着的，也要以某种恰当的方式让主人知道有人来访，待主人允许后再进入。

与主人相见时要主动问好，也可以与主人行握手礼。如果双方是初次见面，还需向对方做简要的自我介绍。如果还有其他人在场，例如，主人的同事、亲属等，要主动打招呼问好；不能视而不见、不理不睬。如果带有礼品，可适时向主人奉上，不要等道别时再送。

进门之后，可脱下外套，摘下帽子、手套，同随身带的物品一起放到主人指定的地方，不要随意乱搁乱放。如需换上拖鞋，则要将自己换下的鞋摆放整齐。

进入房间时，客人应主动跟随主人之后，而不要走在主人之前。入座时，要根据主人的邀请，坐在主人指定的座位上。尽量不要自己找座位，一旦坐错位置，就会影响后面交谈的开展。

如果主人开门后未邀请客人入室，则不应擅自进入。入门后主人没请客人脱下外衣或入座，通常表示主人没打算留客，客人来得不合时宜，此时应该简短说明来意后告辞，不要长时间逗留，更不要好奇地向室内窥视。

（3）拜访的技巧

与主人见面后，言谈要礼貌，并且宜尽快接触实质性问题，进入主题讨论；不要让客气话、开场白占去太多的时间。拜访都是有目的的，要紧紧围绕拜访的主题，争取达到满意的目的和效果。在拜访中客人除了主动交谈外，还要注意主人的态度、情绪和反应，把握好交谈的契机和程度。

拜访时行为举止要得体。例如，拜访过程中，坐姿要端正、文雅。主人倒茶时应从座位上欠身，双手捧接，并道"谢谢"。主人端上水果、小吃时，应等年长者动手后再取之。

拜访时客人要注意限定自己的活动范围。例如，在拜访的过程中，未经主人允许，客人不宜到其他房间走动，不要触动主人家的物品和陈设，也不要对主人家的个人生活和家庭关系过度关心或追问，否则就是对主人的不尊重和失礼的表现。

3. 拜访结束时

（1）掌握好拜访的持续时间

在同主人交谈的过程中，如果发现主人有其他事情或已到约定时间，客人应主动"见好就收"，适可而止。通常，初次拜访不要超过半个小时，而一般性的拜访也应尽量不要超过一个小时。

（2）适时告辞

拜访结束客人向主人告辞时，态度要坚决，不要说多次"告辞"却迟迟不动。

即使主人有意挽留,也应在答谢后坚辞而去,不要犹豫不决、拖延时间。出门以后应主动请主人"留步",握手告别并表示感谢。

(二)拜访中主人应践行的礼仪

下面主要从准备工作、迎客、待客和送客四个方面介绍拜访中主人应践行的礼仪。

1. 准备工作

如果已经约定好客人来访,主人就要提前做好各方面的准备。以便客人第一时间感受到主人的重视和热情,营造出温馨的迎客环境和氛围。接待客人拜访的准备工作主要包括环境、物品、着装等方面。例如,搞好室内卫生,摆放好室内物品,创造一个良好的待客环境;准备好待客的茶水、果品、小吃等;注意个人的仪容和着装,要干净、整洁。如果在办公室或接待室招待客人,也要做好准备,让客人有"宾至如归"的感觉。根据需要,对客人的拜访,主人还可做好膳食、住宿和交通工具等方面的准备。

2. 迎客

对于来访的客人,主人可根据需要亲自或安排他人在门口、楼下或住所门外迎接。对常来常往的客人,一旦得知对方抵达,一般应立即起身于门外相迎。与客人相见时,应热情地同客人握手、问候并表示欢迎。如果有同事、家人或其他客人在场,主人也应予以相互介绍;不能不理不睬,怠慢客人。

进入房屋后,主人要协助客人脱下外衣、帽子,并放好。然后,引导客人就座。就座时为了表示对客人的尊重,主人应把"上座"留给客人,并请客人先行入座。然后奉上精心准备的待客物品,让客人感受到主人的周到和热情。

3. 待客

对待客人,主人要主动、周到,要善解人意。主人要主动与客人交谈,对交谈内容要表现出浓厚的兴趣,即使当时有特殊情况,也不要表现得心不在焉或冷淡。主人要心中有轻重,有客人在,客人就是最重要的,交谈的话题和开展的活动都应围绕客人进行。

主人要热情地招待客人,如敬茶、请客人吃水果等。茶水要浓度适中,量度适宜,倒茶不要过满,一般七八成满即可,端茶时应用双手。若有多位客人,对各位客人要一视同仁,热情、平等相待。

主人在接待客人时,忌讳在客人面前摆架子、无精打采,或看书、看报、听广播、看电视、玩手机,以及忙家务、训斥孩子、与家人聊天等,以免把客人冷落在一旁,让人理解为不受欢迎或是在逐客。

4. 送客

当客人提出告辞时主人应真诚挽留。如果客人执意要走,应尊重客人的意见。不要在客人未起身前,主人先起身相送,也不要主动先伸手与客人握手告别,以免产生厌客之嫌。

送客人要送到室外或电梯门口,重要的客人要送到大门口、楼下或其乘坐的车辆驶离之处。远方的客人还可送到机场、车站等地方,等客人乘坐的交通工具启动后再离去。

同客人告别时要与之握手,对其来访表示感谢并道"再见"或"欢迎再来"。客人离去时要挥手致意,目送客人远去。

二、聚会礼仪

聚会是一种经常性的、极为普遍的社交形式。由于其形式多种多样、内容丰富灵活,参与者可以广泛地交流信息、拓展社交范围,因此深受大家的喜爱。

(一)聚会的类型

聚会一般包括以下几种类型。① 比较熟识的同事、同学、亲朋好友之间为了密切之间的联系,增进友谊的交际性聚会;② 根据一定的意向选择会友,目的在于增进了解、加深认识、建立联系的联谊性聚会;③ 由职业、科研方向、兴趣相同的人组成,以探讨学术或理论问题为主要内容的学术性聚会;④ 由文艺爱好者发起、参加的,以联络感情和娱乐为目的的文艺性聚会;⑤ 参加人数较多、范围较广,具有多种作用的综合性聚会。聚会还可以有其他形式,例如讨论会、座谈会、茶话会、聚餐会、酒会、生日派对、联欢会、节日晚会、舞会、家庭音乐会等。

(二)聚会礼仪的具体内容

下面我们分别从聚会前、聚会中和聚会结束时三个方面介绍聚会礼仪。

1. 聚会前

聚会的组织者应做好聚会的组织准备:确定好聚会的时间、地点、形式、主办人和参加者;通知相关人员;做好聚会的场所和各种其他物质准备;确定好议程安排以及聚会的注意事项和具体要求。

参加者在参加聚会前要根据不同聚会形式的要求,对自己的仪容仪表和服饰进行必要的准备。男士应理发、剃须,换好西服套装或休闲装,女士应做发型、适当化妆,换上时装套裙或休闲装。如果是夫妻或情侣二人一起参加聚会,两人的衣着打扮也要协调。另外,根据需要,还应做好活动项目的准备或所需物品的准备,以免需要时措手不及。

2. 聚会中

参加聚会要注意准时赴约,尽量不要出现迟到、早退或爽约的情况。聚会是一种社交活动,参加者迟到、早退或者失约,不仅浪费他人的时间,也会失敬于人、失信于人,这些都是社交的大忌。如果有特殊情况,难以准时到达或不能参加,一定要提前通知组织者,并向大家表示歉意。

参加聚会时,每个参加者都应衣着得体,精神焕发,行为举止温文尔雅,谈吐落落大方,为人宽厚大度、谦虚诚恳,以给其他参加者留下良好的印象并赢得大家的信任。聚会时若有意扩大自己的交际范围,可抓住机会主动与他人交谈,结识更多新朋友。聚会过程中,参加者应始终表现出真诚与热情,与人交谈时要诚恳虚心,既要主动发表自己的见解和主张,也要善于向他人学习和请教,以开阔视野、增长知识。同时,参加者还要注意尊重他人,乐于助人,主动地关心、帮助、照顾、保护他人,特别是妇女和老人;要多体谅聚会组织者,主动帮助他们做一些事情,积极为他们排忧解难。

3. 聚会结束时

聚会结束时要适时离场。按照聚会的预定时间,可提前做好离场准备,或者以聚会多数人的选择为参考标准,与聚会参加者一起离场。在离开聚会场地前要检查自己并提醒他人,不要遗留个人物品。离开时参加者应再次向组织者表示谢意。

第三节 舞会礼仪与晚会礼仪

舞会和晚会是人们在社交过程中经常采用的活动方式。在舞会和晚会中,人们可以用更为轻松的方式进行沟通,用更为灵活的方法进行交流。因此,舞会和晚会是促进人际交往的非常有效的途径。

一、舞会礼仪

在各式各样的社交活动中,舞会是比较大众化并非常受欢迎的一种社交方式。下面,我们从以下几个方面介绍舞会礼仪。

(一)准备工作

一场成功的舞会离不开必要且充分的准备工作。准备工作做得充分与否,不仅影响舞会的效果,也影响人际交往的效果。

1. 确定舞会的组织方

舞会组织方的确定是舞会准备工作的起点。舞会的组织方决定了舞会的邀请对象及邀请范围，也决定了舞会举办的规模及效果。不论是单位组织，还是个人组织，只有确定了组织方，才能明确和落实相关的责任，才能全面启动舞会的组织筹备工作。

2. 确定舞会的参加人员

人们一般根据舞会召开的主题内容确定参加人员。一般来说，组织方可以通过邀请的方式请来宾参加舞会，如果想吸引更多的人参加，还可以通过公开发布信息的方式，这样也可以提升舞会的知名度。为了更好地保证舞会的举办效果，在确定舞会的参加人员的时候，还应注意男女比例的均衡。

3. 确定舞会的时间

舞会的时间是影响舞会效果的重要因素。一般来说，组织方可以根据以下几个因素来确定舞会举办的准确时间。首先，根据舞会的性质选择是白天还是晚上。其次，根据参加舞会人员的时间来确定具体时间，这样有利于保证舞会的规模和人数。最后，还需要注意确定舞会的持续时间。

4. 确定舞会的场地

一般来说，组织方可以根据舞会参加人员的多少及舞曲的需要，选择恰当的舞会场地。如果舞会场地过大，会显得比较空旷，很难调动舞会的气氛；如果舞会场地过小，会显得比较拥挤，限制舞会现场跳舞的人数。这两种情况都会影响参加者的情绪和舞会的效果，应尽量避免。

5. 准备好舞曲

组织方要结合舞会的主题和参加人员，认真选择舞曲。一般情况下，同场舞会需要准备不同类型的舞曲，这样就能保证最大限度地调动舞会参加人员的积极性，满足参加人员的多样化需求。如果舞会的级别比较高，还可以邀请乐队现场演奏。

6. 做好接待工作

舞会的接待工作对舞会的举办效果有重要影响。组织方应根据舞会的规模和级别，选好舞会的主持人和接待服务人员，并且要对他们进行接待礼仪培训。这样，一方面会让参加人员感受到组织方对舞会的重视，另一方面也有利于维持会场的秩序，使舞会有序进行。此外，组织方还可以根据舞会的性质、规模，准备适当的食品、饮品等。

(二)舞会参加者的个人礼仪

1. 容貌整洁

跳舞时舞伴之间会近距离接触,所以,舞会参加者要注意保持容貌整洁、口气清新。参加舞会前,舞会参加者一般要洗澡、漱口、理发;此外,还应注意不饮酒,不吃葱、蒜等有刺激性气味的食物。同时,舞会参加者还可以根据舞会情况适当化妆,适当地美容美发、喷洒香水等,以使自己更加靓丽、容光焕发。

2. 服饰得体

参加舞会时,人们的服饰要和现场的环境、气氛相协调。正式的舞会一般会在请柬上注明对服饰的要求,参加者应自觉遵守。即使是普通的舞会,参加者也要注意自己的服饰,尽量做到端庄、整洁、得体、落落大方。男士宜穿西服套装或长袖衬衫配长裤;女士参加舞会以裙装为宜,不要穿着过紧、过透、过短的衣服,更不能穿短裤、拖鞋。

3. 掌握时间

一般情况下,舞会组织方都会提前说明舞会的持续时间。因此,无论是参加朋友的私人舞会,还是正式的大型舞会,参加者都应遵守时间。为了表示对组织方的尊重和对舞会的支持,参加者应尽量准时到达,结束时再离去。如果没有特殊情况,参加者去得晚、走得又早,是不礼貌的行为。

4. 注意修养

舞会上,参加者要注意自己的言谈举止,做到讲文明、有礼貌,这样才能得到别人的尊重和欢迎。一方面,参加者要尊重舞会的组织方,不要随意贬低、埋怨或更改舞会的活动安排。另一方面,舞会作为一种社交活动,参加者除了跳舞外,还可以抓住机会结交新朋友,或与老朋友联络感情、增进友谊。

(三)舞会举办过程中的礼仪

1. 邀舞的相关礼仪

(1)邀舞的顺序

在正式舞会上第一支舞曲应由主人夫妇、主宾夫妇共舞;第二支舞曲则可以由男主人与女主宾、女主人与男主宾共舞。接下来的舞曲,男主人可以按照礼宾顺序,依次邀请其他女伴共舞,而这些女士的男伴也应适时主动邀请女主人共舞。

男女结伴参加舞会,依惯例应该一起跳第一支舞曲和最后一支舞曲。整个舞会中两人同跳应以两次为限,不能从舞会开始一直跳到结束,要有意地交换舞伴,遵守舞会的礼仪规则,达到舞会交流的目的。

(2) 邀舞的规则

舞会上男士应主动邀请女士跳舞,邀请时男士可行至拟邀舞的女士面前,向女士点一下头或施半鞠躬礼,并向女士轻声邀请:"可以请您跳舞吗?"如果女士身旁有男伴或家长,应先向其男伴或家长点头致意后,再向女士发出邀请。女士受到邀请后一般应马上起身,同邀舞者一起步入舞池共舞。舞曲结束时,男士应该用右手托着女士的左手,将女士送回原来的座位,并说声:"谢谢,再会。"然后离去。

邀请舞伴时通常是男士先邀请女士,女士如果不同意,可以有礼貌地委婉拒绝;女士也可以邀请男士,但男士不能拒绝。

(3) 谢绝邀请的礼仪

舞会上被人邀请跳舞是受到尊重的体现,无故谢绝邀请是失礼的。如果女士不愿意接受对方的邀请也可以谢绝,但注意要语气委婉、态度客气、礼貌待人。例如,女士可以委婉地说:"对不起,我想休息一下。"或者"对不起,这支舞曲我不太熟悉。"被拒绝后,男士应礼貌离去,不要反复纠缠。女士拒绝了一位男士的邀请后,就不宜立刻接受另一位男士的邀请,因为这样做是对前一位男士的不尊敬。

如果女士已接受了一位男士的邀请,对后来的邀舞者则应表示歉意:"对不起,等下一曲吧。"当女士拒绝过某位男士的邀请后,如果这位男士再次前来相邀,无特殊情况则不应再次拒绝。男女结伴一起参加舞会,当别人邀请自己的舞伴时,双方都不能代替对方回绝。

2. 舞姿与风度

男女步入舞池时,应女在前男在后,由女士选择开始跳舞的具体位置。跳舞时一般男士领舞引导在先,女士配合于后;一曲终了时,大家应立于原地面向乐队和主持人鞠躬表示感谢,男士再将女士送回原处。

跳舞时,舞者的舞姿要标准,动作要协调。舞者要保持身体端正,双方胸部应保持一定的距离,不要太近或太远。男士应右臂前伸,右手轻扶对方左侧的腰部,左手向上举起与肩部成水平线,掌心向上拇指平展,将女伴的右掌轻轻托住。女士的左手轻轻地放在男士的右肩上,右臂举起,手指并拢,手掌掌心向下,轻轻搭在男士的左手上。旋转时舞者的身体要自然放松,步伐不要越过本人平时的自然跨度,并注意重心的转移。男士不要把女士的手握得太紧,也不要把右手掌心紧紧地全贴在女士的腰上,更不要旋转时把女士扯来扯去。女士不要把头靠在男士的肩上,或双手套在男士的脖子上,更不要跳贴面舞。跳舞时万一不慎碰撞或踩到了对方,应主动向对方道歉。

跳舞时还要注意神态和表情,应面带微笑、自然大方;既不要过于严肃,面容凝重、呆板,也不要目不转睛地凝视对方,引起误会甚至反感。即使是夫妻或热恋中的情侣,在舞会上也不应过分亲昵和失态,在社交场合这样做是不礼貌的。

(四)舞会结束时的礼仪

舞会结束时,参加者要再次对组织方表示谢意,感谢组织方的精心准备和筹办,并对此次舞会的效果给予充分的肯定和赞扬,然后有序地离开会场。

二、晚会礼仪

出席晚会主要是观看文艺演出或体育表演。观看演出同出席舞会和宴会是礼仪要求较高的三项社交活动。

(一)晚会的组织礼仪

若想举办一场成功的晚会,组织方应做好充分的准备,并践行相关礼仪规范。

1. 选定节目

晚会的节目一般应以反映地区特点和民族风格的音乐、歌舞、戏剧为主,同时可以加演一两个来宾喜爱的节目,以示对来宾的尊重。为保证质量,避免出现问题,正式演出前一般应彩排,还应印制专门的节目单和说明书,以让来宾更好地了解节目内容,同时也可作为纪念品。

2. 发出邀请

晚会的节目确定后组织方要正式向来宾发出邀请。邀请分口头邀请和书面邀请两种形式。发出邀请时,组织方应将活动的时间、地点、目的、要求及邀请的范围清楚地告诉对方。

3. 座位的安排

为保证来宾能更好地欣赏节目,要为他们安排观看演出效果最佳的座位。晚会演出通常将贵宾席留给主人和主宾,其他客人自由入座或对号入座。在正规剧场观看演出时,一般以第七、第八排的中间位置为最佳(国外剧院以包厢为佳),观看影片时则以第15排以后为佳。

4. 入场、出场

入场时可安排普通观众先入座,来宾抵达时,由礼宾人员或陪同人员在剧场门口迎接,然后宾主一起进入休息室,稍事休息。开幕前,由主人陪同来宾进入剧场就座。工作人员可将节目单和说明书提前放置在合适位置。观看演出过程中观众一般不得退场。若晚会规模较大,级别较高,演出结束后,主人可陪同来宾一起走上舞台,向演员致谢、献花。最后主人陪同来宾退场,演职人员和观众一起欢送。

(二)观众应践行的礼仪

1. 服装得体

观看演出,尤其是隆重、正式的演出,是层次较高的社交活动。观众应注意自己的仪容,适当地修饰、化妆,整理发型。服装要根据不同形式的演出有所区分。观看戏剧、舞蹈、音乐演出或综合性文艺演出,特别是陪同外宾观看时应着正装。男士可以着深色西服套装,女士可以穿裙装。如果是观看曲艺、杂技、电影或体育表演,在着装上符合观看演出的基本要求即可,但是绝不能穿短裤、背心、拖鞋。

2. 提前入场

提前入场是观看演出的基本要求。观众一般应提前15分钟入场,以存放衣帽、寻找座位、熟悉环境、稍做休息,以及做好观看节目的准备。演出一旦开始,观众便不应再入场或在场内走动。若迟到或确需走动的,要等候演出中场休息或幕间才能入场或走动。演出结束前不得提前退场,否则会影响演出效果并妨碍其他观众欣赏节目。

3. 对号入座

观众应于演出前5分钟或演出预备铃响前对号入座。如有领位员引导就位,可以请领位员带路,随行其后。如同行人员中有长者或女士,应请长者、女士随领位员在前,男士在后。找到座位后应向领位员表示感谢。如果无人领位,则男士、年轻者要主动为女士、年长者带路并寻找座位。多人行进时女士应在中间,不要并排走路,应单列而行。

如果自己的位置在中间,而两侧已有人就座,在走向自己的座位时,应向被打扰的人说一声"抱歉",并面向经过的观众侧身走向自己的座位。多人一同观看演出时,应将好的位置让给女士、长者,男士、年轻者要主动坐在靠边或不太便利的位置上。

4. 遵守秩序

为保证演出顺利、成功,演出过程中,每个观众都要遵守公共秩序。① 入座后,摘去帽子,端正坐好,不要把脚踩在他人椅背上或把座位垫高。② 保持会场安静,不吸烟,不吃瓜子等零食,不乱扔废弃物。③ 演出开始时,先把手机等通信工具调为振动或静音状态。④ 演出开始后,不随便走动,不交头接耳、说话交谈,不大声咳嗽、打哈欠或打喷嚏。⑤ 未经允许不要随便照相和摄像。

5. 尊重演员

每个节目表演完毕观众都应鼓掌,对节目表示肯定,向演员表示支持和感谢。但是,鼓掌要讲究礼貌和分寸,在节目进行中不要鼓掌,不可高声叫好,更不能吹口哨、喝倒彩。如果频频鼓掌,则会影响演出和其他观众欣赏节目。对于演出中出现的问题或个别演员的失误,观众应予以谅解,不要采取不礼貌的行为,让演员下不了台。观看体育比赛要对各国运动员表示热情友好,不应该无视客队的存在或者对客队起哄、喝倒彩。演出结束后,观众应集体起立鼓掌。若演员出来谢幕,观众应再次鼓掌以表示祝贺和感谢。演出谢幕后观众方可有秩序地退场。

第四节　宴请礼仪

在社交活动中,人们经常要承办或参加一些不同形式的宴请活动,以增强沟通、广交朋友。

一、宴请的方式

宴请可以以宴会、招待会、茶会和工作餐等不同方式进行。

(一) 宴会

宴会种类繁多,根据不同的标准,可以进行不同的划分。按举办时间不同,宴会可分为早宴、午宴和晚宴,以晚宴档次最高。按就餐类别不同,宴会可分为中餐宴会、西餐宴会、中西合餐宴会。按性质不同,宴会可分为工作宴会、欢迎宴会、节庆宴会等。按礼宾规格不同,宴会可分为国宴、正式宴会、便宴和家宴。下面我们具体介绍一下国宴、正式宴会、便宴和家宴。

1. 国宴

国宴是国家元首或政府招待国外贵宾或在重要节日为招待各界重要人士而举行的规格最高的宴会。国宴主要包括两种形式。一是以国家名义邀请来访的外国国家元首或政府首脑出席的宴会。举办这种宴会时,宴会厅内悬挂宾、主国国旗,设乐队,奏国歌,席间有致辞,菜单和座席卡上均印有国徽。二是以国家名义举行的庆祝国家重大节日的宴会。这种宴会一般由党和国家领导人主持,邀请驻华使节、记者及国家各有关部门的负责人等出席,宴会厅内悬挂国徽。国宴的特点是:出席者的级别高,接待规格高,场面隆重,政治性强,礼仪严格,工作程序规范、严谨等。参加国宴者必须按照宴会组织方安排的礼宾次序就座。

2. 正式宴会

正式宴会是一种隆重而正规的宴请,规格仅次于国宴。它往往是为宴请重要人物或团体而精心安排的宴会。一般情况下,正式宴会可以在较为高档的酒店或其他特定场合举行。正式宴会讲究排场,对于到场的人数、出席人员的穿着打扮、席位排列、菜肴酒水数目、音乐演奏、宾主致辞等,都有十分严格的规定。宾主按身份排席次和座次,有些国家还会在请柬上注明对出席客人的服饰要求。

3. 便宴

便宴适合于日常友好的社交,气氛比较亲切、轻松。便宴比较简单、灵活,可不安排座位的次序,不做正式讲话、致辞,菜肴的道数没有固定要求,可以根据出席宴会人员的具体情况而定。便宴对参加人员的服饰也没有特殊规定,赴宴者可根据便宴的规模和档次选择得体的服饰。

4. 家宴

家宴是指由个人或家庭接待亲朋或好友相聚的宴席。家宴往往由主人亲自安排菜肴,并且家人与客人共同进餐,气氛亲切、和谐、自然,让客人有"宾至如归"的感觉。

(二) 招待会

招待会是形式较为灵活的一种宴请方式。一般备有点心、酒水、饮料等。招待会上,客人可根据自己的口味选择自己喜欢的食物和饮料,然后或站或坐,与他人一起或独自一个人用餐。招待会一般不排座次,客人可以自由活动。

1. 自助餐

宴请人数较多时,可以采用自助餐的方式。自助餐是一种非常流行、灵活、方便的宴请形式。根据宴会主客双方的身份,自助餐的规格及隆重程度可高可低。自助餐一般在中午12时至下午2时、17时至19时左右举办,持续时间为2个小时左右。客人可以按食品类别顺序多次取食,但要注意不可浪费。

2. 酒会

酒会是一种经济、简便、轻松、活泼的招待形式,规格可高可低,适用于各种节日、庆典、仪式及招待性演出前后。酒会以酒水为主,佐以各种小吃、果汁,不设或很少设有烈酒,食品多为点心、面包、小香肠等。酒会上,食品和酒水或由服务人员用托盘端送,或部分放置在小桌上由客人自己取食。酒会一般不设座位,以便客人自由走动、广泛交流。酒会举办的时间比较灵活,中午、下午、晚上均可。一般情况下,酒会组织方会在请柬上注明整个活动延续的时间,客人可在期间任何时候到达或退席,不受时间约束。

(三) 茶会

茶会是一种比较轻松的社交活动形式,也是一种简便的接待形式。茶会不同于正式宴会或者聚餐,时间不设在就餐的时间段。茶会的举办时间通常安排在上午 10 时或下午 4 时左右,地点一般设在客厅或会议厅,内设茶几、座椅。

茶会以茶为主,有时也可以辅以点心或地方风味小吃,可以请客人一边品尝一边交谈。茶会不排座次,如果是为贵宾举行的活动,入座时应有意识地将主宾和主人安排坐在一起,其他人员可随意就座。茶会对茶叶的品种、沏茶的用水和水温以及茶具都颇有讲究。茶叶的选择要照顾到客人的喜好和习惯,茶具要选用陶瓷器皿,不要用玻璃杯,也不要用热水瓶代替茶壶。有外宾参加的茶会还可以准备咖啡和冷饮。

(四)工作餐

工作餐一般是单位为上班员工提供的带有福利性质的餐饮或开会等公务活动的用餐。工作餐是现代生活中经常采用的非正式宴请形式,其特点是简洁方便,员工可利用进餐的时间,边用餐边交谈。

工作餐是因工作所需的就餐,一般不带配偶和与工作无关的人员参加。进餐时一般不排座次,大家边吃边谈,形式较为灵活。如果是商务洽谈等双边正式工作进餐,往往要排座次。用餐时,要注意举止得体,文明进餐。

二、宴请礼仪

为使宴请活动取得圆满成功,宴请活动主办方要对宴请活动进行认真的组织和策划,并应践行相关礼仪。宴请活动主办方主要应注意以下几个方面的礼仪。

(一)准备工作

1. 确定宴请的目的

宴请可以是为某人举行的,也可以是为某事举行的,其目的也是多种多样的。例如,宴请的目的可以是庆祝节日、纪念日,也可以是迎送外宾,展览会开幕、闭幕等。举办宴会的目的一定要明确,师出无名的宴会往往会影响宴会举办的效果。

2. 确定宴请的范围

宴请的范围主要包括邀请哪些方面的人士出席,多少人数,什么级别,需要多少人出席作陪等因素。宴请的范围主要取决于宴请的性质、宾主的身份、双方的关系,以及邀请方的习惯做法等。多边活动要考虑相互关系,向对立国、对立方人士发出邀请和活动安排时一定要慎重。宴请的范围一经确定,就应草拟具体被邀请人员的名单,被邀请人员的姓名、职务、称呼等要准确,并适时向客人发出邀请。

3. 确定宴请的时间

宴请时间的选择会影响到宴会举办的效果。一般来说，宴请的时间应以宾主双方都合适的时间为准，尤其要照顾主要宾客的时间要求。按国际惯例，晚宴被认为是所有宴会形式中规格最高的。在安排宴请的时间时，要注意避开重要的节假日、重要的活动日、双方或一方的禁忌日。如果有西方人士参加，不要选 13 日，更不要选既是 13 日同时又是星期五的日子，因为这个日子被称为"黑色星期五"，是非常不吉利的。宴请的时间要与主宾商量，确定时间后再邀请其他宾客。

4. 确定宴请的地点

宴请的地点一般根据宴请的性质、规模、形式、主办方的意愿以及实际情况来确定。越是隆重的宴请，就越要讲究环境和条件，因为它体现了主人对宾客的礼遇。另外，在确定地点时还应注意交通的便利性。交通越便利，越适合宾客顺利达到。

5. 确定宴请的形式

宴请形式一般需要根据宴请的目的、宴请的名义以及宴请人员的范围来考虑；同时，还要视具体情况和本单位的习惯做法而定。一般来说，正式的、规格高的、人数少的以宴会的形式为宜，人数较多时则以招待会更为合适。

（二）发出邀请

1. 邀请的时间

宴请活动一般都需要向被邀请人发邀请，这既是出于礼貌，也是对被邀请人的提醒。邀请可以通过书面、口头、电话、网络等形式发出，其中以书面的请柬最为正式。组织方一般需提前一周左右发出邀请，以便被邀请人尽早做好时间上的安排和其他的准备工作。如果通知的时间太晚，容易给被邀请人带来不便。

2. 邀请的基本要求

发出邀请时，要将宴请活动的时间、地点、目的、邀请范围等表达清楚，重大的活动还要注明着装的要求及其他附加要求，同时，要准确地表达被邀请人的单位、姓名、职务等。需要安排座位的宴请活动，需要掌握准确的出席人数。这就要求被邀请人答复是否出席。组织方要在请柬上注明"请答复"字样。如果只需要不出席者答复，则注明"如不能出席请答复"字样，并注明电话号码以备联系。邀请发出后，也可以用电话询问对方能否出席，及时落实出席情况，以便调整、安排好席位。

(三)确定菜单

首先,确定宴请的菜单时应注意要在预算标准之内。其次,应考虑主宾的口味、喜好和禁忌,千万不能"客随主便",不能以主人的喜好为准。例如,不要以为中国人喜欢的菜肴或是国内的名贵菜肴也都适合外国人,像海参、动物内脏等,许多欧洲人都不喜欢。再次,确定菜单时还要考虑菜肴的荤素搭配、营养搭配和酒水搭配等,以满足不同客人的需要和喜好。最后,菜单确定后可印制出来,正式的宴会上,菜单至少每桌一份,也可以每人一份,以便大家用餐时心中有数、各取所需,还可留作纪念。

(四)安排席位

正式的宴会应该事先为每位宾客安排好桌次和座位,并且事先通知到每个人,以便使大家心中有数。也有的宴会只安排部分主要宾客的席位,其他宾客只排桌次或自由就座。

宴会座次排列的依据主要是国际惯例和本国的礼宾顺序,除此之外还应考虑客人之间的关系、身份地位、语言沟通、专业兴趣等因素。但是无论如何排列,都应把主宾夫妇和主人夫妇置于最为尊贵的位置。

在排列宴会的座次时主要应遵循以下原则。一是桌次高低以距离主桌位置远近而定,右高左低。二是同一桌上,席位高低以离主人远近而定,右高左低。中餐座次安排通常按照面门为上、以右为上、居中为上的原则(如图6-1所示)。具体的座次安排,国内外还有一些区别。我国习惯按职务排列,以便于谈话。如果宾主双方都有夫人出席,常常把夫人们排在一起,形成两个交流中心,一个是以男主人为主,一个是以女主人为主(如图6-2所示)。

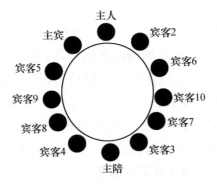

图6-1 宴请常规座次

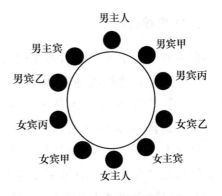

图6-2 国内有夫人出席时的宴会座次

国外的习惯是男女穿插就座,以女主人为准,男主宾在女主人右方,主宾夫人在男主人右方(如图6-3所示)。

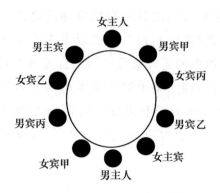

图6-3 国外有女主人出席时的宴会座次

为了保证全体赴宴者都能迅速找到自己的席位,一般应在请柬上注明桌次。组织方还可以在宴会现场悬挂桌次图,在每张餐桌上放置桌次牌、座次牌或姓名牌。宾客入场时,还可安排引领员引导其入座。

(五)布置现场

宴请成功与否,环境和气氛也是至关重要的影响因素。宴请环境一般应该是整洁、安静、优雅的,气氛应该是和谐、温馨、融洽的。只有在这样的环境和气氛中,宾客才能够心情愉悦、畅所欲言、乐于沟通,宴请活动才能取得更好的效果。

宴请现场的布置具体取决于宴请的性质和形式。官方的正式宴会布置一般以严肃、庄重、大方为宜,可以少量点缀鲜花以示独特的文化气息;同时,还要注意宴会厅色彩的搭配和灯光的调节。如果有席间音乐,乐声宜轻,以便使大家身心得到调节和放松。

(六)安排过程

宴请开始前主人一般需要在门口迎接客人。如果宴请的规格较高,还要由其他人员陪同主人排列成迎宾线,其位置宜在客人进门存放衣物以后、入休息厅之前。双方握手后,由工作人员将宾客引入休息室或直接引入宴会厅。有些国家官方的隆重场合,客人到达时,还设有专人负责唱名。休息室内应有相应身份的人员照料客人,并有服务人员提供饮料或者茶水。主宾到达后,由主人陪同进入休息室与其他客人见面。如果主要客人没有到齐,迎宾线不宜撤走。

主人陪同主宾进入宴会厅,全体客人就座,宴会即可开始。如果休息室较小,也可以请主桌以外的客人先入座,主桌人员最后入座。

一般宴会都安排讲话,但是讲话的时间不一致。有的主、宾双方一入席,即开始讲话。讲话的内容主要有宴会的目的、对主宾的介绍、对这次宴会的重视和祝愿等。有的宴会可在热菜之后,甜食之前,由主人先讲话,然后请客人讲话。宴会最后上水果,主人与主宾吃完水果后,宴会即告结束。此时主宾告辞,主人送至门口,待主宾离去后主人再与其他客人握手告别。

三、赴宴礼仪

赴宴礼仪主要是指赴宴者参加宴会的过程中应践行的礼仪规范。下面我们主要从准备工作、赴宴、宴会结束,以及意外情况的处理四个方面具体介绍。

(一)准备工作

1. 应邀

接到宴会的邀请是一种荣幸,能否出席都应尽早答复对方,以便主人做好安排。如果接受邀请,之后就不要随意变动,万一遇到特殊情况不能出席,应尽早向主人解释并道歉,甚至可以亲自登门表示歉意。应邀参加宴会之前,赴宴者应再次确认宴会举办的时间、地点,宴会的性质,是否需要携配偶参加,服饰方面有什么要求,是否需要带礼物等,以便提前做好准备。

2. 注意仪容仪表

出席正式的宴会,赴宴者要注意修饰个人的仪容仪表,应做到整洁、优雅。当参加涉外宴会或西餐宴会时,男士要穿正式的深色西服套装,女士应穿裙装或旗袍并化淡妆。宴会中赴宴者都应保持衣着干净、整齐。

3. 掌握好时间

赴宴时,抵达时间的早晚、逗留时间的长短,在一定程度上反映了赴宴者对主人的尊重。赴宴者抵达时间过早、迟到、早退或逗留时间过短等都被视为失礼;应该根据活动的性质和当地的习惯掌握好时间,最好是正点或提前几分钟到达。如提前到达可以在车上等待或在周围转一转。宴会结束时,主宾退席后,其他人员可陆续告辞。席间确有特殊事情需提前退席时,应向主人说明后悄悄离去,也可事前打好招呼适时离去。

(二)赴宴

到达宴会场所后,应先到衣帽间或指定地点脱下外套和帽子,然后前往迎宾处主动向主人问好,并根据活动内容向主人祝贺。参加庆祝活动,可按当地的风俗习惯和相互关系赠送花束或花篮,参加家宴也可酌情给女主人赠送鲜花以表谢意。

1. 文明就座

进入宴会厅之前,应先了解自己的桌次和座位,然后按指定的位置依次就座。入座前应先核对信息,以免坐错位置。若无明确排定,应遵从主人的安排入座,并注意与其他人谦让。一般情况下,其他宾客应于主人、主宾之后就座,或与大家一起就座。如果邻座是长者或女士,应主动为其拉开椅子,协助其坐下。

入座后姿势要端正,举止要文明。不可将手托腮或双肘放在桌上,脚应放在本人座椅下,不要架起"二郎腿",以免影响他人。不可玩弄桌上的酒杯、盘碗、刀叉、筷子等餐具。不要用餐巾擦餐具,以免让人认为餐具不洁。

2. 宴会中的交谈

举办宴会的主要目的在于社会交际,所以在宴会中可主动与他人交流。在用餐前后,尤其在餐前稍事等候时,可以主动与同桌人交谈,尤其是邻座的客人。如果是初次见面,可以先做自我介绍或互相交换名片。谈话时要注意对象和场合,不要一个人夸夸其谈,也不要一言不发。

3. 进餐

在宴会上宾客全部入座后,一般主人会招呼客人用餐。在中国一般是男主人提议就餐开始,在西方国家则多是女主人宣布就餐开始。

就餐过程中,取菜要适量,就餐要文明。正式宴会上,不应表示出对某些食物的厌恶,因为每道菜都是主办方精心准备的,接受美食意味着对主人或主办方的尊重。当遇到不能吃或不爱吃的菜时,可取少量放在盘里,不要露出难堪的表情。吃东西要文雅,嘴内有东西时不要说话。热汤不要用嘴吹,喝汤时不要吸,要注意自己的吃相。

在餐桌进餐时,要讲究卫生,不要吸烟。尽量不要咳嗽、吸鼻涕、打喷嚏,万一不能控制,也要用餐巾捂住口鼻,最好去卫生间处理,事后还应向周围的人道"对不起"。

各地有不同的餐饮习惯,例如,中餐有的地方吃鱼时,忌讳把鱼翻身。要尊重不同的风俗,餐桌上不要故意违反。

4. 宴会祝酒

正式宴会上,主人和主宾一般都要发表祝酒词。主人、主宾致祝酒词时,其他人应暂停进餐或停止交谈并注意倾听。主人和主宾讲完话与贵宾席人员碰杯后,会到其他桌敬酒,被敬酒时,各桌人员应起立举杯,碰杯时要目视对方致意。主桌未祝酒之前,其他桌的人不可先起立或串桌祝酒。客人不宜先于主人提议干杯,以免喧宾夺主。

祝酒时相互碰杯,可以表示友好,活跃宴会气氛,但是注意不要交叉碰杯。人多时可同时举杯示意,不必要与每个人碰杯。

敬酒、干杯时要有自知之明,切忌饮酒过量。在正式宴会上,一般要主动将饮酒量控制在本人酒量的 1/3 以内,切不可饮酒过多,以致失言失态、醉酒误事。

不会喝酒或不能饮酒时,要注意礼貌拒酒。可以提前声明或以饮料代酒,也可以倒入杯中少许酒不喝。不要当别人给自己斟酒时,乱推乱躲或将酒杯倒扣。

西餐宴会中的祝酒、干杯与中餐有很大不同。在西餐宴会上,祝酒、干杯讲究只用香槟酒,这时即使不会喝也要沾几滴。西方人一般只祝酒,不劝酒,只敬酒,不真正干杯,喝与不喝,喝多喝少随个人自便。

(三)宴会结束

宴会结束时,一般主宾会先向主人告辞,随后是其他来宾向主人告辞并表示谢意。告辞时,赴宴者可以感谢主人让自己度过了愉快的时光,如果宴席上有特别出色的菜肴,不妨也可赞美几句,但不可过溢,更不要探听宴席价格,以免使主人产生误解。作为应邀的赴宴者,告辞时也应该向服务人员表示感谢,感谢他们周到的服务。

从礼仪角度讲,宴会结束后赴宴者还可再给主人打个电话致谢,或者在一个星期以内发短信致谢,这样更能体现对主人的尊重和自身的修养。致谢时除感谢主人盛情款待之外,还可重温相聚的友谊,加深相互之间的良好印象,为今后的进一步交往或合作打好基础。

(四)意外情况的处理

宴会中发生意外情况时,要保持冷静、慎重的处理态度。餐具发出声音,可向邻座或主人说声"对不起";餐具落地后不能拿起来擦拭一下再用,应要求服务人员另送一副;酒水打翻在桌上,可用餐巾铺盖上;酒水打翻溅在邻座身上,应表示歉意并协助其擦干;如果对方是女士,过失方是男士,则只把干净的餐巾或手帕递给对方并道歉即可,由她自己擦干净。

另外,宴会上如果主人为每名出席者准备了小纪念品,可以在活动结束时带走,并对主人表示感谢。但是宴会上的招待品,如糖果、水果、香烟、其他食品等则不能带走。

第五节 馈赠礼仪

馈赠礼仪是人们在社交中为表示恭贺、感谢、慰问和友好而向对方赠予礼物的行为规范和准则。了解并践行恰当的馈赠礼仪，对增进友谊、促成合作有一定的作用。

一、选择礼品

恰当地选择和赠送礼品，可以向受赠者表达自己的友好、尊敬等情感，从而增进相互之间的感情和友谊。选择礼品时主要应注意以下几个方面的问题。

（一）礼品的意义

人们在选择礼品时，都是将其看作友情和敬意的物化，通过赠送礼品表达对对方的情谊和尊重。礼品如果能融进或体现送礼人的情感，就是最好的礼品，而且可以起到使受赠者睹物思人的效果。例如，将一双亲手制成的儿童毛衣送给亲友的孩子，将一本久购方得的书籍送给亲密的朋友等，会收到意想不到的效果。所以在选择礼品时，不能只着眼于礼品的价值，而应更注重礼品所代表的情感和心意。

（二）礼品的对象性

赠送礼品讲究因人而异，即所谓"宝剑赠侠士，红粉赠佳人"。第一，应根据双方之间的关系选择礼品。例如，许多国家认为红玫瑰是情人之间的礼物，表示爱情，把一支红玫瑰送给自己的夫人或者女朋友，可以表示浓浓的爱意。但是如果把它送给一位普通关系的异性朋友，就容易引起误会。第二，应根据对方的年龄、身份、兴趣爱好等选择礼品。第三，应根据馈赠目的选择礼品。例如，选择的礼品是用于迎客还是告别，是慰问还是祝贺等。

（三）礼品的便携性

礼品的便携性主要是指赠送的礼品要方便对方携带。对于远途的受赠者来说，特别要考虑礼品的材质、体积和重量。对于国际友人或年长者来说，不宜赠送过于沉重、形状过大的礼品。对于乘坐公共交通工具的人来说，不宜赠送公共交通工具禁止携带或不方便携带的礼品。

（四）礼品的地域性

礼品的地域性是指礼品的选择可以充分体现地方特色。在馈赠时，可以选择有地方特色的礼品。例如，东北的人参、鹿茸、黑木耳，山东的煎饼、泥老虎，景德镇的瓷器，北京的烤鸭等。这样既表达了对受赠者的情意，又增加了受赠者对本地域的了解，还能体现馈赠者的独特心意。

二、赠送礼品

选好的礼品如何赠送，成为影响礼品赠送效果的重要环节。恰当地赠送礼品更有利于表达馈赠者对受赠者的情谊，能进一步增进彼此之间的感情。赠送礼品应注意以下几个方面的礼仪。

（一）精心包装

赠送礼品除了讲究礼品本身的意义外，还应当注意礼品的包装。包装是礼品的外衣，精美的包装可以反映出馈赠者的情趣和心意，也可以引起受赠者的激动和喜悦。要根据礼品的性质和赠送的对象精心选择礼品的包装。例如，赠送儿童的礼品可以选择颜色鲜艳、外观新颖、有卡通图案的包装；给老人的礼品包装要简洁、方便，不宜太过鲜艳或花哨。

（二）赠送时机

赠送礼品讲究师出有名，这就涉及赠送时机的选择问题。赠送礼品的时机将直接影响赠送的效果。赠送礼品一般可以选择节假日，借节日的喜庆和寓意，向对方表示祝贺、慰问之情。如果双方约定相聚，在会面之初可以向对方赠送礼品，表示敬意。友人离别前如果赠送礼品，可在告别会上或临行前夜到对方下榻的宾馆，以方便受赠者整理安排礼物。

（三）赠送礼品的技巧

礼品最好当面赠送，这样做可以更好地介绍礼品和表达友谊。如果因某种原因本人不便当面赠送时，也可以委托他人赠送或者邮寄。这种情况下应附上一份礼笺，署上姓名并说明赠礼的缘由。

当面赠送礼品时，赠送者要神态自然、举止大方，双手把礼品送给受赠者；而不能显得手足无措，更忌讳把礼品悄悄放在一边，等走后再告诉对方，这是不恰当的行为。

赠送礼品时,要简短、热情、得体地加以说明,表明送礼的原因。例如,说一句"祝你生日快乐",再送上礼品就表明送的是生日礼物。有必要时,应对礼物做简短说明,避免因礼物的独特性而给受赠者正常使用带来困惑。

三、接受礼品

在社交活动中,当被他人赠送礼品时,受赠者也应注意接受礼品的礼仪,做到有礼、得体,以表示对赠送者的重视和尊敬。

(一)受赠礼仪

1. 大方地接受

在正常社交活动中,对他人诚心诚意赠送的礼品,只要不是违规的物品,最好的方式应该是大大方方、欣然接受。接受礼品时,受赠者要态度从容、恭敬有礼,并起身站立双手接受,然后向对方表示感谢。

2. 对礼物的欣赏

接过礼品后,受赠者可以当面打开,并表达对礼物的欣赏和谢意。启封礼品时,要注意举止文雅,有序打开,切记不要乱撕、乱扯、随手乱扔包装用品。开封后,赠送者还可以对礼品稍做介绍和说明,说明要恰到好处,不应过分炫耀。受赠者也可以表达接受礼品的喜悦心情,并向赠送者再次道谢,然后将礼品放置在适当之处。

(二)拒收有分寸

1. 当场婉言谢绝

由于某种原因不能接受他人赠送的礼品时,应当场拒收,最好不要接受后再退还。当场拒收时,要注意讲明原因的方式方法,态度要明朗,言语要委婉,要让对方理解拒收的合理性。拒收时,要给对方留有回旋余地,不要让对方产生误会和感到难堪。同时,还要对对方的心意表示感谢以及对不能接受礼物表示歉意。

2. 事后拒收处理

如果确实因为某种原因很难当场拒收,也可以采取收下后再退还的办法。退还礼品时,要明确委婉地讲明原因,同时要注意及时性,最好在24小时之内将礼品退还。退还礼品时,特别注意要"完璧归赵",即保持礼品的原样,切忌拆封后或试用之后再退还。

四、赠送礼品的禁忌

赠送不恰当的礼品是馈赠礼仪的最大禁忌。由于各国的历史、文化、风俗和习惯不同,人们对礼品的寓意和理解也不同。因此,赠送礼品应注意以下问题:

(一)不送有地域性的违禁礼品

赠送礼品时要注意由于地域、文化背景、风俗习惯、民族和宗教信仰等差异而形成的禁忌,选择礼品要自觉地、有意识地避开对方的禁忌,并注意礼品的品种、色彩、图案、形状、数目和包装等。例如,在欧洲参加舞会,绝不能给女主人送去一束鲜嫩的菊花;在我国绝不能把一台崭新的钟表送给老年人。因为这两种礼品在当地的文化背景下,都有不吉祥的寓意。

(二)不送有违个人禁忌的礼品

人们由于经历、兴趣和习惯不同,因此可能形成个人习惯上的禁忌。选择礼品时也要注意了解受赠者的个人忌讳。例如,向一位丈夫刚刚去世的女士赠送情侣礼品,一定会勾起其满怀的悲伤;向独身者或者无子女的家庭赠送儿童用品等都是不合适的。

(三)不送违法违规的礼品

赠送礼品应遵守国家的有关规定,不能赠送违法违规的礼品。例如,不能将涉黄、涉毒、易燃易爆的物品作为礼品送人。同时,还要注意赠送礼品价值的限度。例如,若赠送的礼品价值过高,对方是位高权重的人或公务员,那么就会有行贿之嫌。

(四)不送带有广告寓意的礼品

在社交活动中,一般不宜赠送带有明显广告信息的礼品,这样不仅有让对方做宣传的嫌疑和压力,还会降低礼品的价值,往往使对方放弃使用。如果是为了宣传和扩大单位的影响,在公务交往中可以适度赠送带有宣传寓意的礼品。

(五)不赠送过分贵重的礼品

俗语说:"礼轻情义重。"在社交活动中,赠送礼品是为了联络感情、表达敬意。而过分贵重的礼品,往往会给受赠者带来心理压力,甚至会使其感到赠送者另有所图。所以,赠送者在选择礼品时,要注重礼品所代表的情意,而不是礼品的经济价值。

五、送花礼仪

在社交活动中,向宾客送花是常见的礼节。在日常应酬中,送花也已经成为一种时尚。

送花可以有多种形式,例如,可以送花束、花篮,也可以送盆花、花环。送花时宜送鲜花,尽量不要用干花送人。送花一定要讲究技巧、合乎礼仪。

一般情况下迎接亲友时可选紫藤、月季、马蹄莲组成花束,表示热情好客。祝贺开业时可选红月季、牡丹、一品红等,表示开业大吉、生意兴隆。祝贺乔迁时可送稳重高贵的花木,如剑兰、玫瑰、盆栽、盆景,表示平安幸福。办丧事时适合用白玫瑰、白莲花、白菊、黄菊,象征惋惜怀念之情。探望病人可选素净淡雅的马蹄莲、剑兰、康乃馨,寓意早日康复。送别朋友可送一束芍药花,表示依依惜别之情。

恋人相会时,可以送玫瑰花,表示爱情;送蔷薇花,表示热恋;送丁香花,表示对爱情的坚贞不渝。参加婚礼或者看望新婚夫妻时,送海棠花,表示祝君新婚快乐;送并蒂莲,表示祝愿夫妻恩爱、白头偕老;送月季花,表示甜蜜爱情永不衰。

在休闲场合,赠送鲜花更注重的是鲜花代表的情意。例如,看望父母时可选剑兰花、康乃馨、百合花、满天星,可扎成花篮或花束,表示祝父母百年好合、幸福美满。祝长辈华诞之时可选送长寿花、大丽花、迎春花、兰花、万年青、龟背竹、鹤望兰、寿星橘、寿星桃等,寓意"福如东海,寿比南山",表示祝贺老人健康长寿。祝贺同辈生日时可选石榴花、象牙花、红月季等,含有青春永驻、前程似锦的祝愿。

节假日送花已经成为非常普遍的现象。新春佳节时可选送大丽花、牡丹花、水仙花、桃花、吉庆果、金橘、状元红等,以表示吉祥。

每年5月的第二个星期日是母亲节,人们通常以大朵粉色的香石竹作为母亲节用花。同时,康乃馨也是不错的选择。凌霄花寓意慈母之爱,人们经常将其与冬青、樱草放在一起,结成花束赠送给母亲,表达对母亲的热爱之情。每年6月的第三个星期日是父亲节,这一天人们通常将黄色的玫瑰花作为礼物送给父亲。在有些国家,人们把黄色视为男性的颜色。

准备送花时,赠送者应先了解交往对象的风俗习惯和对花的寓意的理解,以免出现失误或更严重的后果。我们可以从花的品种、色彩、数量三个方面注意送花的禁忌。

1. 花的品种

同一种鲜花在不同国家和地区寓意不同甚至相反。例如,中国人喜欢荷花,是因为其"出淤泥而不染,濯清涟而不妖",但日本人忌荷花,他们认为荷花同死亡相连,所以不要送荷花给日本人。

2. 花的色彩

不同国家和民族对鲜花的色彩也有不同的理解。例如,中国人喜欢红色,寓意大吉大利、喜庆吉祥。西方人喜欢白色,寓意纯洁美丽。如果把红色花送给西方人,则有向对方倾诉爱意之嫌。西方人送花时,常用多种颜色的鲜花组成花束,很少送清一色的红色或黄色的花。

3. 花的数量

送花的数量,在不同的国家和民族也有不同的讲究。例如,在中国,参加喜庆活动,送花时往往要送双数,意味着"好事成双";而在丧葬仪式上则应送单数,以避免"祸不单行"。在西方国家,送人鲜花要送单数。因为他们认为,自然的美是不对称的,花是自然的一部分,选择偶数的花缺乏审美感和鉴赏力。所以与他们交往,送花时数量为一、三、五、七等都可以。但是他们忌讳数字 13,认为 13 是不吉利的,送花时,无论是枝数还是朵数都不宜是 13。日本人和韩国人认为数字 4 不吉利,日本人还忌讳数字 9,他们认为送给他们 9 枝花,有视其为强盗之意。

总之,赠送花卉已成为今天人们交往中深受欢迎的一种馈赠形式,鲜花也已经成为赠送他人的常见礼品。了解并恰当践行送花礼仪,在社交活动中可以起到加分的效果。

 案例分析

元旦放假后,李阳准备到北京的好友王明家拜访。在当天的上午七点到达北京后,李阳就打电话联系王明,说要去拜访他。王明原计划元旦期间带孩子出游,因为李阳突然到访,计划临时取消。到王明家以后,李阳并未说明离开的时间,晚饭后就直接留宿在王明家。王明的爱人显得有些不高兴,吃完晚饭收拾完毕就回卧室了,再也没有出来,只有王明一个人陪着李阳。睡觉前,李阳才想起给王明家人带的礼物,其中给王明带了一个剃须刀,给王明的爱人带了一条金项链,给王明的孩子买了一个最新款的游戏机。第二天正赶上王明的朋友聚会,李阳也跟着去了。大家在一起聊天的时候,聊到全国各地男人的特点这个话题。有人说:"东北男人好,豪爽、大方。"李阳就接起话茬说:"对。大家知道上海男人什么特点吗?我总结了一下,就是小气、怕老婆。"然后,

李阳就问身边一位男士："哥们儿,你是哪里人?"这位男士说:"我是上海人。"李阳感到特别尴尬。聚会结束后,大家又一起参加了一个舞会。舞会上,李阳多次邀请女士跳舞,有一位女士第一次就拒绝了李阳,因为面子问题,李阳又多次邀请那位女士,但仍被拒绝,最后他愤愤地离开了舞会。

请结合社交礼仪的知识指出李阳有哪些失礼的言行,并说明怎样做才是恰当的。

本章小结

1. 社交礼仪是指在社交活动中,人们在互通信息、交流思想、建立友谊以达到继续交往目的时,应该共同遵守的行为规范和准则。

2. 拜访是指前往他人的工作单位或住所,去会晤、探望对方。拜访是双向性的活动,在拜访中,作为访问、做客的一方称为客人或来宾,作为待客、接待的一方称为主人。只有主客双方都遵守相关礼仪规范,拜访活动才能顺利进行并达到理想的效果。

3. 聚会是一种经常性的、极为普遍的社交形式。由于其形式多种多样、内容丰富灵活,参与者可以广泛地交流信息、拓展社交范围,因此深受大家的喜爱。

4. 在各式各样的社交活动中,舞会是比较大众化并非常受欢迎的一种社交方式。参加舞会时,应容貌整洁、服饰得体、掌握时间、注意修养。

5. 出席晚会主要是观看文艺演出或体育表演。出席晚会时,应服装得体、提前入场、对号入座、遵守秩序、尊重演员。

6. 宴请可增强沟通、广交朋友。为使宴请活动取得圆满成功,宴请活动主办方要对宴请活动进行认真的组织和策划,并应践行相关礼仪。

7. 馈赠礼仪是人们在社交中为表示恭贺、感谢、慰问和友好而向对方赠予礼物的行为规范和准则。了解并践行恰当的馈赠礼仪,对增进友谊、促成合作有一定的作用。

复习思考题

1. 社交礼仪的含义是什么?社交礼仪具有哪些特点?
2. 践行社交礼仪一般应遵循哪些基本原则?
3. 简述社交礼仪中的待客礼仪。
4. 结合实际,试述做客的礼仪规范。

5. 简述参加舞会的礼仪要求。
6. 简述宴请礼仪的主要内容。
7. 选择赠送礼品时应注意哪些问题?
8. 在社交活动中,送花时应注意哪些基本问题?

第七章 职场礼仪

本章提要

职场礼仪不仅关系到个人和单位的良好形象,也关系到个人的职业生涯和发展前程。本章从职场礼仪的含义及特点、职场礼仪的作用、职场礼仪的基本的法则、职场常规礼仪、职场日常工作礼仪等方面介绍了职场礼仪的具体内容和行为规范。

本章学习目标

1. 了解现代职场礼仪的含义和特点;
2. 掌握职场的着装礼仪、举止礼仪和言谈礼仪等常规礼仪规范;
3. 掌握职场的人际关系礼仪、环境礼仪、沟通礼仪、接待礼仪和通信礼仪等规范。

第一节 职场礼仪概述

职场指人们工作、任职的场所。在职场,践行职场礼仪有助于完善和维护个人和单位的职业形象,有利于工作的顺利开展和事业的不断拓展。

一、职场礼仪的含义及特点

(一)职场礼仪的含义

职场礼仪是人们在职场开展工作、开创事业应遵守的言行规范和准则。职场礼仪可以有效地展现个人的教养、风度、气质和能力,还可以展示一个单位的文明水平和文化内涵。

1. 职场礼仪是提升个人综合素质的必要途径

职场礼仪要求个人在仪容仪表、言谈举止、上下级沟通、与他人交往以及工作效率等方面都遵守一定的规范。这些规范每天都在潜移默化地影响着个人的行为,成为经常性的约束和调整人们行为举止的日常标准,进而成为提升个人综合素质的必要途径。

2. 职场礼仪是单位礼仪文化的显著标志

职场礼仪是单位精神风貌的展现,也是单位文明理念和礼仪文化的标志。职场礼仪使人们在礼仪文化的氛围中受到熏陶,进而增强个人为单位发展做贡献的群体意识。这种群体意识体现了单位礼仪文化的整体风貌,也是塑造和建设本单位礼仪文化的内在动力。职场礼仪越规范,单位的礼仪文化建设就越完善。

3. 职场礼仪是社会精神文明的重要组成部分

精神文明是人们在改造客观世界的过程中,在主观世界方面所取得的进步成果,主要表现在教育、科学、文化知识的发达和人们思想、政治、道德水平的提高等方面。社会主义精神文明为现代化建设创造了良好的、稳定的社会环境和社会秩序。职场礼仪可以规范职场人的言行举止,有助于形成团结、互助、平等、友爱的人际关系,进而提升单位乃至社会的文明水平,展现社会精神文明建设的深刻内涵。

(二) 职场礼仪的特点

职场礼仪主要具有以下特点。

1. 强调同事之间的平等

平等性是职场礼仪的一个重要特点。在职场,同事之间是平等的、相互合作的关系。特别是在人格和尊严方面大家没有贵贱之分,只有职位的高低和分工的不同。因此,无论是对待上司,还是对待同事或下属,都要一视同仁,应给予同等程度的礼遇,不应以对方的身份、地位、职务及关系亲疏远近而区别对待。

2. 强调对他人的尊重

在职场,人际交往要坚持相互尊重的原则。对待上司要尊重,有事多请示;对同事要尊重,密切合作关系;对下属要尊重,加强团队精神。总之,要尊重他人的人格和劳动,不妨碍或损害他人的利益。只有人与人之间彼此尊重,才能保持和谐、愉快的人际关系,才能形成良好的工作氛围。

3. 强调守信用

守信用是职场礼仪的重要特点,也是个人高尚品格的体现。在职场要守信用,说过的话和承诺的事情一定要按约完成。对于没有把握的事情,不能轻易承诺他人,否则有可能会失信于人。只有说到做到的人,才能让他人感受到其诚实的美德,才能取得他人的信任。在职场做到守信用才更容易形成良好的信誉和融洽的人际关系,进而形成良好的职场风气。

4. 强调人际关系的和谐

职场的人际关系主要包括个人与同事的关系、与同行的关系以及与客户的关系等。职场中的人际关系多而繁杂,想要处理好每一种关系,就要求个人能掌握好人际关系的处理原则和技巧。职场礼仪强调人际关系的和谐,身处职场的人可通过践行职场礼仪,理顺人际关系,进而构建和谐的职场人际关系。

二、职场礼仪的作用

职场礼仪对个人及单位的发展都有重要的作用。在复杂的职场关系中,掌握职场礼仪的规则和技巧,有助于建立更多的信任、尊重、友好合作的关系,推进工作单位的文明和进步。

(一)优化办公环境

在职场,个人与工作环境的协调要以"礼仪"作为桥梁,职场人如果都能讲礼仪、懂礼貌,言行举止都能遵循一定的标准,充分展示个人的礼仪素养,自律自信,宽容大度,就容易形成融洽的工作氛围、良好的职场风气,进而构建和谐的工作环境。

(二)提高个人的综合素质

职场礼仪直接约束着个人的言行举止,有助于提升单位的整体礼仪素养。同时,职场礼仪还有助于培养人们具有宽容、谦让、认真、守信的工作态度和端庄、友好、礼貌、文明的行为,从而提高个人的综合素质。

(三)促进事业顺利发展

良好的工作环境和和谐的人际关系,能充分调动和发挥个体的主动性、积极性、创造性,使各方面的工作得到顺利开展,推动工作目标的实现,进而促进事业更快更好发展。可见,践行职场礼仪,可以为事业的成功和拓展奠定坚实的基础。

三、职场礼仪的基本法则

白金法则和"三A"法则是职场礼仪的两个基本法则,掌握这两个法则将有利于提升个人在职场中的影响力,促进职场人际关系的和谐。

（一）白金法则

白金法则的内容就是别人希望你怎么对待他,你就怎么对待他。其本质是以交往对象为中心,满足交往对象的合理、合法需求。白金法则有三个要点:一是行为合法,不能对方要什么给什么,做人、做事都要有底线,要符合法律法规的要求;二是应以交往对方为中心,对方需要什么我们就尽量满足他什么;三是对方的需要是基本的标准,而不是你想干什么就干什么。白金法则在职场人际关系的拓展和维护中起着非常重要的作用。

（二）"三 A"法则

"三 A"法则也是职场人待人处世的基本法则。"三 A"法则有三个方面:一是"Accept",接受对方,就是要有宽容意识,容纳双方的差异和对方的缺点;二是"Appreciate",重视对方,就是关注对方、欣赏对方,善于发现对方的优点,学习对方的优点;三是"Admire",赞美对方,就是肯定对方、称赞对方,就是要肯定对方的优点,并给予高度的赞誉。在职场中,"三 A"法则在协调人际关系方面发挥着重要作用。

第二节　职场常规礼仪

职场常规礼仪是人们在职场中普遍遵循的礼仪规范,对个人的形象和事业发展有重要的作用,对规范单位服务和提升单位形象也有着重要意义。

一、着装礼仪

就工作单位而言,员工的着装与服饰,反映着员工的精神面貌及企业的活力与生机。就员工个人而言,着装与服饰是否得体,则直接反映了个人的文化修养、审美意识和对事业的责任感等。下面,我们从着装的整体要求、着装的具体要求和着装的禁忌三个方面介绍职场着装礼仪。

（一）着装的整体要求

职场着装的整体要求就是得体、整洁。所谓得体,是指在职场中,服装的选择要与职位、年龄、性别、体型等因素相适合;所谓整洁,是指着装不允许有污渍、汗

味、残破、褶皱等,要经常换洗、经常熨烫,保持服装洁净、整齐。在职场,要时刻注意着装的整体要求,给自己一分信心,给别人一个好的印象。

(二)着装的具体要求

个人的具体着装在工作中发挥着重要的作用,它体现着个人的精神面貌和工作态度。着装的具体要求是指在不同的工作场合,人们为了顺利开展工作而选择服装的具体标准。工作场合不同,着装的要求也不同。

1. 统一的工作服装

统一的工作服装是单位根据工作性质和工作需要设计的,体现工作者身份,方便安全开展工作的服装。它不仅有助于体现职工的整体形象,而且有助于增强职工的责任感、荣誉感和工作热情。单位有工作服装的,员工应按照规定正确穿着工作服装。但是,工作服装只适合在工作岗位上穿着,下班后应换上便装,尤其是公职人员。此外,服务性行业的职员还应注意:不能穿着工作服装随意进出公共场所。例如,餐饮类单位的工作人员,特别是厨师,不能穿着工作服进出公共厕所,这样不仅会令顾客对餐厅的印象大打折扣,也是不符合食品卫生规范的行为。

2. 常规服装

如果没有统一的工作服装,在职场,男性应以正装为首选,女性应当以大方得体的职业套装为首选。

(1) 男士的着装。男士在职场着装要规范,穿戴要得体。也就是说,男士要穿着合乎职业和职位准则、符合职场要求,符合自己所在岗位特点的服装,让服装展现出个人的职业形象。现在不少单位规定,男士上班要穿正装、打领带、穿皮鞋。

(2) 女士的着装。女士在职场的着装要端庄、得体、大方。在职场,女士的着装一般应以正装为主,如套装和套裙等。在颜色的选择上,应以单色为宜,图案以小花为宜。即使在特殊的工作场合,女士的着装也不能随心所欲,也要遵循职场的着装礼仪。得体的着装与佩饰,会给人以精明能干和可信赖的感觉。

(三)着装禁忌

职场着装不得体,就会出现许多令人尴尬的结果,甚至会影响个人的形象和工作效果。职场着装应注意以下几个问题。

第一,不能过分杂乱,工作期间,不论男女都不能穿太富有个性的衣服,要按照职场礼仪要求着装。第二,职场人员应当坚持着装的"三色原则",不宜穿颜色过于艳丽,图案过于张扬的衣服。第三,不能穿"露、透、紧"的服装,职场女性尤其要注意这一点,男性不要穿背心、拖鞋,因为这不仅有损个人形象,也有损社会风尚和文明。

二、举止礼仪

在职场,举止不仅展示个人的思想、情感以及对外界的反应,而且还体现着所在单位的整体礼仪素养和文明水平。

(一) 站姿

在职场,站姿是经常使用的一种姿势。站姿是否合乎礼仪规范会直接影响员工的个人职业形象和单位形象。在职场,站立时应做到头端、肩平、挺胸、收腹、身正、腿直,双手自然下垂或体前相搭。常规的礼仪规范中,男女各有三种基本站姿(详见本书第二章第二节),站累了可以互相调节。

(二) 坐姿

职场的很多场合,比如办公、开会、接待和谈判等,都会用到坐姿。坐姿的基本要求是端正、文雅、自然。入座时要轻;入座后要注意保持端庄的姿态;离座时要轻起。常规礼仪规范中,女性主要有五种坐姿,男性主要有三种坐姿(详见本书第二章第二节)。职场中,大家可以根据不同的场合选择得体的坐姿,也可以恰当转换。

(三) 走姿

在职场,人们的行走姿态也应符合一定的礼仪要求。标准的行走姿态为,身体挺直、跨步均匀、抬头挺胸、步伐稳健,要体现成熟、稳重、自信的精神状态(详见本书第二章第二节)。特别要注意的是,在职场,行走时要步幅适中、动作轻盈、从容不迫;不要奔跑,脚底不要蹭地面,拐弯处要放慢速度。

(四) 进出房间

在职场,办公室是重要的工作和沟通场所。不管是到其他同事办公室,还是到领导办公室,都应注意进出房间的相关礼仪。当去别人办公室时,不论房门是开还是关,都不可贸然进入,应当用食指关节轻轻叩门,得到允许后再进入。出入办公室后,要轻轻地把门关上。按照常规礼仪的要求,离开他人办公室时,不宜直接转身,而应轻轻后退几步再离开。

(五)手持文件

在职场,手持文件也有相应的礼仪规范。基本要求是:用左手持文件,放在胸部左侧,右手可以自然放松,到达目的地时可以用右手或双手递送文件。需要注意的是:不要双臂交叉将文件抱在胸前,更不要将文件挟在腋下,这是不符合职场礼仪规范的。

(六)见面礼仪

职场中的见面礼仪主要有问候礼、握手礼、鞠躬礼、致意礼等。

见面互相问好、打招呼,是职场中不可缺少的一个重要的礼仪环节。问候的态度应主动热情、真诚敬重,问候时还应面含笑意、语言简洁。普遍性的问候语有:您好、早上好、早安、中午好、下午好等。

握手是职场中人们见面时的常用礼仪,也是使用最普遍的礼仪。行握手礼时,要注意尊者居前、力度适中,3秒左右为宜。

鞠躬是人们在职场交往中表示对他人尊重、恭敬而使用的礼仪。需要注意的是:鞠躬时要距受礼者2米左右,面带微笑,目视对方,角度适中。

致意是在职场中,人们不需要做言语表达,而用动作表意的一种礼仪。致意主要包括点头、摆手等。致意时应面带微笑、态度真诚,一般应是尊者先受礼。

三、言谈礼仪

言谈是职场人际交往的一个重要环节,恰当得体的言谈能有效地融洽人际关系,提高工作效率,形成文明和谐的职场氛围。

(一)语言规范

在职场,言谈交流要注意语言规范。一方面,要熟练地掌握和使用谦语、敬语,做到称谓准确、读音准确;另一方面,要语速适中、音量适度、吐字清晰。注意不要说脏话,不说禁忌语,不随便开玩笑。

(二)态度真诚

在职场交谈中,说话态度要亲切谦和,要以诚相见,精力集中,并认真对待交谈的主题,适当的情况下可委婉地表达不同的意见。同时,要平等待人,重视对方,认真倾听,别人在讲话时,不要随意打断。确实需要打断时,应先征得对方的同意并表示歉意,插话不宜太多。

（三）表达流畅

在职场与他人沟通时,内容要简单、有条理,表达时要思路清晰、言简意赅、语言流畅。烦言不要、要言不烦是职场言谈礼仪的一条重要原则。切忌没话找话、信口开河、重复废话、啰里啰唆等。

（四）注意互动

在职场,不管是和同事交谈,还是和客户交谈,都要注意言语、情感的互动和交流。在互动和交流中,既要坦诚地表达自己的观点,注意观察对方对此事的兴趣和反应,也要认真地倾听对方的意见,注意对方观点与自己想法的相同点和不同点。在讨论中,要善于捕捉双方相契合的点,这样才能产生共鸣、达成共识。对有分歧的地方,要有策略地进行分析,引导对方充分参与讨论,并且要换位思考、相互谅解。双方在持续的讨论中互相磨合,才能逐步解决分歧。

第三节　职场日常工作礼仪

职场日常工作礼仪是职场礼仪的重要组成部分,主要包括职场人际关系礼仪、职场环境礼仪、职场沟通礼仪、职场接待礼仪和职场通信礼仪。

一、职场人际关系礼仪

良好的人际关系是顺利开展工作的必要条件。在工作场所,需要处理的人际关系包括与上级的关系、与同事的关系和与下级的关系等。

（一）与上级的关系

上级往往是自己工作的安排者和指导者,与上级关系的好坏将直接影响个人的工作能否顺利开展。在处理与上级的关系时,要时刻保持谨慎、细心、尊敬的态度。

1. 明确角色

无论是在工作中,还是在日常的交往中,都要明确与上级之间的关系是领导与被领导的关系,要时时刻刻对自己的行为有所约束。在取得上级的信任后,不要忘乎所以,应该更加谦虚谨慎,努力做好本职工作。也要注意自己与上级之间的界线,言辞要注意礼貌,表达要注意技巧,尽力为领导分忧。总之,在处理同上级之间的关系时,一定要明确角色,谨慎行事,不能越位。

2. 尽职尽责

在职场,要尽职尽责地做好自己的本职工作。这就要求:一方面要保质保量地完成自己的工作任务,并保持与时俱进,不断探索本职工作领域的前沿问题,不断学习与本职工作有关的新思路、新方法、新理念;另一方面,还要全力配合上级的工作,认真完成上级交代的各项任务,并及时向上级请示和汇报工作,以便上级心中有数和得到上级的及时指导,进而更加出色地完成工作任务。

3. 了解上级

在职场,加深对上级的了解是处理好相互关系、顺利开展工作的重要因素。大家可以在请示和汇报工作时多与上级交流、沟通,也可以通过自己卓越的工作成绩引起上级的关注和重视,拉近彼此之间的关系,尽快地熟悉上级、了解上级。这样就可以准确掌握上级的工作风格和方法,有效地配合上级的工作,使自己的工作卓有成效。

4. 合理建议

"金无足赤,人无完人",上级也有说错话、办错事的时候。对待上级的失误,不能采取见而不问、听之任之的消极态度;应出于公心,敢于提出善意的意见和建议。但是要注意选择适当的场合,利用适当的时机,采取适当的方式,并要因人而异,努力实现既能达到目的,又不会让上级尴尬或恼怒的效果。

5. 汇报工作

汇报工作是职场工作的必要环节。汇报工作前,应和上级约定好汇报的内容、时间、地点等,并认真做好准备;汇报工作时,要遵守时间,实事求是地客观陈述汇报内容,注意表达要准确,语言要简练,汇报时间不宜过长;汇报结束后,要谦虚地表达自己今后还要再接再厉开展工作的意向,并希望能得到上级的及时指导。

(二) 与同事的关系

同事之间工作各有分工,同时又需要互相配合和协作,要有团队精神。处理好与同事之间的关系,对于个人和集体都是十分必要的。

1. 平等相处

在职场交往中,平等相处是处理人际关系的基本原则。同事之间不管职位高低,人格都是平等的;不管经济状况如何,都应该一视同仁;不管能力大小,都应该公平竞争。所以,在职场同事间相处,强调能力互补、取长补短、互相理解、相互配合,这样,大家才能出色地完成每项工作任务,既体现个人的工作能力和状态,也能显示出团队合作的优势。

2. 相互支持

同事之间在开展工作的过程中,要团结友好、真诚互助、相互支持,这是处理好职场中同事关系的基本准则。因为只有这样,才能让每个人感受到彼此的真诚和团结协作的力量,从而更好地融入集体,进而营造更加和谐的工作氛围和融洽的人际关系。和谐的工作氛围和融洽的人际关系既能充分调动每个人的积极性和创造性,也能充分展示出团队同心协力的精神风貌。

3. 交友有度

在职场,共同的职业理想把大家凝聚在一起,这是同事之间建立友谊的基础。同事之间交友往来应当真诚、友善,还要遵循适度的原则。职场交友要避免两种情况:一是对同事漠不关心,无论他们取得成绩还是遇到困难,都觉得与自己无关,采取不理不睬的冷漠态度;二是与同事盲目地称兄道弟,沾染社会上的哥们义气,甚至无原则地迁就,没有是非善恶之分。对于工作中产生的分歧和矛盾,同事之间一定要相互谦让和宽容,要学会理解对方的难处,尊重对方的隐私。这样才能形成和谐、互助的同事关系。

4. 分享快乐

现代职场,除了紧张的工作以外,大家也要适当地放松身心。在工作之余,大家可以发展多种兴趣爱好,充分发挥个人特长,多参加丰富多彩的休闲活动。也可以寻找与同事相近的爱好和乐趣,大家一起行动,增加彼此间的了解与亲密情感。这样不仅可以从中获得更多的快乐和轻松,缓解工作压力,而且有助于培养和谐的同事关系,促进工作上的友好合作。

(三)与下级的关系

处理好与下级的关系也是职场人际关系的重要内容。在职场,如果没有下级的尊重和支持,工作就失去了群众基础,个人和单位的发展都会困难重重。

1. 尊重下级

在职场,大家的地位和职务有高低,但人格都是平等的,对上级来说,尊重下级尤其显得重要。下级承担了许多具体的工作,经常需要克服许多具体的困难。单位的许多业绩和成果都来源于他们的辛勤付出。尊重下级就是尊重他们的劳动,认可他们的努力付出,肯定他们的工作成果。尊重下级可以激发他们更大的工作积极性,使他们更加热爱本职工作,更加配合和支持上级的工作。职场中工作能良性循环的重要原因就是领导对下级的尊重。

2. 深入下级

在职场,上级要经常深入群众,倾听下级的心声,了解他们的诉求,体谅他们的困难,帮助他们排忧解难。在合适的场合,上级可以采取公开调研、集体座谈、个别交流等多种方式深入下级,全面了解他们的真实情况,以制定符合单位实际、解决大家需求的措施。这样既可以提高领导的群众威信,又可以融洽上下级关系,进而使工作更加有效的开展。

3. 爱护下级

上级应认识到下级的重要作用,要明白无论是工作的开展、任务的完成,还是成绩的取得,都离不开下级的努力和支持。所以,上级应该爱护下级,对下级的成绩要及时地给予肯定,对他们的进步要及时给予鼓励,对他们的合理要求要及时给予满足,对他们的困难要及时给予帮助,对他们的思想困惑要及时给予引导。同时,上级还要耐心帮助下级改正缺点,及时纠正他们的失误、失礼行为,也要心胸开阔,爱护宽容下级。这样做可以进一步激发下级的工作积极性,更好地发挥他们的才干。

二、职场环境礼仪

整洁、明亮、舒适的职场环境,会使员工心情舒畅、充满活力,表现出积极的情绪,达到更好的工作状态,取得更高的工作成效。下面我们主要从职场办公环境礼仪和职场心理环境礼仪两个方面介绍职场环境礼仪。

(一)职场办公环境礼仪

办公环境的好坏不仅影响员工的工作情绪,也是职场办公条件状况的直接展示。

1. 保持干净整齐

干净整洁是办公环境最直接的显现。办公设施要摆放得当,不能妨碍其他同事工作,也不能占据公共区域;办公设施要整洁,要经常做保洁,办公区域要整洁有序、无污物、无灰尘。办公桌上只摆放正在进行的工作资料,不易放置私人物品,更不能摆放食物等。下班后,桌面上的文件和资料应该摆放整齐或收放在抽屉或文件柜中。

2. 正确使用计算机

在职场,要注意正确使用和保管计算机。一方面,计算机的键盘、显示器等应擦拭干净;另一方面,保证计算机使用的安全,不要在计算机系统上安装与工作无关的软件;工作时间不要用计算机玩游戏或上网查看与办公无关的信息;为了办公资料的安全,计算机要定期杀毒;下班时,要及时关闭计算机。

3. 保持办公电话通畅

办公电话是工作沟通的重要工具,要保持通畅。一般情况下,办私事不要使用办公电话。在用办公电话通话时应就事论事,长话短说,无关的话不说。

(二)职场心理环境礼仪

职场心理环境是指员工在职场工作时,受职场办公环境影响所形成的精神状态和心理状况。职场心理环境的优化不仅有利于提高工作效率,更有利于提升工作人员的综合素质。

1. 提高心理健康水平

在职场,干净整洁的办公环境、融洽、友好的工作氛围,有助于员工用健康的思维方式和饱满的精神状态投入工作。此外,身处职场的人们也应树立正确的人生观、价值观,始终保持开阔的心胸,充分认识自己,热爱生活,积极交友,勤于思考,提高心理冲突和挫折的应对能力;要善于与他人交流思想,同事之间互相学习,互帮互助,不断提高心理健康水平。

2. 选择适当的心理调节方式

当在工作中遇到困难或挫折时,人们常常会出现心理问题甚至心理障碍。这时就需要进行心理调适,人们都应该学习和掌握一些调节与控制消极情绪的技巧与方法。此外,领导应该主动关心员工,了解他们的处境和心情,在工作之余可以多组织一些文娱、体育活动,这样既可以丰富员工的生活,又有助于员工运用积极方式排解不良情绪。有条件的单位还可以建立员工心理档案,邀请心理专家定期为员工提供心理咨询服务,及时疏导员工的心理问题。这样可以防微杜渐,避免严重心理障碍的产生,使工作人员能够保持健康、积极向上的心理状态。

三、职场沟通礼仪

掌握职场沟通礼仪的规范与技巧,是立足职场、获得成功的重要前提。正确践行职场沟通礼仪,不仅有利于营造融洽的工作氛围,还有利于提高工作效率。

(一)自我管理是有效职场沟通的基础

自我管理是指个体对自己本身,对自己的目标、思想、心理和行为等进行的管理。良好的自我管理是实现有效职场沟通的基础。自我管理应该从认识自我、约束自我开始,具体可以从自己的仪容仪表、言谈举止、心理情绪、工作效率等入手。自我管理注重自我教育、自我控制。在职场个体要通过自我管理来提升个人的工作责任心和自觉性,提高自己适应工作环境的能力,要善于进行职场沟通,从而建立和谐的职场人际关系,提高工作效率。

(二)得体的语言是职场沟通的关键

得体的语言在沟通中能起到非常关键的作用。在职场与人进行语言交流时,一方面,应注意环境、注意交流对象的身份,以及应把握尺度;另一方面,要考虑对方的理解、接受程度等,尽力做到表达的恰当得体。这是影响职场沟通效果的重要因素,身处职场的人们应不断学习和掌握一些语言表达的技巧,增强自信,多加练习和实践,这样才能提升个人的职场沟通能力。

(三)微笑是职场沟通的技巧

微笑是一种极具感染力的交际"语言",是世界上最通用的"社交通行证",它体现了人类最真诚的相互尊重与亲近。在工作中,真诚友善的微笑不但能表达对对方的亲和、友善和尊重,很快缩短双方之间的心理距离,还能使深入的沟通与交流拥有良好的开端。此外,相见时的微笑,可表达对对方的欢迎或接纳;离别时的微笑,可表达对对方的肯定或赏识。所以,不要吝啬你的微笑,因为它是职场人际关系与心理沟通中最简单、最有效果的沟通技巧。

(四)倾听是职场沟通的重要环节

在职场沟通中,倾听表示对他人的尊重和对谈话主题的关注。认真地倾听对方讲话有助于获得对方的信任和友谊,获得工作中需要的重要信息。只有善于倾听的人,才更善于思考和表达。所以,在职场沟通中要坚持专注倾听的原则。倾听还可以做到知己知彼,起到有效地避免言多必失、掩盖自身弱点等作用。

四、职场接待礼仪

职场接待礼仪是指在职场组织接待活动时所应该遵循的礼仪规范。规范、标准的接待工作,不仅是员工礼仪素养的体现,也是单位精神风貌和文化内涵的体现。

(一)做好接待前的准备

有接待活动时,相关人员应提前做好接待准备,制订全面的接待计划,以确保接待工作的顺利开展。如果是有约接待,就要提前了解接待的对象、人数、流程、内容及注意事项等,一定要做到信息准确,清楚对方的身份、来意,根据对方的需要做好接待的准备工作。如果是无约接待,则要清晰地了解常规的接待流程,按照单位的要求有礼地做好接待工作。

（二）接待过程中的礼仪

在接待来宾的过程中,应始终保持热情、礼貌、举止得体。一要热情迎候,见面致礼时要主动真诚,需要介绍时要大方得体,注意介绍的先后次序。二要认真、及时地登记来访客人的信息,了解他们的准确情况,以便确定接待的规格和接待的流程。三要积极沟通,这是接待礼仪的重要环节,积极沟通可以及时了解和解决接待中可能出现的问题,促进双方的交流,有助于实现理想的接待效果。四要以礼相待,对于来访的客人,不论人数多少、职位高低,自始至终都要按照职场礼仪中的规则认真接待。

（三）接待结束时的礼仪

接待结束,客人即将离开时,应以礼相送。送客的地点可以根据拜访客人的情况来选择,如果是同一个城市,可以送到单位门口,如果是远途而来,也可以安排送到火车站、汽车站或者机场等,应为客人的离开提供便利。此外,接待结束后还要对客人的到来再次表示感谢,可主动提出以后有机会再相见。

五、职场通信礼仪

随着科技的不断发展,电话、电脑、手机等现代通信工具已经成为职场办公的重要手段,正确、有效地利用通信工具,掌握通信礼仪是开展工作和人际沟通的必要条件。

（一）办公电话礼仪

办公电话是人们在职场交往中经常使用的通信工具。因此,在职场中,掌握正确的电话礼仪是非常必要的。

1. 拨打电话的礼仪

主动拨打电话者为通话的发起人,在通话的过程中掌握主动权。如果想给对方留下良好的印象,同时取得满意的通话效果,就要注意通话的时间、内容及其他礼仪规范。

（1）通话时间

通话时间包括拨打电话的时间和通电话的时长。正确选择拨打电话的时间,可以提升通话的效果;掌握好通电话的时长,可以体现精明干练的作风,提高对方对自己的信任度。

① 拨打电话的时间。在职场，拨打工作电话不要选择过早、过晚或对方休息的时间；一般应该选择在上班半小时以后到下班半小时以前拨打电话。没有特殊的事情，不要在节日、假日、用餐时间和休息时间给对方打电话。

此外，在业务交往中，如果需要打国际电话，还要考虑时差问题，应以对方的办公时间为准。例如，中国同美国纽约的时差约为12个小时，北京时间下午3点对于我们来说正是阳光明媚、紧张工作的时刻，而纽约的却是深夜，人们正在熟睡。这个时间就不宜拨打纽约的客户的电话。同时，还要注意国内不同地域的时差。例如，南方的一些城市在夏天，都是下午3点以后开始办公，拨打相应地区的电话就要在3点以后。忽视时差打电话是十分不礼貌的行为。

② 通电话的时长。在职场，通电话的时长要遵循"3分钟原则"，也就是办公通话时长最好不要超过3分钟。这就要求拨打电话者要有很强的时间观念，明确主题，简要陈述通话内容，讲究效率，既节约自己的时间，也不浪费他人的时间。

（2）通话内容

① 事先准备。每次拨打电话之前，尤其是重要电话或国际电话，要提前做好准备，把要找的人名和要谈的内容归纳好，写在纸上。这样电话一通，就可以层次分明、有条有理地把要说的事情说明白，展示干练、高效的工作作风，提高沟通效率。

② 内容简要。通电话时，在简单的问候之后应立即进入主题，阐述通话内容。通话内容要简明扼要、干脆利索，不要浪费时间，否则会给对方留下表达能力低、工作效率低的印象。

③ 结束通话。拨打电话者应主动控制通话的时长，当通话内容简述结束，确认重要信息无误后，要及时礼貌地结束通话。需要注意的是，通话结束时应当遵循尊者先挂电话的规则。

（3）其他礼仪规范

① 电话接通时，应先向对方道一声"您好"，然后主动介绍单位的名称和自己的姓名。结束通话前，要说"谢谢""再见"等。在通话过程中，应始终注意吐字清楚，语速、音量适中，语句简短，语气亲切，语言文明。

② 拨打电话时，一定要精力集中，从通话的前期准备到通话的过程，直至通话结束，都要一心一意地沟通和交流。切忌中途转移注意力，或心不在焉、应付了事。

③ 在职场通电话时，应按礼仪规范站好或坐好，因为通话时的姿势虽然对方看不见，但不良姿势会影响一个人的情绪和声音；同时，不雅的姿势也会有损个人风度和形象。

2. 接听电话礼仪

接听电话可以分为接听拨打给本人的电话和代接电话两种,两者都要按礼仪规范的要求去做。

(1) 接听拨打给本人的电话

① 电话铃响后应放下其他工作,及时接听。接电话一般应遵循"铃响不过三"的原则,即接电话以铃响2～3次为最合适。如果没有及时接起来,接通电话后应先向对方表示歉意。

② 拿起电话后,应先向对方致意问好,然后自报家门。在职场通电话时,一般应向对方报单位和部门,可以不报个人的姓名。在确认电话正确的情况下,再进行正式交谈。

③ 接听电话时要热情友好、专心致志。有重要内容时,要认真做好笔录或备忘录,内容要准确详细。如果通话时电话中断,要等待对方再次拨进来,这时不要远离电话或者责备对方。通话结束时,要主动说"再见"。

④ 接听电话要注意轻拿轻放,在通话结束后要把电话准确地放回原位,以保证办公室的整洁和电话的畅通。

⑤ 按照电话礼仪的惯例,一般由主动打电话者先挂电话,所以在对方没挂断电话时,接电话一方不要抢先挂断。但是工作中,在明确双方的职位和身份的情况下,应遵守尊者先挂电话的原则。

(2) 代接电话

① 代接电话时,应该先问清楚对方找谁,然后用手轻捂话筒,请被找的人接听电话。如果被找的人不在,可以转告对方此人暂时不在,请另选合适时间再来电话。至于"被找的人去做什么,大约什么时候回来"等问题可以视情况决定是否告知,但不宜简单回答"人不在""不知道"之类的话。

② 代替他人接电话后要注意及时传达转告,不要延误。如果被找的人不在,需要转达有关事项,代接电话的人应认真记录。记录内容一般应包括通话者的姓名、单位、通话时间、通话内容以及是否需要回电话等。如果通话内容比较重要,还应待对方讲完之后,跟对方再确认一下,以保证记录的准确性。

(二) 手机礼仪

随着社会和经济的发展,手机在人们的生活和工作中使用得越来越普遍,了解和践行手机礼仪也是职场礼仪的重要内容。

1. 置放到位

在工作场合，手机一般应该放在办公桌的适当位置或者抽屉里，尽量不要将手机握在手里或是挂在脖子上。按照惯例，在职场随身携带手机的最佳位置有两处：一是公文包里，二是上衣口袋之内，最好不要将其挂在腰带上。

2. 不打扰别人

在职场，手机的使用以不打扰到别人为基本要求。首先，手机的响铃声音不宜过大，根据周围办公情况可以调为震动。其次，使用手机通话时应注意压低声音，不要打扰到别人。最后，尽量不要在办公区内拨打或接听私人电话，如果必须拨打或接听，可以到办公室外或其他不会影响到他人的地方。

3. 铃声设置

职场的工作人员由于岗位性质的需要，应该以稳重、端庄的形象示人。因此，在工作场合，手机的铃声设置也应该悦耳、文明，音量要低沉、适中；尽量不要选用滑稽、幼稚、搞笑等铃声，否则会令你有失身份、失礼于人。

（三）传真礼仪

在办公交往中，传真是一种迅速、快捷的通信方式，发送和接收传真也应遵循相应的礼仪规范。

1. 格式规范

正式的传真包括封面和正文两部分，封面上应注明发件人与收件人双方的单位名称、人员姓名、日期、总页数等，这样可以让接收者一目了然。如果是非正式的传真，可以去掉封面，但也应在传真件上注明发件人、收件人及页码。例如，用3-1,3-2,3-3等方式注明文件页码，让接收者一看就知道是三页。如果其中某一页不清楚或是未收到，收传真方可以请对方再发一次，这样可以节省双方的时间。传真最好使用白色或浅色信纸，如果用深色信纸或是信纸上有深色的条纹，会浪费扫描时间。

2. 内容齐全

正式的传真主要由题头、正文、结束语、发件人的身份等内容组成，其中，称呼语、签字等一般不可缺少，尤其是最后的签字，因为签字代表这份传真是发件人同意才发出的，表示传真信件的严肃性以及对对方的尊重。

3. 及时通报

发送传真之前应向对方发信息或打电话通报，方便对方及时接受。收传真方收到传真后要尽快告知对方，以让对方放心。这既是收发传真的工作程序，也是一种文明礼仪。

（四）电子邮件礼仪

随着网络和信息化的快速发展，电子邮件得到很普遍的应用。人们在使用电子邮件时应注意以下礼仪规范。

1. 无毒传送

发送前可用杀毒软件扫描文件，以免发送的附件带有病毒。如果是文本文件，也可以将要发送的内容剪贴到邮件正文中，避免直接用附件的方式发送。

2. 慎重处理

在日常生活和工作中，我们经常会收到一些不明来源的电子邮件。对这些来历不明的电子邮件，大家应谨慎处理，最好先用杀毒软件扫描杀毒，然后再下载查看，以防中病毒；但不应不予理睬。

3. 认真撰写

写电子邮件时要突出主题、行文流畅、层次清晰、简明扼要，避免使用冷僻词。虽然是电子邮件，但内容和格式应与平常信件一样，称呼、敬语、落款等都不可少。

4. 不可滥发

在工作中，不可滥发与工作无关的电子邮件，更不应该随意转发欺骗类的垃圾邮件。传播上述电子邮件是不道德的，甚至是违法的。遇到欺骗类的电子邮件，应做到既不阅读也不传播。

 案例分析

> 王平刚刚毕业，应聘到某公司担任办公室职员，公司上下班时间是早8点和晚5点。上班的第一天，王平早上8:10急匆匆地跑进办公室，穿着运动衣，顶着凌乱的头发，气喘吁吁地坐到自己的位子上。然后，他又从自己的包里掏出了面包、牛奶、茶叶蛋、零食等，开始吃早餐。吃完早餐后，为了尽快进入工作状态，他随手把剩下的零食推到桌子的一角。这时办公室主任过来检查卫生，问："王平，你桌子上怎么还有零食呢？文件也不整齐，多向你邻桌的李明学习学习。"王平回答："主任，早上没来得及吃早饭，所以就这样了。文件我刚刚打开。"办公室主任听完看了看王平，摇摇头走了。转眼到了中午11:00点，这时王平的手机响了。王平接起电话就说："哥们儿，你把电话挂了吧，我用办公电话给你打回去。"办公室只有一部外线电话，王平从11:00开始打电话，一打就是半个小时，聊的都是与工作无关的话题。其间有同事着急联系业务，说："王平，让我打一个电话吧，着急联系对方确认合作事项，5分钟就好。"

王平说:"等一会儿就好。"这一等就是十几分钟,中间有多个同事告诉王平要用电话,王平都没有立即停止。当天下午,办公室主任就将王平叫到了办公室进行了批评教育。

请通过以上案例,分析王平在办公室中出现了哪些不合乎职场礼仪的行为,并思考,如果你是王平,应该怎样做。

本章小结

1. 职场礼仪是人们在职场开展工作、开创事业应遵守的言行规范和准则。职场礼仪可以有效地展现个人的教养、风度、气质和能力,还可以展示一个单位的文明水平和文化内涵。

2. 职场礼仪具有强调同事之间的平等、强调对他人的尊重、强调守信用、强调人际关系的和谐的特点。

3. 职场礼仪主要有优化办公环境、提高个人的综合素质、促进事业顺利发展等作用。

4. 职场常规礼仪是人们在职场中普遍遵循的礼仪规范,对个人的形象和事业发展有重要的作用,对规范单位服务和提升单位形象也有着重要意义。职场常规礼仪包括着装礼仪、举止礼仪和言谈礼仪。

5. 职场日常工作礼仪是职场礼仪的重要组成部分,主要包括职场人际关系礼仪、职场环境礼仪、职场沟通礼仪、职场接待礼仪和职场通信礼仪等内容。

复习思考题

1. 职场礼仪的含义及特点分别是什么?
2. 简述职场礼仪的基本法则。
3. 职场常规性礼仪主要包括哪些内容?
4. 简述职场环境礼仪的具体内容和规范。
5. 你对未来职场人际交往是否有信心?你认为怎样才能处理好职场的人际关系?
6. 简述如何正确地接听办公电话?
7. 简述在使用传真和电子邮件时需要注意哪些礼仪问题?

第八章　商务礼仪

> **本章提要**
> 商务礼仪是企业价值观念、道德观念和员工整体素质的体现,是企业文明程度的重要标志。通过本章的学习,大家可以了解商务礼仪的含义、作用,准确地掌握商务接待礼仪、洽谈礼仪、会议礼仪、庆典礼仪等具体内容,为更好地开展商务活动奠定良好的基础。
>
> **本章学习目标**
> 1. 了解商务礼仪的含义和作用;
> 2. 掌握商务接待礼仪、洽谈礼仪、商务会议礼仪与商务庆典礼仪的要点;
> 3. 了解其他国家商务礼仪的相关知识。

第一节　商务礼仪概述

一、商务礼仪的含义

商务礼仪是指在商务活动中,为了体现相互尊重,要求商务人员遵守的行为规范和准则。这些行为规范和准则是现代礼仪在商务活动中的具体应用。掌握和践行商务礼仪,有助于提升商务人员的素质和工作效率,提升单位的整体形象,也有助于达到商务活动的最佳效果。

(一)商务礼仪是商务活动中人们应该遵循的规范

随着经济全球化的发展,商务活动的范围越来越广泛。不同地域、不同国家之间的商务往来也越来越密切。为了实现更好的商务合作和交流,人们应该遵循一定的商务礼仪规范。如果违背这些规范,就会带来不良后果,影响企业的商业形象和商业合作,甚至给企业带来巨大的经济损失。

（二）商务礼仪是展示个人文化修养的主要途径

商务人员除了拥有较高的专业技能和专业素质外，还应具有较高的文化修养。其中礼仪素养是文化修养的重要内容，也是展示个人文化修养的主要途径。文化修养的提升需要实践的锤炼，在商务活动中，人们通过践行商务礼仪的相关规范，可以树立个人在商务活动中的良好形象，展现个人的文化修养。

（三）商务礼仪是企业文化的重要内容

企业文化是一个组织由其价值观、信念、仪式、符号、处事方式等组成的特有的文化形象。它包括企业愿景、文化观念、价值观念、企业精神、道德规范、行为准则、历史传统、企业制度、文化环境、企业产品等。践行商务礼仪，不仅能体现个人的职业素养，也能展现良好的企业文化和企业风貌。

二、商务礼仪的作用

践行商务礼仪，是商务合作取得成功的必要因素。商务礼仪的作用主要体现在以下几个方面。

（一）有利于促成商务合作

在商务交往中，商务礼仪可以有效约束各个商务主体的行为，使各主体之间遵循商务礼仪的规范，以高雅的素质、真诚的态度、明确的准则，井然有序地进行商务交流、谈判和合作。因此，掌握和践行商务礼仪，能增加彼此的信任，营造文明、融洽的商务氛围，最终达到互利互惠的商务合作的目的。

（二）有利于树立和维护良好的企业形象

企业要树立和维护良好的形象，除了应提供优质的产品或服务之外，还应有优秀的企业文化。在商务活动中践行商务礼仪，有助于展现企业职工的职业素养，展示企业文化的深刻内涵，从而树立良好的企业形象。具有良好信誉和形象的企业，容易获得社会各方的信任和支持，获得人们的认可和社会广泛的赞誉，进而能在商务竞争中获得并保持优势地位。

（三）有利于企业创造更好的效益

在商务活动中践行商务礼仪，能够为已经建立合作关系的企业巩固和扩大商务交流创造良好的条件，使商务人员的人际关系更加和谐，更容易与业内人士融洽地相处，从而得到更多企业的青睐，为所在企业赢得更多的商机，增加企业之间的合作空间，进而为企业创造更高的社会效益和经济效益。

第二节 商务接待礼仪和商务洽谈礼仪

商务接待是商务活动的起点，良好的开始是成功的一半。商务洽谈是商务活动的核心内容，决定着商务活动的成败。所以，商务接待礼仪和商务洽谈礼仪是商务礼仪的重要内容。

一、商务接待礼仪

商务接待礼仪是指在商务接待活动中，接待方为表示对对方的尊重和友好而应遵循的行为准则。商务接待礼仪是展示企业形象、获得对方信任、实现商务合作目的的基础。

（一）商务接待前的准备

1. 营造良好的接待环境

接待来宾的首要环节就是悬挂欢迎对方的标语，一般要挂在显眼的位置，挂正挂牢。标语的内容、色彩、大小、质地等要根据来宾的身份恰当地选择，一般情况下，来宾越重要，欢迎的标语要越明显、越正规，以表示对来宾的重视和尊重。接待人员带领来宾经过时，可以委婉地示意来宾关注。

室内接待环境要整洁、光线充足、温度适宜。整洁的接待环境会让来宾感觉舒适，也是对来宾最起码的尊重。充足的光线能给来宾一种视野开阔、心情舒畅的感觉。适宜的温度可以使来自不同地域的来宾都能适应，有助于来宾保持良好的精神状态。在做接待准备时，工作人员还可以在接待会场摆放与室内整体布局格调一致的鲜花，让来宾感觉到室内环境的温馨。另外，室内壁画的选择也十分重要，它在一定程度上反映了企业的精神面貌和经营者的品位。

2. 了解来宾的基本情况

在做接待准备工作时，接待人员要充分了解来宾的基本情况和具体要求，这是制订接待计划、保证接待工作顺利完成的重要前提。来宾的基本情况一般包括所在单位、姓名、性别、职务、级别及人数，以及到达的日期和地点等。如果是国际性的商务活动，还要了解来宾的宗教信仰、兴趣爱好、生活习惯、饮食禁忌、特殊要求以及乘坐的交通工具等。接待人员应根据接待对象的具体信息，制订出有针对性的接待计划，这样才能使接待工作精细而准确，使来宾感到惊喜和佩服。同时，接待人员要与来宾的负责人保持联系，如果情况有变化应立即更改相关的安排，以免造成损失或不好的影响。

在商务接待活动中，应重视宾客座次的安排，越重要的会议，座次安排就越重要。可以采取宾主各坐一边的方式，也可以采取穿插坐在一起的方式。我国习惯在会客室接待来宾，来宾一般被安排在主人的右边；如果是国际性的商务活动，翻译人员、记录员应安排在主人和主宾后边。其他来宾按礼宾顺序在主宾一侧就座，主方陪同人员在主人一侧就座。

3. 制订合适的接待计划

在商务接待前，接待人员应根据来宾的具体情况，制订合适的接待计划。其中主要包括迎送方式、接待规格、交通工具、食宿安排、宣传提纲、商品简介等各种资料，以及工作日程、经费开支等。例如，接待的交通工具方面，可以根据接待的人数和级别选择轿车、中型巴士或大巴士；住宿方面，应该根据男女性别比例合理地安排房间，如果有重要领导或特殊要求的应另行安排；工作日程方面，则应根据来宾的访问目的、洽谈内容、停留时间等进行得当合理的安排。

4. 组织接待人员的礼仪培训

接待人员代表企业的形象，因此，他们应具有良好的综合素质，主要包括文化素质、心理素质、道德素质、身体素质等。同时，接待人员还应接受专业的培训。培训的内容主要包括得体的仪容仪表、正确的站姿、端庄的坐姿、优雅的走姿、准确的体态语言、人际交往的技巧、特殊事件的处理方法等。接待人员还需要注意着装礼仪，穿着要得体、大方、庄重，女士最好穿职业套装，男士一般应穿西装、衬衣，并打领带。

（二）商务接待中的礼仪

1. 掌握时间，提前恭候

接待人员应核准来宾所乘坐的交通工具，以及到达的准确时间。若来宾来自其他城市或其他国家，接待人员也可提前到达车站、机场或码头迎候来宾。如果来宾乘坐飞机，接待人员接机的话一般应至少提前半小时到达机场。如果与来宾素未谋面，一定要事先了解来宾的体貌特征，最好制作接站牌迎接。接站牌可以写"欢迎×××先生（女士）光临××公司！"之类的内容，这样可以有效地避免错接和漏接的情况。

2. 热情接待，友好尊重

接到来宾后，接待人员应先做简要的自我介绍，然后可以递送名片。同时，接待人员还要确认来宾的身份信息等。确认完双方的信息后，接待人员应主动帮助来宾拿取行李,如果来宾再三推让,要自己提行李,可不必勉强。接着,接待人员应引导来宾上车,上车时最好先主动为来宾开门,让来宾从右侧门上车。如果来宾先上车坐到了接待人员位置上,则不必请来宾挪动位置。

3. 言谈谦和,举止文雅

在接待来宾的过程中,接待人员应做到言谈谦和,举止文雅。言谈是双方思想、感情的交流的主要途径,要想取得满意的交流效果,最重要的一点就是必须做到尊重他人。"您好、请、谢谢、没关系、再见"被称为"五声十字",是基本的礼貌用语,在商务活动中被广泛运用。言谈中除了注意言辞的礼貌性以外,还要注意语言使用的准确性。同时,接待人员的举止(包括站、坐、行等方面)要端庄文雅,这样,举手投足间都可能会给来宾留下深刻的印象,为商业活动取得成功打下基础。

4. 集中精力,认真聆听

当来宾在讲话或是询问时,接待人员应集中精力认真聆听,这是对他人的尊重。此外,来宾讲话时,接待人员还要适时注视对方,与对方进行眼神的交流。倾听来宾讲话时也要认真思考,不要轻易打断来宾的讲话。对来宾所提出的问题或见解应及时给予恰当的回应;要避免来宾问话没有回应,或是让来宾反复地重复同样的问题,因为这都是不礼貌的行为。

5. 热情款待,客气挽留

在整个接待的过程中,接待人员要按照接待的标准和规格,尽最大努力认真地完善每个细节,以获得来宾的满意。接待即将结束时,接待方要主动地对来宾客气地表示挽留,让来宾感觉到接待方的好客和热情,在挽留的过程中不要太勉强对方,可以点到为止。

二、商务洽谈礼仪

商务洽谈是指在商务活动中,为了建立联系、达成交易、拟定协议、签署合同,或是为了处理争端、消除分歧等,参与活动的各方进行的面对面的讨论与协商。商务洽谈的目标是使大家达到某种程度上的共识。

(一) 洽谈前的准备

商务洽谈前,相关工作人员主要应从以下几个方面做好准备。

1. 与会人员的礼仪要求

对于参与商务洽谈的人员,在礼仪方面都有严格要求。在仪表方面,男士应面容干净,发型得体;女士应选择端庄的发型,化淡妆。在服装方面,男士一般穿深色的西装、白衬衫,打领带,穿黑皮鞋。女士则穿深色西装套裙,穿深色高跟鞋。同时,与会人员还应注意举止规范、语言礼貌、交流有度,体现出干练、文明的职业形象。

2. 认真了解对方的情况

在商务洽谈前,工作人员要全面准确地了解对方的情况。这些情况包括对方人员的年龄、资历、地位、性格特点、对我方的态度、双方的交往历史等。这便于按照礼仪交往中的对等性原则,组织与对方人员职务相近的洽谈团队,并据此安排食宿、设计洽谈日程等。同时,还要了解对方的文化背景和礼仪习惯。这些信息会对洽谈起到意想不到的重要作用。

3. 洽谈会场的布置

商务洽谈一般安排在会议室进行,有时也可以安排在会客室。大型的商务洽谈,要选择宽敞明亮、整洁安静的场所,会场要精心布置,这也是对洽谈人员的尊重。会场的桌子可以是椭圆形、方形或长方形。最常见的是长方形桌横向摆放,宾主相对而坐,按照"面门为上"的原则,以正门为准,客人面向正门,主人背向正门。主谈人居中,如果有翻译人员应安排在主谈人左侧或身后,其他按礼宾顺序左右排列。同时,还要备有茶具、茶水和饮料。此外,还要准备好音响设备、灯光设备、通信设备以及复印设备和必要的文具等。

(二)洽谈过程中的礼仪

1. 开局阶段:握手问候,友好介绍

开局阶段是联络感情、加深印象的最佳时机,良好的开局是洽谈成功的基础。开局阶段参与洽谈的双方应营造一个互谅互让、积极、融洽的和谐气氛。首先,要相互介绍各方洽谈人员,一般是先由主方洽谈代表介绍主方与会人员,再由客方洽谈代表介绍客方与会人员。然后大家可以握手问候,以示友好和互相尊重。互相认识之后,参与洽谈的人员可以选择大家都感兴趣的话题寒暄一下,引起双方的共鸣,拉近情感的距离,为下面的洽谈奠定一个好的基础。

2. 概述阶段:清晰准确,表达意愿

在概述阶段,洽谈双方一般要简要地阐述企业概况和洽谈目的,以及希望达到的最终目标,这时洽谈开始切入主题。阐述时,相关人员要注意阐述的语言和方式,要思路清晰,表达准确,争取通过简短的发言得到对方的理解和肯定,引起对方的兴趣和好感。概述阶段若出现言辞或态度不当的情况,会引起对方的焦虑和疑惑,不利于洽谈的顺利开展。当一方在阐述观点时,另一方的人员要认真倾听,同时还要进行慎重的思考和分析。

3. 磋商阶段：平等协商，以理服人

磋商阶段要及早确认双方的分歧所在，为达成最终的协议留有一定的让步空间。该阶段双方必须以坦诚的态度来分析己方和对方的需要，保证自己利益的同时还要考虑对方的需求，这是达成共识的关键。当双方难以达成共识时，洽谈人员应正确地分析双方的分歧和差异，理性地概括和表达自己的观点，运用洽谈的技巧——求大同存小异，在双方都能够接受的范围内采取互让的方法以达成基本共识。

4. 结束阶段：互惠互利，签订协议

经过开局、磋商、让步与妥协，基本实现了互惠互利的预期目标时，双方就要根据洽谈的内容，指定专人代表，共同负责合同的拟定、核对和定稿。签约仪式应选在会议厅或会客厅，按照惯例，双方代表要先在乙方合同上签字，然后在甲方合同上签字，最后握手祝贺，为之后的合作奠定良好的基础。

第三节　商务会议礼仪和商务庆典礼仪

商务会议和商务庆典在整个商务活动中占有重要的地位。商务会议是常见的商务活动，是商务合作过程中使用较多的交流形式。商务庆典是商务活动中为表示庆祝而采用的活动形式。合乎礼仪规范的商务会议和商务庆典是商务活动顺利开展的重要保障。

一、商务会议礼仪

商务会议是指带有商业性质的会议，即企业间为进一步相互了解、落实有关合作事宜、交流信息、研究讨论问题而采取的一种会议形式。要想让商务会议顺利开展并取得理想的效果，商务人员必须了解相关礼仪知识并在实践中遵守相应的礼仪规范。

（一）商务会议的前期筹备

1. 明确会议的目的和内容

确定要开商务会议之前，应首先明确会议的目的和内容。明确会议的目的和内容是确定商务会议类型和制订商务会议计划的前提。只有明确了会议的目的和内容，才能准确定位会议的规格和规模，制定详细的会议议程和日程。此外，只

有明确了会议的目的和内容,工作人员才能进一步确定会议参加者的名单、身份、职务等;同时,准备好会议所需物品,如印发会议通知、名牌等。

2. 选择会议的时间和地点

会议时间和地点的选择会直接影响商务会议召开的效果。在选择会议时间时主要应考虑两个因素:一是会议时间本身的合理性,一般应该在上班半小时后再开始开会,以给与会人员一个准备的时间。二是与会人员的时间安排,一般应结合会议的议题和参加人员的情况,在与会人员都比较便利的时间组织开会。在选择会议的地点时,一般应考虑会议的规格、规模、内容等因素。此外,还应考虑交通是否便利、停车是否方便、环境是否良好等因素。

3. 详细测算会议所需费用

会议所需费用主要包括场地费用、设计和宣传费用、器材租赁费用、差旅和住宿费用、工作人员的费用等。工作人员要认真测算各项费用,对商务会议整体的费用情况进行合理的把控。

4. 准备会议资料

会议资料是会议内容完整展示和会议信息准确传达的关键因素。会议资料主要包括:体现会议中心议题的主要文件、对中心议题起辅助作用的材料、领导的开幕词和闭幕词、大会议程表、与会人员的相关信息、接待安排、入场凭证和会议须知等。同时,根据会议的不同要求,相关人员可以编辑会议简报,以方便与会人员了解会议内容,传达会议精神。

5. 布置会场

良好的会场布置既能体现出商务会议的规格,也能渲染会议的气氛,对商务会议的成功举办发挥着重要作用。布置会场时要注意:会议所需横幅和相关标语一般要事先布置在会场主席台正上方的位置,标语的规格要符合会议的规模和性质,要安排好会场的座位,会场的环境应整洁、舒适,会议所需设备(如音响、话筒等)应调试到位。

(二) 商务会议过程中的礼仪

1. 会议主持人礼仪

会议的主持人是整个会议的关键人物,一般由具有一定工作经验或职务的人来担任,其一言一行对会议能否圆满成功有着重要的影响。主持人要阐述会议宗旨、落实会议议程,要把握好会议全局,包括会议进程的各个环节。在会议结束时,主持人还要做简要、概括的会议总结。在以上所有活动中,主持人都应做到大方、庄重、精神饱满、口齿清楚、思维敏捷。

2. 会议发言人礼仪

会议发言有正式发言和自由发言两种。正式发言者一般都应事先做好发言准备,应注意衣冠整齐、步态自然,展现自信自强的风度与气质;发言时应口齿清晰、逻辑分明、简明扼要;发言完毕,应对听众的倾听表示感谢。自由发言者的发言次序较随意,发言时应语言精练、观点鲜明;与他人有分歧时,应态度平和,以理服人。如果有会议参加者对发言人提问,发言人应礼貌作答,对不能回答的问题,应机智而礼貌地说明理由。发言人对提问人的批评和意见应认真听取,即使提问人的批评是错误的,也不能失礼失态。

3. 会议接待人员礼仪

会议接待人员要着装整齐,佩戴明显标志物,如接待牌、徽章等。接待人员应提前到达会场,熟悉会场的整体环境,等候参会人员的到来。在接待的过程中,接待人员要注意个人的言谈举止,使用礼貌用语,仔细确认与会人员的信息,并负责登记和发放会议资料,然后按照会议安排引导参会人员入场并帮助其找到就座位置。

4. 参会人员礼仪

参会人员应按照商务礼仪的基本要求,做到衣着整洁,仪表大方,准时入场,按照会议安排入座,进出有序。开会时参会人员应认真倾听,每次发言结束时应鼓掌致意;在会议进行的过程中要遵守会议纪律和程序,做好相关记录;会议结束后,尽可能带回会议的完整资料,以备向领导汇报或向有关人士传达。

(三)商务会议结束时的礼仪

商务会议的成功举办,不仅体现在会议的整个过程进展顺利,还体现在会议结束得井然有序。会议结束时,一般都会安排有闭幕式。开闭幕式时,首先,主持人应按照会议进程,宣布闭幕式开始,然后由负责会议的主要领导进行总结性的发言,致闭幕词,并对参会人员再次表示感谢,最后宣布会议圆满结束。若无其他重要或突发情况,参会人员应坚持参加完闭幕式再离开。

会议工作人员要把会议决议、会议纪要以及与会者的通讯录等相关资料整理出来,并分装好,在会议结束时发给与会人员。

会议接待人员要在会议结束之前和与会者联系,了解其会议结束后的返程安排,是否需要协助订票等。机票、车票、船票订好以后,接待人员要及时通知委托者,并且可以根据与会者的要求派专车送行。对于不能按时离开的与会者,接待人员要根据其个人需要做出协调。与会者在离开时如有委托代办事情,接待人员要根据实际情况和自身的能力,尽量认真帮助解决。

二、商务庆典礼仪

商务庆典是指各企业为了达到自身的商业目的,精心策划并按照一定的程序专门举行的一种庆祝活动。

(一)商务庆典前的准备

1. 宣传工作

商务庆典的前期宣传可以通过网络、电视、报纸、海报等方式进行,可以把活动的内容、地点和时间,以广告的方式加以宣传,以扩大庆典活动的影响力。不同的宣传方式有不同的特点,相关人员可以根据庆典活动的性质、目的、内容及经费情况,考虑各方利弊选择最适合的宣传方式。

2. 邀请宾客

参加庆典活动的来宾的身份和数量直接影响着庆典的效果。根据庆典的目的和内容,可以邀请政府有关部门的领导、社会上的知名人士、媒体、同行代表以及社会公众等前来参加,以扩大庆典的影响力,提升庆典的社会效益。对于确定邀请的来宾,应提前将请柬由专人送达,以便来宾提前做好准备并准时参加。

3. 环境布置

庆典现场可以设在室外的广场上,也可以设在室内的会议大厅里。为了渲染喜庆的气氛,可以将主会场的通道铺上红地毯,在会场周围悬挂横幅、标语、气球、彩带、宫灯等。同时,还要在醒目的位置摆放宾客赠送的花篮,这样不但可以装点会场,还可以表达对宾客所送贺礼的尊重和感谢。来宾签到处、宣传资料领取处等都应安排在离入口较近的地方,礼仪小姐和乐队也要事先安排好位置。此外,还要做好会场布局的说明,以方便来宾第一时间准确到达现场。

4. 物品准备

企业举办商务庆典活动一般是为了达到扩大社会影响的目的,因此,宣传册、邀请函等都应提前准备好。为了营造会场的氛围,通常都会准备一些鲜花、礼炮、条幅等,这些物品也要提前准备好。此外,音响、照明设备、LED显示屏,以及庆典仪式上所需的其他物品等也都要事先准备好,并进行检查和调试,以防在使用时出现故障,影响庆典的顺利召开和宣传效果。

(二)庆典活动的程序

庆典活动的程序一般应包含以下几个部分。

1. 开始

庆典活动一般由庆典的负责人或邀请媒体主持人主持。庆典开始时,一般由主持人宣布庆典正式开始,然后按来宾的主次顺序,宣读重要领导、重要嘉宾、知名人士、贺电单位及个人名单。

2. 致贺词与答谢词

主持人宣布庆典活动正式开始后,一般就应由事先约定的重要领导或重要嘉宾宣读贺词或贺信。接下来应由本企业负责人致答谢词,主要内容是向来宾及祝贺单位表示感谢,并简要介绍本企业的经营特色、经营目标、经营理念,以及本次庆典的意义等。

3. 剪彩仪式

有些庆典还要在致答谢词结束之后举行剪彩仪式,一般由本企业领导和重要的嘉宾一起剪彩。若安排有剪彩仪式,应事先安排好每个剪彩人的位置,以中间为尊,所以重要人士安排在中间位置。一般由礼仪人员将参加剪彩的嘉宾引领到适当的位置后,然后剪彩正式开始。礼仪人员在剪彩的过程中一般还应负责助彩。

4. 庆典结束

庆典结束后,为表示对来宾的答谢,有些主办单位会安排宴会或文艺演出。如果有必要还可以引导来宾参观本企业的设备设施、特色商品等。活动结束后,对于重要来宾,主办企业的领导应亲自送行,其他来宾可由工作人员代为送行。

第四节　一些主要国家的商务礼仪

随着经济全球化的快速发展,各国之间的商务交往越来越多。由于各国的历史背景和文化渊源有着很大的差异,所以各国的商务礼仪也各具特点。了解和掌握一些主要国家的商务礼仪就显得尤为重要。

一、亚洲国家

亚洲是世界七大洲中面积最大的洲,其绝大部分土地位于东半球和北半球。亚洲是全世界人口最多的一个洲,同时也是人口密度最大的洲。

(一)日本

1. 概况

日本国,简称日本,位于东亚,是一个发达资本主义国家。日本资源匮乏并非常依赖进口,发达的制造业是国民经济的主要支柱。日本的科研、航天、制造业、教育水平均居世界前列,至今保存着以茶道、花道、书道等为代表的日本传统文化。日本与中国一水之隔,两国人民的友好往来源远流长,日本人的许多风俗习惯都可以从中国找到根源,日本人对中国的文化表现出一种特有的尊重。

2. 商务礼仪

鞠躬礼。日本人重视鞠躬礼。在商务交往中,日本人见面多以鞠躬为礼,表示尊重。同日本人会面时,几乎一切言语问候都伴随着鞠躬。初次见面,鞠躬要脱帽,眼睛向下,表示诚恳亲切。鞠躬15度一般是在应酬场合,例如,问候、介绍、握手、让座等都可以用15度鞠躬礼。鞠躬30度一般用于下级向上级、学生向教师、晚辈向前辈、服务人员向来宾表示敬意时。鞠躬45度属于最高礼节,是日本的"最敬礼",只在一些比较重要场合才会使用,例如,表达非常感谢或者送别重要客人时。在日本,鞠躬的形式男女也有别,男士双手垂下贴腿鞠躬,女士一只手压着另一只手放在小腹前鞠躬。

交换名片。对日本人来说,交换名片是商务交往中最简洁而又不使双方感到尴尬的介绍方式。在日本,初次见面,鞠躬后一般就要交换名片。在使用名片时要注意:一是印名片时,最好一面印中文,一面印日文,且名片中的头衔要准确地反映自己在公司的地位;二是在会见日本商人时,记住要按职位高到职位低的顺序交换名片,把印有字的一面朝上并伸直手,微微鞠躬后,各自把对方的名片接到右手上;三是接到名片后,一定要认真阅读名片上的内容,并说"见到你很高兴"等话,然后复读其名,同时再鞠躬。

商务拜访。拜访日本公司时,宾主的会面通常是在会议室进行。客人一般会被先领到会议室,主人稍迟几分钟来到并走近每一位客人交换名片。出于礼貌,客人不能随随便便就坐到贵宾位上,应一直站着等主人进来让座。

商务馈赠。在日本,人们赠送商务礼品是非常慷慨的,通常是在社交性活动场所。商务往来中,在与日方互赠礼品时,要注意日方人员的职位高低,礼物要按职位高低分成不同等级。

3. 禁忌习俗

赠送礼品的禁忌。日本人不喜欢紫色,最忌讳绿色,他们认为绿色是不祥之色。他们忌讳赠送或摆设荷花。他们还对有狐狸和獾图案的东西很反感,认为狐狸"贪婪"和"狡猾",獾"狡诈"。他们还很讨厌金、银眼的猫。

数字方面的禁忌。日本人一般都忌讳数字"4"和"9",因为"4"和"死"的发音相似,"9"常被与强盗联系在一起。在三人一起"合影"中,日本人不愿意站在中间,认为这是被左右两人夹着,是不幸的预兆。

商务用餐的禁忌。日本人在招待客人时,忌讳将饭盛得过满过多,也忌讳一勺就盛满;他们还忌讳客人只吃一碗饭,因为他们认为只吃一碗象征无缘。因此,商务往来中,与日本人一起进餐时一般要象征性地添第二碗饭。他们忌讳用餐过程中整理自己的衣服或用手抚摸、整理头发,因为他们认为这是不卫生和不礼貌的举止。

(二)韩国

1. 概况

韩国是"大韩民国"的简称,位于东亚朝鲜半岛南部。韩国是一个发达资本主义国家,1997年亚洲金融危机后,韩国经济进入中速增长期,产业以制造业和服务业为主。

2. 商务礼仪

商务会面。韩国人在商务交往中十分注重礼貌、礼节,初次见面要行鞠躬礼,告别时对地位高、年长者,要再次行鞠躬礼以表尊重。他们常以交换名片相识,商务往来中,与韩国人互换名片时,要把名片印有韩国文字的一面朝向对方。同韩国人约定洽谈时间后,要准时赴约。洽谈时要把中途吸烟休息的时间考虑在内,因为韩国人吸烟很普遍。

商务馈赠。赠送礼品时,可以向韩国客户赠送有特色的礼物,如鲜花、工艺品、烟酒等,并且要双手奉上以表示诚意。受赠者不能当面打开礼物,这与欧美地区的礼仪截然不同。

商务宴请。在与韩国人的商务交往中,晚上的娱乐活动起着重要作用。他们会主动邀请客人参加娱乐活动。韩国商人一般把晚宴设在餐馆或酒吧,只有互相之间建立了很好的关系,他们才有可能邀请对方到家里做客。在韩国,晚宴一般是洽谈活动的一部分,只有洽谈的人才有资格参加。接受韩国人宴请后,要找机会回请一次。

3. 禁忌习俗

商务拜访的禁忌。在商务往来中,拜访韩国客户时,可以以"1、3、5、7"的数字敬酒、敬茶,他们反感用数字"4"。交谈时,不能随便大声说笑,谈话内容可以选择韩国悠久的历史和文化,少谈政治问题,特别是当地政治。交谈中发音与"死"相似的"师""事""私"等字词,最好不要使用。

商务洽谈的禁忌。与韩国人进行商务洽谈时,要注意没有人介绍不要贸然洽谈;避免言辞激烈,情绪激动;一般情况下不宜轻易说"不"字,在阐述己方的情况

时,一定要冷静而有条理地叙述清楚。

商务馈赠的禁忌。韩国人同第一次见面的客人互赠礼品是很常见的事情。韩国人自尊心强,很爱面子,所以互赠礼品时可以让他们先赠送,然后客方再赠送。赠送的礼品可以是鲜花或一些小礼物,也可以是具有民族特色的礼品。不要用成品或半成品的食物做礼物,还要注意礼品上不能有韩国制造或日本制造的标志。

(三) 新加坡

1. 概况

新加坡共和国简称新加坡,是东南亚的一个岛国,是一个发达的资本主义国家,被誉为"亚洲四小龙"之一,同时凭借着地理优势,成为亚洲重要的金融、服务和航运中心之一。

2. 商务礼仪

商务会面。新加坡商人在商务活动中十分重视礼貌、礼节,在与客户相见时,一般都行握手礼。在与东方人相见时,他们也有施鞠躬礼的习惯。新加坡以英语为官方语言,见面时要交换名片。与新加坡人进行商务往来时,名片可以用中文和英文两种文字印刷。

商务洽谈。新加坡人习惯在商务活动和商务拜访前先预约,谈话中注意使用谦语和敬语。与新加坡人进行商务洽谈时,话题除了商务主题以外,还可以涉及旅游的经历、所到国家的见闻和新加坡的经济发展状况等。与新加坡人开展商务洽谈的最佳月份是3月到10月,应避开圣诞节及华人的新年。

商务宴请。在新加坡,商务交往中人们经常相互宴请。与新加坡人相互宴请时,应邀赴约要准时,如遇到特殊情况不能及时到达,必须预先通知对方,以表示尊重。新加坡人不喜欢挥霍浪费,宴请新加坡人时不要过于讲排场,答谢宴会也应注意不要超过主人宴请的水平。

3. 禁忌习俗

商务会面的禁忌。新加坡除华人以外,还有马来西亚人、印度人等,各族群有不同的宗教信仰和习俗,问候的方式应有所区别。在会面时,双方交换名片时,新加坡人忌讳在名片上写字或者把名片放在后面的口袋。

商务洽谈的禁忌。在与新加坡人进行商务洽谈时,要注意回避宗教和政治方面的话题,同时,还要注意不要吸烟。新加坡人不喜欢数字"4"和"7",因为他们认为数字"4"的发音与"死"相近,认为"7"是个消极的数字。他们认为"3""6""8""9"都是吉祥的数字。

商务馈赠的禁忌。新加坡严格的反腐败法禁止在商务往来中赠送任何可能被视为行贿的物品,但是允许赠送公司的纪念品。通常他们只在建立私人关系之后才赠送礼品。拜访新加坡人通常可以送些有纪念意义的礼品或工艺品等。

(四)泰国

1. 概况

泰国是东南亚的国家,首都曼谷。泰国是佛教之国,佛教徒占全国人口的九成以上。泰国实行自由经济政策,以制造业、农业和旅游业为主。

2. 商务礼仪

商务会面。泰国被称为"微笑之国",他们对外国人特别和蔼可亲。在商务场合,泰国人的见面礼多是将双手合十放在胸前,指尖对鼻尖行合十礼。一般双手举的越高表示对客人越尊重,但双手的高度不宜超过双眼,受礼方也应以合十礼相还。泰国人不按姓来称呼,而用名字来称呼,例如,"建国先生""秀兰女士"。泰国商人非常重视名片的使用,名片一般用中、英、泰三种文字。与泰国人交换名片最好使用右手,如不得已要用左手时应先说:"请原谅。"

商务洽谈。到泰国从事商务活动的最佳时间是11月到次年3月,与泰国公司打交道要事先预约,最好提前两个月预约。商务洽谈时,泰国男子通常穿深色的西装,打领带。女士在正式场合穿民族服装,也可穿裙子;但在公共场合忌穿短裤。另外,在泰国进行商务活动时,最好携带旅行支票,少用或尽量不用现金支付。

商务馈赠。泰国商人喜欢互赠礼物。与泰国人进行商务往来时,可以赠送一些小的纪念品或鲜花,礼品要事先包装好。递送礼品时,比较正式的场合要双手奉上,一般情况下也可用右手递给对方,不要用左手递接,更不能抛给他人。当接受泰国人赠送的礼物时,应先行合十礼以表感谢,不要当面打开礼品。泰国人喜爱红色、黄色,禁忌褐色。

3. 禁忌习俗

民族习俗禁忌。泰国人非常尊敬佛祖和国王,忌讳议论和打听与宗教和王室有关的话题。泰国的国花是睡莲,国树是桂树,国兽是白象。对于这些东西,千万不要表示轻蔑或是予以非议。泰国人还忌讳踩踏房子的门槛、随意触摸他人的头部。

商务洽谈的禁忌。与泰国人进行商务洽谈,坐下时显得越谦虚越好。千万别把鞋底露出来,因为这在泰国被认为是把别人踩在脚下的意思。交谈过程中,要注意回避与政治、王室和宗教有关的话题。泰国人做事非常小心谨慎,节奏缓慢,外人与之打交道一定要有耐心。他们忌讳戴着墨镜用手指着对方讲话。此外,注意不能用红笔签文件。

商务宴请的禁忌。泰国人的早餐一般以西餐为主,午餐和晚餐则以中餐为主,他们喜欢喝啤酒。在泰国,宴请过程中要用右手给他人递送物品,以示尊敬。泰国人不喝热茶,而习惯在茶里放冰块,称为冰茶。宴请泰国人时,不要挑选红烧菜肴、甜味菜、香蕉、海参、牛肉、狗肉、酱油等。

二、欧洲国家

欧洲位于东半球的西北部,是世界人口第三多的洲。欧洲共有48个国家,每个国家的文化背景都各不相同,商务礼仪也各有特点。下面介绍欧洲几个主要国家的商务礼仪。

(一)英国

1. 概况

大不列颠及北爱尔兰联合王国,简称英国,由英格兰、威尔士、苏格兰、北爱尔兰以及一系列附属岛屿共同组成。英国的国教为基督教,亦称圣公教。英国是发达资本主义国家,是世界重要的贸易实体、经济强国以及金融中心。

2. 商务礼仪

商务会面。在英国经商,必须恪守信用,答应过的事情,必须全力以赴地完成。与英国人第一次认识,一般都以握手为礼。英国人的时间观念很强,拜会或洽谈生意,必须先预约,准时也很重要,最好提前几分钟到达。如因故延误或者不能准时赴约,一定要尽早尽快用电话通知对方。

商务洽谈。同英国人谈生意,谈判方法和策略是很重要的。重要的业务洽谈,要提前约见公司的决策人物。英国商人并不喜欢长时间讨价还价,他们希望谈一两次便有结果。除了重要谈判,一般的商务洽谈一小时已足够。英国人在商务洽谈中既保守又多变,有时会突然改变自己的主意,甚至会对已谈妥的条款反悔。因此,抓住时机,及时签约是与英国人进行商务谈判的技巧。他们有时还会利用午餐时间讨论业务。

商务宴请。英国人在参加宴请活动时对衣着都比较讲究,一般都穿着正装出席活动,客方受到款待一定要致谢,事后致函表示谢意更能拉近双方之间的情感。英国人对晚餐比较重视,视为正餐;英国的商务宴请大都在酒店、饭店进行。他们宴请时多以简朴为主,反对浪费。在饮食方面,英国人不愿意吃带黏汁的菜肴和过辣的菜肴;他们忌用味精调味,也不吃狗肉。

3. 禁忌习俗

商务会面的禁忌。在会面时,英国人忌讳四人交叉式握手。同别人谈话时,他们不喜欢近距离接触,一般会保持50厘米以上的距离。英国人忌讳被称为"英格兰人"。到英国从事商务活动要注意避开7月和8月,这段时间工商界人士休假的较多;另外在圣诞节、复活节也不宜开展商务活动。同英国人进行商务会面,要避开数字"3""13"和"星期五"。

商务交谈的禁忌。在交谈中,英国人忌讳别人过问他们的活动去向、政治倾向及个人生活上的私事,他们认为这是个人的隐私;他们还忌讳以王室的家事作为谈论的话题,以及在众人面前相互耳语,用手捂着嘴看着他人笑,他们认为这些都是不礼貌的举止。

商务馈赠的禁忌。与英国人商务往来中送礼不能送重礼,以避贿赂之嫌。英国人忌讳送百合花和菊花,忌讳送带有黑猫、孔雀、大象等图案的礼物,忌讳墨绿色,因为他们认为墨绿色会给人带来懊丧感。

(二)法国

1. 概况

法国是法兰西共和国的简称,位于欧洲西部。法国是世界主要发达国家之一,其国民拥有较高的生活水平和良好的社会保障制度。

2. 商务礼仪

商务会面。与法国人会面,可由第三者介绍,也可以自我介绍。自我介绍时应讲清姓名、身份或将自己的名片主动送给对方。法国人与客人见面时,一般以握手为礼,但客人对社会地位高的人不应主动伸手。法国人很重视建立良好的人际关系。一般情况下,未成朋友前,法国人是不会与对方做大宗生意的。

商务洽谈。法国人在商务洽谈中有如下特点:坚持在谈判中使用法语;谈判的立场极为坚定,很难动摇;对"商业机密"很敏感;商谈时做出决定的速度较慢,喜欢先为协议勾画出一个轮廓,然后再达成初步协议,最后确定协议上的各项细节。与法国人进行商务洽谈,必须严格遵守商务洽谈的时间。

商务馈赠。在法国,一些有艺术性和美感的礼品,如唱片、画或人物传记、历史评论及名人回忆录等,会很受欢迎。法国本土出产的奢侈品,如香槟酒、白兰地、香水等,也很受欢迎。法国人喜爱花,特别是应约赴会时,一般都会带上一束美丽的鲜花。在法国,送花通常要送单数,法国人比较喜欢秋海棠、大丽花、兰花、鸢尾花和玫瑰花。

3. 禁忌习俗

商务会面的禁忌。和法国人谈生意,要避开商业淡季,每年8月份由于天气较热,法国几乎全国放假;商务活动在圣诞节及复活节前后两周也不宜进行。法国人忌讳数字"13"和"星期五",他们不喜欢在这个日期出行和会面。法国人忌讳别人打听他们的政治倾向、工资待遇以及其他个人的隐私。

商务宴请的禁忌。法国人对菜肴和酒的搭配很有讲究,饭前、饭中和饭后都喝不同的酒。法国人不爱吃无鳞鱼,也不爱吃辣味重的菜肴。他们一般都喜欢吃略带生口、极为鲜嫩的美味佳肴。法国人一般都乐于喝生水,不习惯喝开水。干酪常常是法国餐桌上的主要食品之一。

商务馈赠的禁忌。对法国人来说,初次见面不适合送礼。法国人忌送菊花、康乃馨等黄色花,他们认为黄花象征不忠诚。法国人忌讳男士向女士赠送香水,因为这有过分亲热之嫌。此外,法国人还忌送刀、剑、叉、餐具之类,因为他们认为那意味着双方会割断关系。

(三) 德国

1. 概况

德意志联邦共和国简称德国,位于欧洲的中部,是一个高度发达的资本主义国家。德国是世界贸易大国,还是世界主要的食品出口国之一,其啤酒的销售量在世界上名列前茅。

2. 商务礼仪

商务会面。与德国商人的约会必须事先安排,准时到达。他们很注重衣冠的整洁,讲究男士穿西装三件套,女士穿裙式服装。德国人会面时以握手为礼,女士或身份高的人先伸手。德国人称呼对方多使用"先生""女士"等,也喜欢对方称呼他们的头衔。在商务会谈中,德国人喜欢提前熟悉交谈的内容,会谈时他们往往会直入主题。

商务馈赠。德国人喜欢价格适中、典雅别致的礼物,也比较在意礼物的包装。如果应邀到德国人家中做客,通常宜带鲜花,鲜花是送女主人的最好礼物,但必须要送单数。在各种鲜花中,德国人尤其喜欢作为国花的矢车菊。

商务宴请。德国人很讲究商务会客或宴请的地点,还乐于在幽雅、洁净的厅堂里用餐。在德国,宴会用餐席位原则是"以右为上",一般男士要坐在女士和职位较高男士的左侧,当女士离开饭桌或回来时,邻座的男士要站起来,以示礼貌。德国人主张节俭,反对浪费。在德国,人们在接受款待后几天内一般会再次表示感谢。

3. 习俗禁忌

商务会面的禁忌。到德国进行商务活动要避开圣诞节与复活节前后两周,因为德国人很重视假期和节日。与德国人交谈时,不宜涉及纳粹、宗教和与党派之争有关的话题。德国人忌讳在公共场合窃窃私语;忌讳他人过问年龄、工资、信仰、婚姻状况等问题。德国人不喜欢听恭维话。

商务宴请的禁忌。德国人不爱吃辣,不爱吃羊肉、鱼、虾等,他们吃鱼用的刀叉不会再用来吃肉或奶酪;德国人不喜欢在餐盘中堆积过多的食物;到德国人家里做客时千万别带葡萄酒去,但威士忌酒可以作为礼物。

商务馈赠的禁忌。德国人对礼品的包装纸很讲究,忌用褐色、白色、黑色的包装纸和彩带包装、捆扎礼品。他们忌讳在商务活动中送红玫瑰,因为他们认为红玫瑰只能送给妻子、未婚妻或恋人。同时,他们忌讳送蔷薇、菊花,因为他们认为这些花是为悼念亡者所用的。他们还忌讳送偶数的花。

(四) 俄罗斯

1. 概况

俄罗斯位于欧亚大陆北部,地跨东欧北亚的大部分土地,是世界上地域最辽阔的国家。俄罗斯是有较大影响力的强国,其军工实力雄厚,高等教育、航空航天技术、核工业等具有世界先进水平。

2. 商务礼仪

商务会面。俄罗斯人的时间观念很强,与他们进行商务往来时要准时赴约。与俄罗斯商人初次见面或道别时,一般要握手或拥抱以示友好。对于交换名片他们非常谨慎,除非确信对方值得信赖或是自己的业务伙伴时他们才会递上名片。在迎接贵宾时,俄罗斯人通常会向对方献上"面包和盐",这是给予对方的一种极高的礼遇。俄罗斯人喜欢以职务、学衔、军衔等相称。商务活动中,他们讲究仪表,喜欢穿着灰色或青色的正装。

商务洽谈。在进行商务洽谈时,俄罗斯商人对合作方的举止细节很在意,特别是站立和就座时的一些细节。中间休息时可以稍微放松,但不能做一些有失庄重的小动作。在俄罗斯商人的眼里,衣着服饰不仅是身份的体现,而且还是此次业务是否重要的主要判断标志之一。俄罗斯商人的思维比较固执、不易变通,与他们进行谈判时要注意保持平和宁静,不宜急于求成。

商务馈赠。俄罗斯商人认为礼物贵在别致,不在价值,太贵重的礼物会让人感觉另有所图。"女士优先"在俄罗斯很盛行,凡在公共场所,他们总要对女士有特殊的优待。他们喜欢数字"7",因为他们认为"7"预示着成功、美满和幸福。他们

偏爱红色,把红色视为美丽和吉祥的象征。俄罗斯的女主人对来访客人带给自己的单数鲜花是很欢迎的;男主人则喜欢高茎、艳丽的大花。

3. 禁忌习俗

商务会面的禁忌。在正式的商务场合,俄罗斯人忌讳称呼他们为"俄国人",可用先生、小姐、夫人之类的称呼。俄罗斯人有"左主凶右主吉"的传统思想观念,因此,他们认为用左手握手或传递东西及食物等,都属于失礼的行为。俄罗斯人忌讳谈论有关政治矛盾、宗教矛盾、民族纠纷、苏联解体,以及大国地位等有关话题。俄罗斯人忌讳数字"13"与"星期五"。

商务宴请的禁忌。俄罗斯商人认为在酒桌上容易建立长期合作的关系,但是对于喝酒吃饭他们不讲究排场,主要看就餐能否尽兴。宴请时,他们不爱吃乌贼、海蜇、海参、木耳等食品。他们忌讳用餐时发出声响,以及用汤匙直接饮茶或让其直立于杯中。

商务馈赠的禁忌。可以向俄罗斯人赠送一些有中国特色的小工艺品,俄罗斯人忌讳黑色和黄色,因为他们认为黑色是丧葬的代表色,黄色象征着别离和背叛;他们忌讳送偶数的花,因为他们认为只有当有人过世出殡或向墓地献花时,才用双数。

三、美洲国家

美洲位于太平洋东岸、大西洋西岸,分为北美洲与南美洲。美洲的经济发展很不平衡,除美国和加拿大是经济发达的国家以外,其他大部分国家是发展中国家。下面介绍美洲几个主要国家的商务礼仪。

(一)美国

1. 概况

美利坚合众国简称美国,位于北美洲中部。美国是世界第一经济大国,又是世界第一贸易大国。美国是一个高度发达的资本主义国家,在经济、文化、工业等领域都处于世界领先地位。

2. 商务礼仪

商务会面。在与美国人进行商务洽谈前必须先预约,即将抵达时,应再用电话告知。美国人与客人见面时,一般都以握手为礼,女士或地位高者先伸手。他们习惯手要握得紧,眼要正视对方,微弓身,因为他们认为这样才算是礼貌的举止。美国人在出席正式场合时,讲求西装革履,特别是鞋要擦亮,手指甲要清洁。美国人与人谈话时不喜欢双方离得太近,习惯于双方保持一定的距离。

商务洽谈。在与美国人进行商务交往时,准时守信相当重要。美国商人善于营造轻松的洽谈气氛,喜欢表现自己的随和与幽默感。美国商界流行早餐与午餐约会谈判,他们喜欢边吃边谈。美国是一个多民族国家,在商务活动中要注意不同民族的风俗习惯的差异。

商务馈赠。美国人很讲究受赠礼品的实用性,但不注重礼品的价格。他们讲究包装,喜欢当面打开礼盒展示礼物,并表示谢意。应邀去美国人家中做客或参加宴会时,最好给主人带上一些小礼品。对于美国人家中的摆设,主人喜欢听赞赏的语言,而不愿听到询问价格的话。美国人一般喜欢浅淡的颜色,如黄色、浅绿色、浅蓝色等,他们忌讳黑色。

3. 习俗禁忌

商务会面的禁忌。美国人很少用正式的头衔来称呼别人,也不爱用先生、夫人、小姐、女士之类的称呼,喜欢别人直接叫自己的名字,因为他们认为这是亲切友好的表示。与美国人进行商务活动要避开圣诞节与复活节前后两周,以及6～8月份的度假时间;由于美国的犹太人较多,还要注意避开犹太人的节日。

商务洽谈的禁忌。同美国人做生意,"是"或者"不是"一定要表达清楚,不能模棱两可。他们忌讳打听别人的私事,如收入、年龄、婚姻、住址、种族等;忌讳用手指指点他人;忌讳穿睡衣出门或会客;忌讳在众人面前挖耳朵、抠鼻孔、打喷嚏、伸懒腰、咳嗽等,因为他们认为这些都是不礼貌的行为。

商务馈赠的禁忌。美国人喜欢有民族特色的小礼品,忌讳礼物太过贵重;忌讳赠送偶数的鲜花;忌讳送菊花、杜鹃花、石竹花、黄色的花等;忌讳数字"3""13"和"星期五",因为他们认为这些数字和日期都是厄运和灾难的象征。

(二) 加拿大

1. 概况

加拿大位于北美洲北部,是一个高度发达的资本主义国家,这得益于它丰富的自然资源和高度发达的科技。加拿大是西方七大工业国家之一,其制造业、高科技产业、服务业和农业是国民经济的主要支柱。加拿大以贸易立国,经济上受美国影响较深。

2. 商务礼仪

商务会面。与加拿大人会面,一定要做到事先有约。在商务交往中,他们一般都行握手礼。亲吻礼和拥抱礼仪适合于熟人、亲人之间。加拿大的商人中,90%为英国和法国后裔,大体属于保守型。与他们会面时,宜穿保守式样的西装。他们比较严谨,不像美国商人那样轻松随和。

商务洽谈。与加拿大人进行商务往来，正式洽谈时要衣着整齐庄重、遵守时间。同时，还应注意根据对象不同而变换不同的洽谈方法。例如，和英国后裔洽谈时，从进入商谈到决定价格这段时间是很艰难的，进展相对缓慢，所以要有耐心。法国后裔商人在洽谈前非常和蔼可亲，容易接近，但是，进入正式商谈时就比较严谨认真，要达成共识并不是很容易。

商务宴请。加拿大人举行的宴会，大部分会选在饭店和俱乐部，一般都是双数的席次。他们喜欢用刀叉，喜欢吃煎、烤、炸的菜肴，饭后他们喜欢喝咖啡和吃水果。如果应邀去加拿大人家里做客，可以事先送去或携带一束鲜花给女主人。加拿大人最喜欢深红色。

3. 禁忌习俗

商务宴请的禁忌。在饮食上，加拿大人喜欢吃甜味食品，不喜欢太咸的食品；忌吃虾酱、鱼露、腐乳和臭豆腐等有怪味、腥味的食物，忌食动物内脏和脚爪，也不爱吃辣味菜肴。加拿大人喜欢实行分餐制，不喜欢吃饭时发出太大的声音，与他们一起进餐时应注意嚼东西不要张开嘴等。

商务习俗的禁忌。加拿大人忌讳白色的百合花，因为他们习惯用它来悼念死去的人。他们忌讳数字"13"和"星期五"，因为他们认为"13"是厄运的数字，"星期五"是灾难的象征。他们还忌讳交谈将加拿大与美国进行比较的话题。

（三）巴西

1. 概况

巴西联邦共和国简称巴西，位于南美洲东南部，官方语言为葡萄牙语。巴西的文化具有多重民族的特性。足球是巴西人文化生活的主流运动。巴西拥有丰富的自然资源，是金砖国家之一。

2. 商务礼仪

商务会面。与巴西人会晤，最好事先预约。他们见面时通常以握手为礼，然后赠送名片。与巴西人进行商务交往，使用的名片应有当地通用文字；会晤的最佳时间是上午10~12点或者下午3~5点；地点宜约在办公室，而绝对不能约在饭馆或酒吧；会面时可备有很甜且味道浓厚的咖啡。巴西商人喜欢直来直去，他们也比较幽默风趣，爱开玩笑。

商务洽谈。和巴西商人进行商务洽谈要准时赴约，如果对方迟到，应给予谅解。与巴西商人洽谈时，使用当地语言会更便利，商品说明也应有当地文字进行对照。商务活动中，巴西人主张穿保守式样的深色西装或套裙；还主张在不同的商务场合，着装应当有所区别。

商务馈赠。与巴西人进行商务交往,初次见面最好送些小礼物,但应注意:女士应避免送礼给男伙伴;送礼最好在商务会谈之后气氛最轻松的时候或就餐的时候。若应邀去巴西人家里做客,离开后的第二天,一般应托人给女主人送一束鲜花或一张致谢的便条,鲜花千万不要选紫色。

3. 习俗禁忌

商务洽谈的禁忌。和巴西人进行商务洽谈时,不要急于将谈话内容转向正题,最好先谈谈家庭、健康、天气等话题,主人不提起工作时,客人不要抢先谈工作。洽谈过程中,要保持友好的态度,但不要过于热情。巴西人忌谈带有种族意识的笑话,忌谈关于政治、宗教以及其他有争议的话题。

商务宴请的禁忌。巴西人不喜欢吃太咸的食品,喜欢吃辣味菜肴。他们最爱喝咖啡,也喜欢品尝红茶。他们喜欢饮用葡萄酒以及中国的茅台酒,但一般酒量不大。巴西人忌吃奇形怪状的水产品和用两栖动物肉制作的菜品,也不爱吃用牛油制作的点心。

商务馈赠的禁忌。给巴西人赠送礼品时应注意:他们忌讳紫色、黄色、棕黄色和深咖啡色;他们忌讳送手帕,因为他们认为送手帕会引起吵嘴和不愉快;他们还忌讳数字"13"。与巴西商人建立较好的关系以后,不应再送商务范畴的礼物,可以赠送一些日常的、实用性的礼品或儿童用品等。

 案例分析

某照明器材厂的业务员周平未经事先约定,直接带着新设计的照明器材样品,来到某贸易公司业务部张经理的办公室。周平打开办公室的门就说:"张经理,您好。这是我们企业设计的新产品,请您过目。"张经理停下手中的工作,接过周平递过的照明器,随口赞道:"好漂亮啊!"并请周平坐下,然后拿起照明器仔细研究起来。周平看到张经理对新产品如此感兴趣,如释重负,便往沙发上一靠,跷起二郎腿,一边吸烟一边悠闲地环视着张经理的办公室。当张经理问他电源开关为什么装在这个位置时,周平习惯性地用手搔了搔头皮,然后简单地解释了几句,但张经理似乎没有听明白。谈到价格时,张经理强调:"这个价格比我们预算高出较多,能否再降低一些?"周平回答:"我们经理说了,这是最低价格,一分也不能再降了。"张经理沉默了半天没有开口。周平却有点沉不住气,不由自主地拉松领带,眼睛盯着张经理。张经理皱了皱眉说:"这种照明器的性能先进在什么地方?"周平又搔了搔头皮,简单地重复前面说过的话:"造型新、寿命长、节能省电。"张经理听后就找借口离开了办公室,只剩下周平一个人。周平等了一会,感到无聊,便玩起了手机。过了一会儿,门被推开,是办公室秘书来转达张经理不想采购的意见。周平只好尴尬地走了。

　　结合案例,分析周平在商务交往中有哪些失礼行为,并指出正确的做法。

本章小结

　　1. 商务礼仪是指在商务活动中,为了体现相互尊重,要求商务人员遵守的行为规范和准则。这些行为规范和准则是现代礼仪在商务活动中的具体应用。

　　2. 掌握和践行商务礼仪有利于促成商务合作,有利于树立和维护良好的企业形象,有利于企业创造更好的效益。

　　3. 商务接待礼仪是指在商务接待活动中,为表示对对方的尊重和友好而应遵循的行为准则。商务接待礼仪是展示企业形象、获得对方信任、实现商务合作目的的基础。

　　4. 商务洽谈是指在商务活动中,为了建立联系、达成交易、拟定协议、签署合同,或是为了处理争端、消除分歧等,参与活动的各方进行的面对面的讨论与协商。商务洽谈的目标是使大家达到某种程度上的共识。

　　5. 商务会议是指带有商业性质的会议,即企业间为进一步相互了解、落实有关合作事宜、交流信息、研究讨论问题而采取的一种会议形式。

　　6. 商务庆典是指各企业为了达到自身的商业目的,精心策划并按照一定的程序专门举行的一种庆祝活动。

　　7. 随着经济全球化的快速发展,各国之间的商务交往越来越多。由于各国的历史背景和文化渊源有着很大的差异,所以各国的商务礼仪也各具特点。了解和掌握一些主要国家的商务礼仪就显得尤为重要。

复习思考题

　　1. 简述商务礼仪的含义。
　　2. 商务礼仪的作用主要体现在哪些方面?
　　3. 如何做好商务接待中的准备工作?举例说明商务接待工作的重要性。
　　4. 商务接待礼仪具体包括哪些内容?
　　5. 商务洽谈礼仪具体包括哪些内容?
　　6. 简述商务会议礼仪的内容。
　　7. 简述商务庆典礼仪的内容。
　　8. 简述日本、英国、美国等国的商务礼仪特点。

第九章 出游礼仪

> **本章提要**
> 现代社会,人们的出游活动越来越多。本章从出游礼仪的含义、特点、原则、作用,及游览景点的礼仪和出游安全礼仪等方面介绍了出游礼仪的基本内容和规范要求。
>
> **本章学习目标**
> 1. 了解出游礼仪的含义及特点、原则和作用;
> 2. 掌握游览景点的礼仪规则、禁忌及出国(境)旅游的礼仪禁忌;
> 3. 掌握出游安全礼仪所包括的人身安全、交通安全、财产安全、食品安全和住宿安全等方面的具体内容。

第一节 出游礼仪概述

随着社会经济的发展,人们的生活水平不断提高,旅游已经成为多数人生活和休闲不可缺少的一部分内容。学习和践行出游礼仪,不仅能提升个人和家庭的综合素质,展现礼仪修养,还能提高社会的整体文明水平,同时,这也是旅游事业发展和国家经济发展的迫切需要。

一、出游礼仪的含义及特点

(一)出游礼仪的含义

所谓出游礼仪,是指人们在外出旅游过程中,为了更好地体现文明修养、保护环境和旅游设施、保证旅游安全、达到旅游目的而应该遵循的行为准则和规范。

1. 出游礼仪是社会文明成果的重要体现

社会文明指人类社会的开化状态和进步程度,是人类改造客观世界和主观世界所获得的积极成果的总和。社会文明为出游礼仪奠定了坚实的社会基础。随着人民物质生活越来越富足,出游已经成为人们日常休闲必不可少的生活方式。这就要求人们在出游中践行相关礼仪规范,促进出游礼仪的不断提升和完善。因此,出游礼仪是社会文明成果的重要体现。

2. 出游礼仪是个人道德修养的重要内容

个人道德修养是指个人为实现一定的理想人格而在意识和行为方面进行的道德上的自我锻炼,以及由此达到的道德境界。道德修养的本质是道德规范转变为个人道德品质的内在过程。出游礼仪的各种规范时时刻刻都在约束人们的行为,体现人们的道德修养。人们践行出游礼仪的过程,就是将出游礼仪规范内化为自身道德品质的过程,也是提升自己礼仪素质、加强道德修养的过程。所以说,出游礼仪是个人道德修养的重要内容。

3. 出游礼仪是促进公共礼仪发展的重要因素

公共礼仪是指公共场所礼仪,公共礼仪体现社会公德。良好的公共礼仪可以使人际交往更加和谐,使人们的生活环境更加美好。出游活动就是人们进入公共场所的活动,人们出游的行为规范必须符合公共场所的规则,即公共礼仪。同时,人们践行出游礼仪也会促进公共礼仪更加规范和完善。因此,出游礼仪是公共礼仪中不可缺少的重要组成部分,也是促进公共礼仪发展的重要因素。

(二)出游礼仪的特点

出游礼仪主要具有共同性、实用性、灵活性和广泛性四个特点。

1. 共同性

出游礼仪具有共同性的特点。无论是出游者,还是旅游从业人员,在整个旅游活动过程中都应该共同遵守出游礼仪的相关规范。出游活动的成员、性别、年龄等可能各不同,出游时间的长短、地域、当地的民族风俗等也各不相同,但出游时应注意的基本礼仪规范基本都是相同的,例如,遵守时间、爱护环境、注意安全等,这些是每个出游者都必须遵循的礼仪规则。

2. 实用性

出游礼仪具有实用性的特点。对于旅游者来说,学习和践行出游礼仪能够在旅游过程中展现较高的文明素养,获得安全保障,享受愉悦的心情;对于旅游从业人员来说,学习和践行出游礼仪能够提升服务质量,获得游客好评,提高工作业绩。从长远来看,出游礼仪对促进旅游事业的健康发展也有非常重要的作用。

3. 灵活性

出游礼仪具有灵活性的特点。这主要体现为在不同的旅游环境下,根据所接触的人的年龄、性格、职业等特点,人们可以采取不同的交流、沟通方式。出游礼仪的规范是详细的、具体的,但在一定的条件下是灵活的、可变通的。出游时,人们要特别注意,不同国家、地区、民族的人们在文化背景、风俗习惯等方面是有所差异的,要相互理解和尊重彼此的礼俗、禁忌,以便大家和谐相处,都能获得轻松、愉快的心情。

4. 广泛性

出游礼仪具有广泛性的特点。现在人们出游的领域非常广泛,出游过程中会涉及交通、住宿、游览、就餐、娱乐、购物等跨度大、综合性强的多种服务行业。在广阔的地域范围内,所有与出游相关的服务行业、这些行业的从业者,以及所有旅游者,都需要遵循出游礼仪的相关规范,这样才能保证整个出游活动的顺利和安全。

二、践行出游礼仪应遵循的原则

践行出游礼仪主要应遵循以下几个原则。

(一) 尊重原则

尊重原则是人们践行出游礼仪的基础。首先,出游时,人们要尊重当地的风俗习惯、礼仪规范等,俗话说"入乡随俗"就是这个意思。其次,旅游者要尊重导游、接待人员、服务人员等,要尊重他们的人格和劳动、服务成果。最后,旅游从业人员应尊重游客,游客之间也应互相尊重。

(二) 自律原则

自律原则主要是指人们在出游过程中应严格要求自己,要学会自我约束、自我控制,了解出游礼仪的相关规范并努力遵守。所谓自我约束,主要是指出游时要约束自己的言谈举止,遵守出游安排和出游的礼仪规范;所谓自我控制,主要是指出游时要控制自己的消极情绪和不良行为,营造愉悦的出游氛围。只有这样才能获得心情愉悦、安全顺利的出游体验。

(三) 适合原则

适合原则是指在出游过程中,人们的行为举止、穿衣打扮、旅游安排等都应适合自己的个性特点和旅游环境等因素。在行为举止方面,出游者应做到文明、礼貌,并应根据不同的旅游环境选择得体的行为举止,尊重和遵守当地的民俗习惯。在穿着打扮方面,出游者应根据旅游景点的天气、环境等因素,选择文明、舒适、便利的服装。在旅游安排方面,出游者应根据自身的年龄、身体状况和经济状况,选择合适的旅游项目和旅游消费等。

(四)宽容原则

宽容原则是指在出游过程中,人们要宽以待人、与人为善。在出游过程中,由于人们的年龄、性格、文化水平、职业等不同,对问题的认识和对事情的处理方式也不同。为避免不必要的矛盾,出游过程中,人们要相互理解和宽容相待,要坚持与人为善、以和为贵。只有这样,出游过程中人们之间的关系才会更加融洽,旅途中人们才会更加舒心。俗话说"忍一时风平浪静,退一步海阔天空",说的就是这个道理。

三、出游礼仪的作用

出游礼仪对保障旅途的安全、顺利有着非常重要的作用,甚至对提高人们的综合素质、促进旅游事业的健康发展、提升社会文明水平、加快国家经济的发展都有重要作用。具体来说,出游礼仪主要具有以下四个方面的作用。

(一)教育作用

出游礼仪无论对出游者,还是对旅游从业人员,都具有重要的教育作用。在出游过程中,人们可以通过践行出游礼仪达到互相影响、互相学习、互相提高的教育作用,使人们在出游中做到遵守公共秩序、语言文明、举止规范、注意安全、爱护公共设施等,进而提升人们的文明素质。

(二)协调作用

在出游过程中,出游礼仪不仅有助于协调出游者、旅游从业人员,以及相关不同领域的服务人员之间的相互关系,也有利于协调人们与旅游景点之间的生态平衡关系。出游礼仪的这种协调作用,对于调整人与人之间、人与集体之间、人与自然之间的关系是不可或缺的。

(三)沟通作用

在出游过程中,践行出游礼仪有利于出游者之间,以及出游者与旅游从业人员、相关服务人员之间达到更好的沟通效果,建立融洽的、和谐的人际关系。在互相沟通中,人们可以加强彼此之间的了解,增进彼此之间的感情,进而有助于化解旅途中出现的矛盾,解决旅途中遇到的困难,形成互帮互助、团结协作的氛围,甚至在出游结束时使人们对旅游团队有依依不舍之情。

(四)维护作用

出游者和旅游从业人员如果都认同和践行出游礼仪,都能做到言谈礼貌、举止文明,那么对于建立和维护良好的人际关系,维护大家的出游安全都能起到非常重要的作用。这也有利于维护旅游景点以及其所在区域的良好社会秩序,从而促进旅游业健康有序发展和社会的和谐稳定。社会越稳定,旅游秩序越好,人们就越喜欢出游,这种良性循环是社会经济发展的重要动力。

第二节 游览景点的礼仪

在出游时,人们一般应提前做好出游的行程规划、服装准备、重要物件准备、日常用品准备等,以满足出游中的各种需要。在出游过程中,人们应遵守相关礼仪规范,也要注意相关的礼仪禁忌。

一、游览景点的礼仪规范

人们在景点旅游时,要遵守《中国公民国内旅游文明行为公约》,树立文明出游意识,维护环境卫生,遵守公共秩序,保护生态环境,保护文物古迹,爱惜公共设施,尊重他人权利,讲究以礼待人,做文明的旅游者。

(一)维护旅游景点的环境卫生

在游览景点时,人们应做到举止文明,特别要注意维护公共环境卫生,遵守景点卫生管理规定。一是不乱扔垃圾。大家可以在出游前准备好垃圾袋,不随地吐痰和口香糖,不乱扔果皮、纸屑等废弃物,可以把这些废弃物暂时存放在随身携带的垃圾袋里,然后定点投放到垃圾箱里。二是注意垃圾分类。出游时,人们也要注意将垃圾合理分类,按照垃圾箱的标识将垃圾分类投放。三是不吸烟、不酗酒。出游时,人们应做到不在景点内吸烟和酗酒等。若想吸烟,可以咨询景区工作人员到指定的地点,但要注意及时熄灭烟头,不随意乱扔烟头,以免发生火灾。

（二）遵守旅游景点的公共秩序

景点是公共场所，人们在游览时一定要遵守公共秩序。一是遵守排队秩序。在游览景点时，特别是在进入景区时、在热点景色处拍照时、游玩项目时、就餐时等，都需要大家文明排队，依次进行。二是规范行进的方式。在出游中，如果同行的人较多，一定要注意右侧通行，不能多人并行挡道。同时，还要注意景点的行进方向标识，如仅限上行，仅限下行等，应按照标识有序行进。三是不大声喧哗吵闹。在游览景点，大家说话时要尽量放低音量，不要随意大声喧哗、追逐打闹，带小朋友的家长要看管好自己的孩子，不要影响其他游客。

（三）保护旅游景点的生态环境

人们在出游过程中，要有环境保护意识，在保护环境卫生的同时，也要注意保护旅游景点的生态环境。一是不能随意踩踏草坪。景点的草坪是供游客享受和欣赏的，不能随意走进草坪中休息、照相、露营等。二是不摘折景点的花木和果实。景点的花草树木都是景点工作人员辛苦培育，供游客欣赏和参观的，不宜因为个人喜好随意摘折。同时，为了这些花木的成长，景点工作人员还会不定时地喷洒药物，大家为了个人安全也不应随意摘折。三是要爱护景点的动物。人们应严格按照景点相关管理规定参观动物，要认真阅读动物区附近的标识文字以及禁忌要求等，不追捉、投打、乱喂动物，以防造成人身安全事故。

（四）保护旅游景点的文物古迹

文物古迹是历史发展进程中人类所创造的宝贵财富，相比较于一般旅游资源，文物古迹有着明显的特殊性，主要表现在文物古迹的历史性、不可再生性以及脆弱性等方面。因此，人们一定要认识到这些文物古迹的真正价值，要精心爱护。一是不随意涂刻。在参观文物古迹时，大家不仅要怀有敬畏之心，还应做到不在文物古迹上乱写、乱画、乱刻、乱涂等。二是不攀爬触摸文物。在景点，许多文物古迹都被工作人员用围栏保护起来，只允许游客保持一定距离参观，但仍有部分游客不仅靠近，而且还攀爬触摸文物古迹，这不仅违反了景点的相关规定，也违背了出游的礼仪要求。三是不随意拍照摄像。拍照摄像已经成为人们出游的常规性行为，但是参观文物古迹时，一定要按照景点的规定进行。因为一些拍照和摄像设备的使用会对文物古迹造成无法弥补的伤害，所以，景点会有一些文物古迹是禁止拍照的。人们一定要理解和积极支持景点的相关规定。

（五）爱惜旅游景点的公共设施

景点的公共设施是旅游基础设施，主要包括旅游饭店（宾馆）、旅游交通以及各种文化娱乐、体育、疗养等物资设备等。公共设施是旅游景点为人们提供便利服务的基本条件，因此，要文明使用、细心爱护。一是不污损公共设施。在游览过程中，不仅要注意景区公共设施的合理使用，还要注意保持公共设施的整洁卫生，应做到不破坏、不玷污、不影响其他游客使用。二是不私自占有公共设施。景点的公共设施是公共物品，是为所有游客服务的。因此，在使用时，既不能将其据为己有，也不能长时间占用，因为那样做不仅会影响其他游客的正常使用，也是不道德的行为，甚至是违法的行为。

（六）尊重他人的权利

根据《中华人民共和国旅游法》的相关规定，游客在出游过程中应当享有下列权利：自主选择权、拒绝强制交易权、知悉真情权、要求履约权、受尊重权、请求救助保护权、特殊群体获得便利优惠权等。游客在享受上述权利的过程中也要同样尊重他人拥有的相应权利。尊重他人权利，一是要尊重他人的生活习俗和选择。在出游过程中，人们有时会遇到一些有个性的游客，他们有自己的习惯，在饮食、服装、游览项目的选择等方面都有自己的个性化特点。这时人们应给予理解和尊重，不要嘲笑和批评。二是礼让他人。礼让他人是一种礼貌，也是对他人的一种尊重。在景点的表演场地、餐厅、卫生间等公共场所，容易出现插队、拥挤和争抢座位等现象。大家如果能主动礼让他人，遵守公共秩序，就会避免上述情况的出现。这样不仅能展示个人的礼仪素养，也会融洽游客之间的感情。三是尊重景点工作人员。他们是为所有游客提供服务和帮助的人。他们每天都为景点的环境卫生、景点项目的咨询、景点位置的引导、景点的餐饮等付出辛苦的劳动，因此，游客应理解并尊重他们的工作。游客主动自觉地遵守景点的相关规定，就是对景点工作人员尊重的表现。不仅如此，游客还应对工作人员提供的每一项服务报以微笑和感谢。

（七）以礼待人

以礼待人是出游礼仪的尊重原则和自律原则的具体表现，也是出游过程中人们友好交往必备的素养。以礼待人主要表现在以下几个方面。一是着装整洁得体。游客在游览的过程中，可以穿着舒适、得体、干净的服装，但不能穿过分"透、紧、露"的衣服，否则容易引起他人的不适和反感。同时，还要注意一些特殊的景点,比如宫殿、教堂、寺庙、陵寝等,到这些地方游览前,应提前明确穿衣规定,按要求选择合适的衣服。二是语言文明礼貌。在游览景点时,游客使用的语言是否文明,会直接影响游客之间的互相交流,也会影响个人的心情和他人的情绪。因此,在交流时,大家应注意使用礼貌用语,多用敬语和谦语,这是以礼待人的表现,切记不要讲粗话、俗话和脏话。三是态度谦和、热情。在出游时,人们对待他人都应该做到态度可亲,热情和蔼,相互之间要真诚,不做作;遇到他人有困难时,要及时相助;遇事要稳重,不急躁、不粗暴。

二、游览景点的礼仪禁忌

人们在出游时主要应注意以下礼仪禁忌。

(一)忌用语不当

在游览景点时,除了要注意使用文明用语外,还要注意语言的使用场合、交流对象的特点,以及对对方的称呼等。交谈的话题和内容不能违背对方的民族文化、风俗习惯和宗教信仰等。例如,大家在参观寺庙时,与僧人交谈不宜提及杀戮之词、婚配之事等,以免引起他人反感,甚至产生意外的麻烦。在使用称呼时,要注意使用尊称、谦称,切忌不使用任何称呼,直接使用"喂""哎"等;也不要使用替代性称呼,例如,称呼年长者为"老头""老太太"等,或称呼对方为"××佬"等;更不要使用侮辱性称呼,例如,直接称呼他人为"胖子""黑子"等。

(二)忌行为不当

在游览景点时,要注意规范个人的行为举止,遵守公共秩序。参观游览,忌抢车、抢座、抢食,更忌结伙"互助"分工抢占。对于妇、幼、老、弱,忌不予理睬,更忌轻视埋怨他们。自驾游时,忌在危险地方超人抢路或堵道不让。游览观光过程中,忌有意无意地突然碰撞别人。在参观寺庙、教堂时,忌乱走、乱动、乱摸,也忌指点议论、妄加嘲讽等。

(三)忌礼节不当

参观游览时,礼节准确到位非常重要。不同的地域、不同的民族、不同的信仰,人们的礼节也不同。游客应注意不要违背游览景点的具体规定、当地的风俗习惯以及宗教信仰等。例如,参观寺庙时,与僧人见面,常见的行礼方式为双手合十,微微低头,或单手竖掌于胸前、低头,忌握手、拥抱、摸僧人头部等行为。

(四)忌离群独行

在出游过程中,大家一般应紧随集体行动,尽量不要私自离群独行,特别是到一些不太熟悉的旅游景点或有特殊宗教信仰的地方,因为那样容易因为个人行为不当而引起不必要的麻烦,使自己陷入危险的境地,甚至危及生命。同时,离群独行还会影响团体的出游计划,造成相关人员的担忧和恐慌,甚至带来更大的麻烦。

(五)忌轻信他人

在出游过程中,人们往往会遇到许多不了解的人,大家要有自我保护意识。例如,在住宿、购物、就餐、娱乐时,大家都要保持警惕,到正规的场所消费,不要轻信别人的话,更不要轻易跟随他们到陌生地方,这样不仅容易造成财物损失,有时甚至会带来生命危险。

三、出国(境)旅游的礼仪禁忌

各个国家或地区因为文化和历史背景不同,形成了不同的民俗习惯和禁忌。例如,在饮食、言谈举止、着装、赠送礼品等方面,不同的国家或地区有不同的要求或禁忌。出国(境)旅游时,游客应提前了解目的地的相关禁忌,并严格遵守,以确保旅途顺畅和安全。

(一)饮食禁忌

出国(境)旅游时,大家要注意当地的饮食禁忌。一是要注意饮食习惯禁忌。游客一般应提前查阅所要出游的国家(地区)的饮食习惯,就餐时尽量不要违背。例如,到加拿大旅游,尽量忌食虾酱、鱼露、腐乳以及动物内脏等;到美国旅游,尽量忌食动物内脏、大蒜、过辣的食品等。二是要注意餐具使用禁忌。在就餐过程中,游客要注意准确使用餐具。如果用刀叉就餐,就要注意刀叉的使用方式以及不同情况下应如何摆放刀叉。吃西餐时,要成对依次取用刀叉,忌用一副刀叉吃所有餐点。例如,吃鱼用的刀叉不能再用来吃肉或奶酪。如果使用筷子就餐,也要了解相关禁忌。例如,在日本就餐时,忌把筷子竖直插到碗里,不用筷子时,应把筷子平行横放在桌上一角。此外,有一些国家(地区)的人们用餐时不用筷子或刀叉,而直接用手。三是就餐行为禁忌。在国(境)外旅游时,人们应注意自己的就餐行为是否恰当,避免让对方产生厌烦情绪,甚至违背当地的风俗习惯,带来不必要的麻烦。例如,在一些国家(地区),忌讳用左手就餐、碰杯等;到美国旅游时,忌进餐时发出声响,忌替他人取菜,忌在进餐过程中吸烟和劝酒等;到英国旅游时,忌就餐时碰响水杯等。

(二) 言谈举止禁忌

通常,同样的言谈举止在不同的国家(地区)所代表的意思不尽相同。游客在出国(境)旅游过程中应注意当地的言谈举止禁忌。一是要注意言谈禁忌。在交谈中,有许多内容是必须回避的。例如,许多国家(地区)的人们都忌讳涉及政治、宗教等敏感性话题的交谈内容。也有些国家(地区)的人们忌讳谈及年龄、收入等个人隐私问题。同时,还要注意有些国家(地区)的人们忌讳当面批评他人和背地评论他人。二是要注意行为举止禁忌。有些国家(地区)的人们因为受宗教或习俗的限制而忌讳某些行为。例如,到东南亚国家旅游时,当地人忌触摸头部,即使大人对小孩的抚爱,也不会用手去摸他们的头部,因为他们认为头部是最高贵的部位;同时,当地人还忌用左手与别人接触,忌双腿分开坐或跷二郎腿。西方人忌讳别人乱动衣物,忌讳谈话时把手插入口袋,老人忌讳被搀扶。

(三) 着装禁忌

由于宗教信仰、民俗习惯有所不同,不同国家(地区)的人们对着装也有不同要求。出国(境)旅游时,人们应注意当地的着装禁忌。一是要注意着装的款式禁忌。在出游过程中,人们的着装应得体、整洁、舒适,忌穿着过分暴露的衣服。例如,到一些国家参观寺庙、宫殿等时,需要穿着端庄,不应穿暴露胳膊、腰部、膝盖等的衣服。二是要注意着装的颜色禁忌。出国(境)旅游时,人们也要注意服装颜色的选择,避免与当地的着装习俗相违背。例如,到马来西亚旅游时,当地人忌讳穿黄色或过于鲜艳的衣服。到捷克旅游时,忌讳穿红三角图案或类似图案的衣服。在西方,有些国家忌讳黑色或紫色。三是忌穿着假冒服装。出国(境)旅游时,人们在着装方面还要注意选择正式品牌,忌穿假冒伪劣、仿造的服装。尤其是西方一些国家,他们特别重视服装品牌的维权问题,如果被发现穿着仿造服装,可能会带来不必要的麻烦。

(四) 赠送礼品禁忌

出国(境)旅游时,如果需要给他人赠送礼品,要注意当地的赠送礼品禁忌。一是要注意礼品的寓意禁忌。在赠送礼品时,应注意礼品本身在当地的特殊寓意。例如,荷花在我国代表高贵纯洁,但在日本则被认为是丧花,当地人忌讳被赠送荷花。还有些国家忌讳赠送刀、剪等,因为他们认为这样的礼品有断绝关系的寓意。二是要注意礼品的数量禁忌。许多国家的人们不喜欢数字"13""4",还有些国家的人们不喜欢数字"7""9"。此外,西方一些国家的人们还忌送双数的礼品或者鲜花。出国(境)旅游需要赠送礼品时,一定要了解当地的这些风俗习惯。三是要注意礼品相关图案的禁忌。在赠送对方礼品时,要注意不要赠送带有违背对方风俗习惯和个人忌讳图案的礼品。例如,日本人忌讳带有狐狸、獾等图案的礼品。一些国家的人们忌讳带有猪、狗、猫等动物图案的礼品,还有些国家的人们忌讳带有菊花图案的礼品。

第三节 出游安全礼仪

出游安全礼仪是人们为了出游的顺利和平安而应遵守的行为规范和准则,主要包括人身安全礼仪、交通安全礼仪、财产安全礼仪、食品安全礼仪和住宿安全礼仪五个方面。

一、人身安全礼仪

人身安全礼仪是出游安全礼仪的重要内容,也是践行其他安全礼仪的前提。人们在出游时为了保护好自己的人身安全,主要应注意以下几点。一是准备好有关信息。在出游时,应带上一份自己的旅行计划和日程安排表,以及必要的联系电话号码,包括家人、朋友、单位、航空公司、旅行社,以及导游等,并最好复印一份留给自己的亲友,以便在需要时能够与各方及时取得联系。出国(境)旅游时,最好了解并记住我国驻目的地大使馆的电话,或者一些协会、基金会等社会组织的联系方式,以备必要时及时求助。二是要尊重当地的风俗习惯。在出游时,特别是到有特殊民族习俗或特殊信仰的地方旅游时,应提前了解当地的习俗禁忌,避免因言行举止不当引发误会或纠纷。三是不要单独外出行动。如果夜间或自由活动时间要外出,最好与熟悉的人结伴出行,并告知导游或团友,这样既可以互相照应,也更加安全。四是随身携带当地住宿地的地址、电话,保持通信工具畅通,以备发生意外时能及时联系。五是要记住导游交代的集中地点、时间、所乘游览巴士车牌号码等,万一脱团,在集中地点等候导游返回寻找或电话联系。六是不要到"禁止入内""游客止步"的地方或危险的地方游玩,要合理选择旅游项目和出行路线,谨慎参加登山、浮潜、跳伞、探险等高风险旅游项目。

二、交通安全礼仪

　　交通安全礼仪是出游安全礼仪的重要内容。出游时,人们主要应注意以下交通安全问题。一是要遵守秩序、礼让他人。若乘坐公共交通工具出游,人们在候机(车、船)大厅内要注意文明礼貌,不要用行李占位置或横躺在座位上。上下飞机(车、船)时要遵守秩序,不要拥挤或抢道。行进过程中要注意系好安全带。二是要妥善安置携带的物品。在出游时,人们应将随身携带的物品放在指定位置,例如,飞机座位上方的行李舱、车和船的座位下面和行李架上等,切记不要把个人的物品直接放在过道上,以免影响其他人通行。放置随身携带的物品时要与周边的乘客互相礼让。三是要保持安静,不影响他人。乘坐公共交通工具时,要时刻注意保持安静,谈话时声音不要过大,尽量不要隔着座位谈话,也不宜前后座谈话。大人要照看好自己的小孩。夜间出行时更要保持安静,以免影响其他游客休息。当集体出游时,更要注意不嬉笑打闹,不大声喧哗。

三、财产安全礼仪

　　财产安全是保证出游顺利的重要因素。在出游过程中,人们主要应注意以下财产安全问题,一是要保护好随身携带的现金和银行卡的安全。大家一般可将这些物品放在衣服内侧兜里或者本人视线所能看到的地方。现在大部分人都是选择携带手机,通过移动支付的方式进行消费,因此,一定要注意使用移动支付时的环境安全,付款码不要提前出示。如果手机不慎丢失,一定要先将与其绑定的银行卡冻结,以防出现财产损失等情况。二是贵重物品要随身携带。购买贵重物品是一些游客旅游过程中的自愿选择项目,如已购买就要妥善保管,每次出行前都要仔细检查贵重物品是否携带齐全,保管是否安全。三是要保持低调,不炫富。出游时,大家尽量不要携带过多的现金。与他人接触时要注意低调处事,不要轻易炫富露财。特别注意不要当众数钱,钱财的存放位置要谨慎。在出游过程中,要警惕陌生人搭讪,如果丢失财物或者遭遇突发事件,要及时报警。

四、食品安全礼仪

　　为了保证出游中的个人安全和健康,人们应认真践行食品安全礼仪。在出游过程中,主要应注意以下食品安全问题。一是要注意用餐礼节。在出游过程中,就餐经常采用集体拼桌的形式,这就需要游客主动遵守用餐礼节。就餐时,要听从导游安排,不要抢座位。就餐过程中,要注意自己的"吃相",不要只挑自己喜欢的菜狼吞虎咽,而不顾他人,要先夹离自己近的菜,从靠近自己的一侧先夹,用餐时尽量不要发出声音,同时,还要注意使用公筷。二是要注意饮食卫生。出游过程中一定要注意个人卫生和当地的饮食习惯,预防出现水土不服、消化不良、肠道感染等情况,除了可以提前准备一些药品和可食用的食物外,还要做到饭前便后勤洗手,要选择正规干净的餐馆就餐,不要购买路边无牌照摊档的食品。三是忌暴饮暴食。品尝美食是出游过程中的重要内容,但应注意饮食有度。对于不合自己口味的食物不要公开表示嫌弃,对于符合自己口味的食物也不要无节制地食用;同时,还应注意不多食生食、冷食等。

五、住宿安全礼仪

住宿安全礼仪是保证个人安全和旅游顺利的重要因素,也是游客在出游过程中应遵循的礼仪规范。在出游过程中,主要应注意以下住宿安全问题。一是要注意住宿环境的安全。在出游过程中,大家要关注住宿地点是否安全,具体要关注住宿地点的位置是在闹市还是在偏僻的地方,周围是否存在安全隐患。同时,还要注意住宿房间周围的环境,特别是隔壁或就近房间的住宿人员情况等。二是要注意住宿设施设备的安全。出游在外,办理住宿时要注意住宿房间设施设备的安全情况,进入房间后,要先检查水、电、空调等设施是否能安全使用,如有问题可及时要求修理或调换房间;还要注意洗漱用品、毛巾、杯子等酒店配备物品是否齐全,床单是否干净,如有问题可及时请服务人员解决;在出入房间时,要整理并放好自己的物品,随时带好门卡,随手关门;还要注意检查酒店里是否有特殊的"监控"设备,以防损害自身权益;此外,在使用房间里的设施和所提供的各种物品时应注意爱惜,如不慎损坏应主动道歉并赔偿,切忌故意隐瞒,或贪小便宜,把不属于自己的东西带走。三是安全住宿要自律。在出游住宿时,要注意自觉遵守礼仪规则,不影响和打扰他人。如果去他人房间,应提前预约,轻按门铃或敲门,不可重击房门或大声叫喊,未经允许不可擅自进入。开、关房门声音要轻,不要在房间内大声喧哗或举行吵闹声较大的聚会等。

 **案例分析**

> 高考结束后,宋阳和三名同学相约一起去北京旅游。他们在没有做任何旅游策划的情况下就来到火车站,正赶上有一趟50分钟后发往北京的火车。他们匆忙买了四张票,座位都不在一个车厢。为了大家能聚在一起,他们与其他乘客反复协商换座,一个多小时候才解决了这个问题。坐在一起后,大家心情都非常激动,一边喝酒一边大声聊天,引起了周围乘客的关注、不满和厌恶,有的乘客还找来乘务员,让他们保持车厢安静和卫生。途中有旅客经过时,不小心撞到了四个人中的一个同学,可能是因为喝了点酒,这位同学和对方发生了激烈争执,直到乘务员来协调才得以解决。第二天早上到达北京后,有位同学发现自己的钱包丢了,包括里面的证件和现金。他非常着急和沮丧,大家出游的心情也受到影响。在游览故宫时,他们先是插队进入,游览时还大声喧哗打闹。晚上从景点回来后,原先预定的宾馆因没有及时办理入住手续而被取消入住资格,他们又经过两个多小时才找到住宿的地方。这时大家已经筋疲力尽、情绪低落,旅游的兴奋情绪已经被严重冲淡。
>
> 从出游礼仪的角度,分析宋阳和他的同学这次旅行中有哪些不妥的地方,并提出正确的解决办法。

本章小结

1. 所谓出游礼仪,是指人们在外出旅游过程中,为了更好地体现文明修养、保护环境和旅游设施、保证旅游安全、达到旅游目的而应该遵循的行为准则和规范。

2. 出游礼仪主要具有共同性、实用性、灵活性和广泛性四个特点。

3. 践行出游礼仪,主要应遵循四个原则:尊重原则、自律原则、适合原则和宽容原则。

4. 出游礼仪主要有四个方面的作用:教育作用、协调作用、沟通作用和维护作用。

5. 游览景点的礼仪规范主要包括维护旅游景点的环境卫生、遵守旅游景点的公共秩序、保护旅游景点的生态环境、保护旅游景点的文物古迹、爱惜旅游景点的公共设施、尊重他人的权利、以礼待人七个方面。

6. 游览景点的礼仪禁忌主要包括忌用语不当、忌行为不当、忌礼节不当、忌离群独行、忌轻信他人五个方面。

7. 出国(境)旅游的礼仪禁忌主要包括饮食禁忌、言谈举止禁忌、着装禁忌、赠送礼品禁忌四个方面。

8. 出游安全礼仪主要包括人身安全礼仪、交通安全礼仪、财产安全礼仪、食品安全礼仪、住宿安全礼仪五个方面。

复习思考题

1. 简述出游礼仪的含义及特点。
2. 践行出游礼仪主要应遵循哪些原则?
3. 游览景点的礼仪规则有哪些?
4. 游览景点有哪些礼仪禁忌?
5. 出国(境)旅游有哪些礼仪禁忌?
6. 出游安全礼仪具体包括哪些内容?

第十章　涉外礼仪

本章提要

本章从涉外礼仪的含义、特点、原则,以及着装礼仪、拜访礼仪、迎送礼仪、会面礼仪等方面介绍了涉外礼仪的主要内容。

本章学习目标

1. 了解涉外礼仪的含义和特点;
2. 掌握涉外礼仪的原则;
3. 掌握涉外交往中着装、拜访、国旗、通信及小费等方面的礼仪规范;
4. 掌握涉外接待中的迎送礼仪、会面礼仪、宴会礼仪的具体规范。

第一节　涉外礼仪概述

随着对外开放的深入发展,我国与世界各国的交往越来越多,科研合作、经济往来、旅游、探亲和劳务输出等涉外领域越来越广泛。作为一名现代中国人,了解并践行涉外交往的相关礼仪规范,不仅有助于增进友谊、促成合作,还有助于维护国家形象和尊严,体现我国"礼仪之邦"的风采。

一、涉外礼仪的含义

涉外礼仪是指人们在涉外交往与工作中,用以维护自身和国家形象,向交往对象表示尊重与友好的各种礼仪规范。它是在长期的国际交往中逐步形成的,是国际通用的礼仪规范。

(一)涉外礼仪是国际通用的礼仪规范

在现代社会中,无论是国际政治、经济交往,还是国际文化交流,人们都应遵照一定的、大家普遍认可的礼仪规范。如果离开了这些礼仪规范,人们的涉外交往活动便会变得无章可循,费时费力,甚至混乱不堪。

(二)涉外礼仪随着国际交往的发展而发展

涉外礼仪是在长期的国际交往中形成和发展的。各国的人们在相互的外事交往活动中,不断地沟通,互相交流、学习。在此过程中,涉外礼仪逐步产生并不断丰富、完善,而且还会随着国际交往的全面、深入发展而发展。

(三)涉外礼仪能体现各国文化的特点

各个国家和地区的传统文化、历史背景、风俗习惯的差异,使各国的涉外礼仪在国际通用的前提下,又具有一定的本土特色,体现出各国文化的特点。在国际交往中,这些本土特色不仅得到认可,同时也得到了人们的尊重。

二、涉外礼仪的特点

涉外礼仪主要具有以下几个特点。

(一)民族性与国际性的统一

涉外活动的交往双方总是处在宾主之别的不同地位上,或为宾客,或为东道主。作为东道主,通常讲以礼待客,主随客便;作为宾客,通常讲入乡随俗,客随主便。无论为客,还是为主,涉外礼仪的内容只能来自两个方面:一是本国的礼仪传统,二是对方的风俗习惯。这就意味着涉外礼仪必然是民族性与国际性的统一。就我国的涉外礼仪而言,一方面,它充分具有中国特色,体现中国文化的特点;另一方面,它也与国际礼宾规则相接轨,适应各国的风俗习惯。

(二)原则性与灵活性的统一

涉外礼仪具有原则性与灵活性相统一的特点。原则性主要体现在涉外交往过程中对于一些基本的礼仪规范,交往各方原则上必须遵守,不能违背。灵活性是指涉外交往中,在遵守原则性的基础上,注意遵守对方国家或地区的礼仪习俗,灵活地运用原则性,以促进国际合作的顺利达成。原则性不是一成不变、照搬照抄僵死的教条,只有把原则性和灵活性统一起来,涉外交流才能顺利开展。

(三)谦虚与自信的统一

在涉外交往中,要谦虚、谨慎地对待外国友人,这既是对对方尊重、友好的表

现,也是个人礼仪修养和国家文明程度的体现。在国际交往中,要礼貌地对待外国友人,不论对方国家的大小、先进或是落后,都应礼貌对待,虚心学习他人的长处,不狂妄自大、盲目排外。同时,还应该注意树立民族自尊心、自信心和自豪感,在外国人面前,言行举止要做到文明礼貌,得体合理。即使在与发达国家的友人交流时,也不必低声下气,而应不卑不亢。

三、践行涉外礼仪应遵循的原则

践行涉外礼仪应遵循的原则是根据礼仪规范和涉外交往实践,从整体性、普遍性高度加以概括形成的,对涉外交往具有普遍指导意义。践行涉外礼仪主要应遵循以下八大原则。

(一)维护形象

在国际交往中,人们普遍对交往对象的个人形象比较关注,大家也都十分重视塑造和维护自己良好的个人形象。因为每个人的形象不仅体现出个人的教养和品位,同时也代表着单位、民族、国家的形象。因此,在涉外交往中,人们都应该注意维护自己的个人形象,特别是要在初次交流时给对方留下良好的第一印象。在涉外交往中,要做到衣着大方得体,举止端庄优雅,言谈文明礼貌。

(二)诚信守约

诚信守约是做人应有的基本素养,也是践行涉外礼仪应遵循的重要原则。在涉外交往中,与对方打交道,小到约会见面,大到商务往来,都应做到讲诚信、遵守约定,不随便违约。要忠实履行自己应该承担的责任和义务,谨慎对待许诺,若没有把握,切勿信口开河、草率承诺。这样才能取信于对方,促进双方的合作。如果遇到突发事件不能履约,应尽早向对方通报情况,解释缘由,表示歉意,并另行约定。

(三)求同存异

在涉外交往中,要坚持求同存异的原则。求同就是共同遵守国际惯例,尊重礼仪的普遍性;存异则是要尊重他国礼仪风俗的特殊性,对其要给予更多的尊重和理解。世界各国的文化、习俗存在一定的差异,在涉外交往中,应多了解并尊重他国的礼仪习俗,而不应以自己的价值观、审美标准来评判是非、鉴定优劣。在交流中,要寻找大家礼仪习俗的共同点,对于不同点也不必争论,更不要强求对方必须遵循自己一方的规范。

(四)尊重隐私

在涉外交往中,要尊重他人的隐私,尊重他人的尊严。隐私是个人不愿意或不便告诉他人的私人信息。现代人大多非常重视保护自己的隐私。涉外交往中,千万不能把"热情关心他人"的做法滥施于人,应当自觉回避与对方隐私相关的任何内容,不主动打听对方的年龄、收入、婚恋、家庭、健康、经历、住址、籍贯,以及宗教信仰、政治见解等。

(五)入乡随俗

在涉外交往中,要做到尊重交往对象,就应了解并尊重对方所独有的风俗习惯。这也是对交往对象的友好和敬意。当自己为客人时,则要讲究入乡随俗、客随主便;切不可我行我素,给主人添麻烦或让主人无所适从。反之,当自己是东道主时,应热情好客、彬彬有礼,若发现接待方式使客人不适应,可适当采用对方习惯的礼仪礼节,使之感觉舒适,有宾至如归之感;切不可妄加非议、以我为尊。

(六)热情适度

在涉外交往中,我们不仅要待人热情友好,使对方感到亲切,还要把握好热情友好的分寸,以免过犹不及、事与愿违。要做到关心有度、接触距离有度、言行举止有度。既要真诚热情待人,也要尊重对方的个性独立,不能过分关心;既要友好地帮助他人,也不能干预过多,否则容易引起对方反感。

(七)尊重女士

在西方国家,"女士优先"被认为是男士具有高雅风度的表现。现代社会,尊重女士已是国际社会公认的一条重要的礼仪原则,也是衡量男子是否具有文明教养与礼仪风度的重要标准。在社交场合,男士要尊重女士、礼让女士,要积极主动地照顾女士、体谅女士、关心女士、保护女士,并且时时处处努力为女士排忧解难。

(八)不要过谦

中国的传统礼仪讲究"谦虚谨慎",在日常交往中人们在践行这一原则时,若谦虚过度,往往就容易有贬低自我之嫌。人际交往中,西方人更讲究自尊、自信。因此,在与外国朋友打交道时,千万不要过分谦虚客套,以免他们怀疑你的真实能力。要本着互相尊重的原则,明白尊重别人的前提是要学会自尊,敢于和善于对自己进行正面的评价和肯定,在言行方面做到自尊、自信、从容自得。

第二节　涉外日常礼仪

涉外日常礼仪是人们在涉外的日常工作和生活中应当自觉遵守的,体现律己敬人和真诚友好的行为规范。

一、着装礼仪

在涉外交往中,人们应根据所处的具体场合,遵循相应的着装礼仪规范。

（一）公务场合

公务场合是指涉外人员处理公务或开展工作时的场合。在公务场合,涉外人员的着装应当端庄大方、整洁规范。具体而言,男士最好身着藏蓝色、灰色的西服套装或中山装,内穿白色衬衫,脚穿深色袜子、黑色皮鞋。穿西服套装时,务必要打领带。穿衬衣要将前后摆塞在裤内,袖口不要卷起。皮鞋要上油擦亮。女士最好身着单一色彩的西服套裙,内穿白色衬衫,脚穿肉色长筒丝袜和黑色高跟皮鞋;不宜穿时装和便装,以及过于暴露、紧身、短小的服装。

（二）社交场合

社交场合是指涉外人员在公务活动之外,与他人开展交流、参加应酬活动的公共场所,如出席宴会、观看演出、登门拜访等。在社交场合,涉外人员的着装应当重点突出"时尚、个性"的风格,不必过于保守从众,也不宜过于随便。社交场合常见的着装类型主要有时装、礼服、具有本民族特色的服装等。在许多国家,人们在出席隆重的社交活动时有穿着礼服的习惯,男式的礼服是黑色的燕尾服,女式的礼服是露肩、露背、拖地的单色连衣裙。在我国,需要穿礼服时,男士一般穿深色中山装套装,也可以穿民族服装或西服套装,女士则穿单色的旗袍或下摆长过膝部的连衣裙。

（三）休闲场合

休闲场合是人们在公务、工作之外,置身于闲暇地点进行休闲活动的场合,如居家或进行健身、娱乐、逛街、旅游等活动的场合。在休闲场合,涉外人员的着装可突出"舒适、自然"的风格。只要不有碍健康,不违背伦理道德,不触犯法律,在休闲场合的着装可以无拘无束,怎么舒服、怎么方便就怎么穿。休闲场合的着装主要有牛仔装、运动装、夹克衫、T恤衫、短袖衬衫等。在休闲场合,男女的着装分别并不明显,甚至可以男女通用。在休闲场合不宜穿套装或套裙,也不必穿制服,否则就会因过于正规而令人不适。

二、拜访礼仪

掌握和践行涉外拜访礼仪,有利于双方开展融洽的交流,建立密切的友好关系。

(一)做好准备工作

涉外交往中,若有拜访计划应提前做好以下准备工作。

1. 确定拜访日程

在涉外拜访中,如果是个人拜访,确定拜访日程后要及时通报给东道主,方便对方做好充分准备。如果是公务出访,特别是因公组团的正式出国访问,确定出访国家之后,安排出访时间时应避开东道主一方重要的节假日和重要的活动时间。出访日期与具体行程应由宾主双方协商确定,通常东道主应尽量满足来访者的合理要求,以示对客人的尊重。协商完毕后,由东道主发送出访邀请函,出访者应随身携带。

2. 准备必要的物品

出国拜访前,相关人员应准备好护照、签证等。此处还应根据出访国家的规定办理相应的《健康证明书》《预防接种证明书》《艾滋病检验证明书》等,并且随身携带,以备检查。在涉外拜访中,出访时来回乘坐的交通工具,均由出访者根据具体情况自行负责解决,应以安全、省事、经济为宗旨。一般情况下,要尽量避免在夜间抵达目的地,以免给东道主带来不便或妨碍他人休息。

3. 做好安全保密工作

在涉外拜访期间,有关安全方面的一切事项,一般均由东道国方面全权负责。但出访者也应注意,要尽量与东道国人员积极配合,不要单独行动,更要高度重视保密问题,严防泄密和他人窃密。

4. 了解当地的风土人情

在涉外拜访之前,应了解有关当地的国情、习俗等方面的知识,以示对对方的了解和尊重,做到入乡随俗,避免出现有悖于对方风俗习惯的尴尬局面。为了出访顺利,还应提前了解主要交往对象的个人及家庭状况,进行适度交流,以避免失礼。

（二）涉外拜访中的礼仪

涉外拜访中主要应践行以下礼仪规范。

1. 事先有约

在涉外拜访前，要与对方事先约定具体时间、地点和拜访内容，以免打乱对方的日程安排。在约定拜访时间时，通常应当避开节假日、用餐时间、过早或过晚的时间，以及其他一切对方不方便的时间。约定拜访地点时，公务拜访可以在办公场所，私人拜访可以在家里或休闲场所。

2. 守时践约

涉外拜访时，守时践约不仅能体现个人的良好信用，提高办事效率，同时也能体现对交往对象的尊重和友好。万一因故不能准时抵达，务必要及时通知对方，必要时还可与对方协商将拜访改期。若出现这种情况，一定要记住向对方郑重、诚恳地道歉。

3. 及时通报

拜访时，倘若抵达约定的地点后，未与拜访对象直接见面，或是对方没有派人员在此迎候，则在进入对方的办公室或私人居所的正门前，有必要先向对方进行一下通报。具体而言，前往大型公司、企业拜访他人的时候，应当先前往接待处，向接待人员进行通报；前往饭店、宾馆拜访他人时，应当先在拜访对象下榻的饭店、宾馆的前厅里，用电话向对方通报，由对方决定双方见面的具体地点；前往私人居所或普通人的办公室拜访时，应当先轻叩一两下房门，或轻按一两下门铃，得到允许后再推门进入。

4. 礼貌拜访

拜访外国友人的时候，一定要遵守基本的礼节，切忌不拘小节、失礼失仪。当主人开门迎客时，应主动向对方问好，互行见面礼。倘若主人一方不止一人，则问候与行礼在先后顺序上应合乎礼仪惯例：一是先尊后卑，先向地位、身份高的人问候，后向地位、身份低的人问候；二是由近而远，先向距离自己近的人问候，然后依次而行，最后向距离自己最远的人问候；三是要先向女士问候，然后向男士问候。

入室后应将自己的帽子、墨镜、手套和外套脱下来，然后，要在主人的引导下进入指定的房间或坐在恰当的位置。倘若自己到达后，主人家还有其他客人在座，应当先问一下主人，自己的到来会不会使其不方便，必要时可以重新约定时间下次再来。

5. 举止有方

在拜访外国友人时，要注意自尊自爱，时刻以礼待人。在与主人或其家人、朋友交谈时，要慎择话题，切勿信口开河、出言无忌。在与异性交谈时，要讲究分寸。

对在拜访时遇到的主人的其他客人,要友好相待。当遇到其他客人较多的时候,要一视同仁,不要厚此薄彼或本末倒置地将主人抛在一旁。拜访时,要注意坐姿端庄、仪态得体。未经允许,不要四处乱闯,随意乱翻、乱动他人的物品。

6. 控制时间

在拜访他人时,应当具有良好的时间观念。一般情况下,停留的时间不要过长,以免影响或打乱对方既定的其他安排。礼节性的拜访,尤其是初次拜访,应控制在 15～30 分钟;常规的拜访也不宜超过一个小时。有些重要的拜访,往往需由宾主双方提前议定拜访的时长。在这种情况下,应严守约定,不要单方面延长拜访时间。提出告辞时,虽然主人表示挽留,仍须执意离去,同时,要向对方道谢,并请对方留步不必远送。在拜访期间,若遇到其他重要的客人来访或主人一方表现出倦态,应知趣地告辞。

三、国旗礼仪

国旗是一个国家的标志和象征,代表着国家的形象和尊严。国旗能够唤起国民的爱国热情、对国家的责任和荣誉感。人们往往通过悬挂国旗来表示对本国的热爱和对他国的尊重。需要注意的是,悬挂国旗要遵守相应的礼仪规范。

(一)悬挂外国国旗的场合

为了维护国家尊严,一个主权国家一般不允许随意在本国境内悬挂或摆放外国国旗。目前,我国仅允许在下列五种场合悬挂或摆放外国国旗:一是有外国国家元首、政府首脑正式到访时;二是外国贵宾访问期间我国举行重要的礼仪活动时;三是国际会议在我国举行时;四是重大的国际活动在我国举行时;五是为在我国所进行的国际经济的重要项目举行庆典或仪式时。同时,我国规定,在中国境内悬挂多国国旗时,必须同时悬挂中国国旗。

(二)悬挂国旗的礼仪

悬挂国旗的常规是:当悬挂两国国旗时,按国际惯例,以旗正面为准,以右为上,右方挂客方国旗,左方挂本国国旗。悬挂多国国旗时,应将东道国的国旗置于重要位置,其他国家的国旗应以东道国国旗为中心,按字母次序排列于左右两侧。

举行国际会议、展览会或体育比赛时,应悬挂所有参加国的国旗,即使是没有外交关系的国家,只要它是所举办活动的组织成员,东道国就应悬挂该国国旗。

在室外悬挂国旗,应早晨升起,傍晚降下。司职人员应服装统一、步伐整齐,表情庄严、肃穆。升挂国旗,应当将国旗置于显著的位置。在直立的旗杆上升降国旗,应当徐徐升降。升起时,必须将国旗升至杆顶;降下时,不得使国旗落地。不得升挂或者使用破损、污损、褪色或者不合规格的国旗,不得倒挂、倒插或者以其他有损国旗尊严的方式升挂、使用国旗。不得随意丢弃国旗。破损、污损、褪色或者不合规格的国旗应当按照国家有关规定回收、处置。大型群众性活动结束后,活动主办方应当回收或者妥善处置活动现场使用的国旗。

(三)演奏国歌的礼仪

国歌如同国旗一样,是一个国家的象征,一般只在正规迎送场合和仪式上演奏。外国领导人来访,在欢迎仪式上,军乐队会高奏两国国歌。这时乐队以管乐为主,服装要整齐划一。为表示对来宾的尊重,通常先演奏外国国歌。演奏国歌的时候,在场的人应起立,姿态端庄,表情严肃,任何人不可嬉笑、喧哗,也不可在场内随意走动。

国歌的曲调和配器都有许多严格的规定,任何人不得擅自更改。任何人不能以戏谑的方式在娱乐场所(如在酒吧或歌舞厅里)演奏或演唱国歌。

四、通信礼仪

在现代涉外交往中,通信方式主要有书信、电话、手机和网络等。无论采用哪种通信方式,都应遵循相关的礼仪规范。

(一)书信礼仪

现代社会,人与人之间沟通、联络的方式非常多,但书信交往仍然扮演着不可或缺的角色。在正式的涉外交往中,对重要事务的处理,往往通过书信的往来才能做最终决定,书信显得更为重要。下面以英文书信为例,简要介绍涉外书信的相关礼仪规范。

1. 涉外书信的书写原则

一份完整的涉外书信,其内容无论涉及哪些方面,都应遵循"7C"原则,即Completeness(完整)、Concreteness(具体)、Clearness(清楚)、Conciseness(简洁)、Correctness(正确)、Courtesy(礼貌)、Consideration(体谅)。

(1) 完整

完整要求书信的内容要全面,不要有缺漏,不要使用省略的表达方式。例如,尽量不用"ditto(同前)"之类的表意不明确的省略式表述。

(2) 具体

具体要求书信的内容要详细、准确,不要使用含糊、抽象、模棱两可、用意笼统的词。例如,在说明日期时,避免使用 yesterday(昨天)、today(今天)之类的词,而要具体说明某月某日。

(3) 清楚

清楚要求书信要根据主旨意思准确而恰当地把话讲明白,一般句子不要太长,一个段落表达一层意思,同时避免使用可能产生歧义或表意不明确的词语。

(4) 简洁

简洁要求书信要简明扼要地表达需要表达的意思,长话短说,直接切题。例如,可以用"please"取代"will you be good enough to",用"because"取代"for the reason that"等。

(5) 正确

正确要求书信的内容应准确无误,不能在行文中出现错误,这是书写书信的核心原则。一般来说,书信的正确原则包括语言叙述正确、数字使用正确、术语运用正确和写作方法正确等。

(6) 礼貌

礼貌要求书信中的语言要文明、客气,避免使用语气强硬或容易引起对方不快的词语。例如,在表达上可以把命令语气变成请求性的虚拟语气,可以用"we are afraid"来缓和过分强调的地方。

(7) 体谅

体谅要求书写书信时要顾及收信人的要求、愿望、感情以及收到此信后可能做出的反应。写信时,应该适当地从收信人的角度考虑问题,设身处地地替对方着想,这也充分体现了写信人对收信人的尊重。

2. 涉外书信的具体要求

(1) 信封

① 收信人信息。收信人的姓名、地址,应写在信封正面的右下角。书写顺序为:姓名、门牌号码和路名、城市(地区)名、邮政编码、国名,国名用大写字母(如图 10-1 所示)。

② 寄信人信息。寄信人的姓名、地址,应写在信封的左上角或信封背面的上半部。其书写顺序与收信人相同。注意:中方寄信人的地址一般采用汉语拼音与英文结合的方式书写,国名则用英文书写(如图 10-1 所示)。图中左上角为寄信人姓名和地址,左下角为特种邮寄说明,右上角为贴邮票处,右下角为收信人姓名和地址。

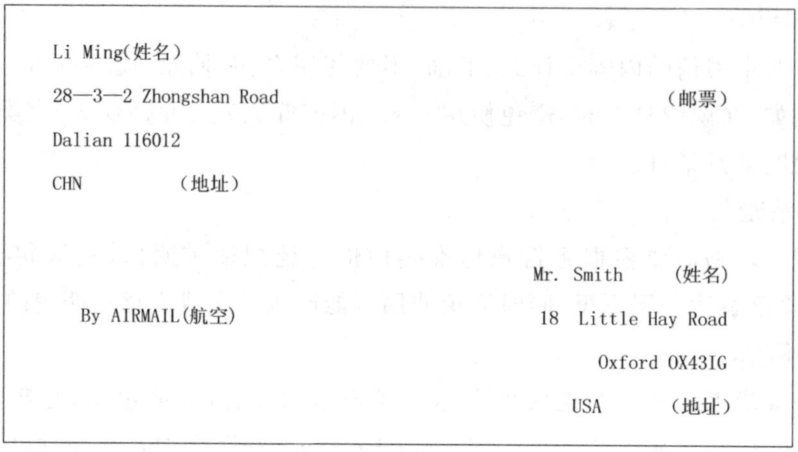

```
Li Ming(姓名)
28—3—2 Zhongshan Road                              （邮票）
Dalian 116012
CHN         （地址）


                                         Mr. Smith      （姓名）
        By AIRMAIL(航空)              18  Little Hay Road
                                             Oxford OX431G
                                            USA       （地址）
```

图 10-1 信封格式

③ 书写颜色。信封上收信人和寄信人的姓名和地址等信息，必须用蓝色或黑色笔书写，不得用红色笔书写。

（2）信函

国外的信函在格式、用语、文字等方面标准不一。不过各个国家都在逐步地与国际标准化信函的要求接轨。

英文的信函格式具有一定的代表性。通常，英文的信函由信头、信内地址、称呼、正文、结尾礼语和签名组成（如图10-2所示）。

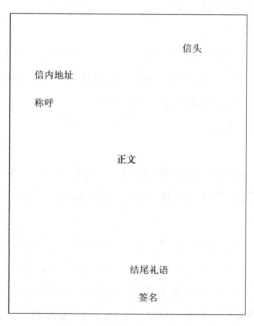

图 10-2 英文信函的格式

① 信头。信头一般位于第一页信笺右上方位置。信头包括发信人的姓名、单位、地址和发信日期。

② 信内地址。信内地址包括收信人的姓名、职位、单位名称和地址，一般写在信笺的左上角。

③ 称呼。称呼是指写信人对收信人的称呼。称呼一般与信内地址隔开一至两行，靠左顶格书写。

④ 正文。正文是书信的主体部分。正文一般包括开头、主要内容、将来的打算及结束语等几个部分。

⑤ 结尾礼语。结尾礼语一般写在正文下面二三行、签名上面一行的位置，第一个字母要大写，结尾用逗号。结尾礼语往往能反映自己对对方的态度和与对方的关系，例如，"Yours truly""Yours Sincerely"等。

⑥ 签名。签名位于结尾礼语的下方，一般在略偏右的地方签上全名。签名在对外社交性的信函中通常只是一种礼仪形式，但在正式公函和商务信函中，它具有法律效力。

(二) 电话礼仪

电话的常规礼仪规范在本教材中已有详细介绍（见第七章"职场礼仪"）。这里主要介绍涉外电话礼仪应当注意的事项。

1. 合理选择拨打电话的时间

拨打涉外电话时，要选择对方方便的时间，注意不要在他人的休息时间给对方打电话。打公务电话，不要占用他人的私人时间，尤其是节假日时间。非公务电话，应避免在对方的通话高峰期和业务繁忙的时间段内拨打。

2. 拨打电话礼仪

拨打电话前，最好将所讲事情的要点写在纸上，准备好相关资料，避免遗忘。拨通电话后，应确认接话人身份。确认无误后，应先向对方说明自己的身份，然后询问对方是否方便接听电话。若对方当时方便接听电话，应用最短的时间说清自己的通话目的和要求。通话过程中声音要柔和，态度要和善。通话结束后，要礼貌地说声再见，再挂上电话。

3. 接听电话礼仪

若有电话打进来，一般应及时接听。电话接通后，一般应及时自报家门，并向对方问候，方便对方确认信息。接听电话的过程中，要注意做好重要信息的记录，确认信息准确无误后，可以配合对方及时结束通话。在接听电话的过程中，始终应注意做到语言礼貌、态度和蔼。

（三）手机礼仪

手机已经成为涉外通信的重要工具。手机的常规礼仪规范在本教材中已有详细介绍（见第七章"职场礼仪"）。这里主要介绍涉外交往中使用手机通信时应当注意的问题。

1. 拨打手机的时间

使用手机进行涉外交流时，要注意选择合理的时间。因公务需要使用手机沟通时，应选择对方工作的时间拨打，尽量不要占用工作以外的时间，以免影响对方的个人活动。如果是私人沟通，可以根据对方的习惯拨打对方的家庭电话或手机，但是一定要注意时差问题。

2. 手机使用的安全性

随着手机的普遍使用，手机的安全性问题越来越突出。在涉外活动中，主要应注意以下两个问题。一是要有信息安全意识，不泄密，通话内容应避免涉及商业秘密和国家安全信息，防止造成信息外露。二是要提高警惕，避免受骗，如果发现是陌生电话，可以通过电话号码等基础信息来辨别是否安全。如果暂时不能辨别，可以先接通，若发现对方信息异常，应立即挂断。

3. 恰当处理手机信息

在涉外活动中，要恰当处理手机信息。当收到对方的信息时，应注意信息内容的合理性。如果收到的信息内容是正确的、合法的，可以给予对方肯定和支持。当需要转发信息时，必须先确定信息内容的准确性和客观性，以免造成误解和不良影响。如果收到的信息内容不合理，应及时删除，必要时还要上报相关部门。

（四）网络礼仪

现代社会，网络已经成为涉外通信的常用方式。目前，网络通信方式主要有微信、QQ、E-mail等。为了保证网络沟通的顺畅，人们需要掌握和践行一定的网络通信方面的礼仪规范，相关的常规礼仪规范本教材前面章节已详细介绍（见第四章"日常交往礼仪"），这里主要介绍涉外网络礼仪应当注意的问题。

1. 注意网络使用的安全性

在涉外活动中，如不注意网络使用的安全性，往往会危及个人安全、单位安全，甚至国家安全。在公务交往中，可以使用双方认可的网络平台进行必要的公务信息交流和确认。切忌不要传递涉及商业和国家机密的信息。在非公务交往中，要注意不要将私人信息或保密性信息随意泄露给他人或网络平台。同时，还要注意发送文件的安全性,发送信息前要对文件进行杀毒,确保传递出去的文件是无毒的,以免将病毒传给对方。

2. 注意使用网络的时间

使用网络进行涉外通信时,要特别注意沟通的时间,一般可以根据双方的时差和与对方沟通的内容来选择,尽量在工作时间处理公务,在非工作时间处理私事。选择恰当的时间,能提升沟通的效果,促进双方的交流。

3. 确认网络信息的准确性

使用网络通信时,一定要确保所传递信息的准确性。一是确认传递信息的网址是否准确。发送信息前一定要确保发送地址准确无误,否则很容易出现误传,甚至引起不必要的麻烦。二是确认网络信息内容的准确性,这将直接影响网络沟通的效果。发送信息前要对文件的内容进行认真核准,确保没问题了再发送。

五、给付小费礼仪

小费也称服务费,兴起在18世纪英国的餐厅里,是客人感谢服务人员为其提供服务的一种形式。

(一) 给付小费的方式

世界上许多国家都有给付小费的习俗。由于世界各地的文化背景和民族习俗的差异,小费的给付方式也有一些不同。比较常见的给付小费的方式有以下几种:一是将小费直接在交付账单上公开列明,常见于宾馆住宿、餐厅就餐时。二是私下将小费直接送到服务员手里。三是将小费放置在宾馆床头、茶盘、酒杯底下,由服务人员自取。四是不收付款时找的零钱,将其当作小费。五是在官方接待中,因不收小费,所以可酌情赠送一些小纪念品(如香烟、小瓶酒等)以示感谢。

(二) 给付小费的金额

给付小费的金额一般有这样几种情况。一是按照消费总额的比例给付,这种给付方式比较常见。不同场合下,给付的小费比例有所区别。就餐时,可给付消费总额的5%~20%的小费给服务人员,也可以再给付消费总额的5%的小费给领班。二是按照定额给付,对于一些特定的服务岗位,他们更喜欢定额给付。例如,在宾馆住宿或请人搬运行李时,可按照当地固定金额给付一些小费。所以,出国时应随身携带小额外币或零钱,用于给付小费。

(三)收取小费的人群

欧美一些国家的服务行业收取小费的风气很盛行。收取小费的人群主要有以下几类：一是酒店的门童、行李员、送餐员、客房服务员；二是餐厅的领位员、侍者、乐手、卫生间保洁员；三是美容美发场所的美容师、发型师、泊车者；四是出租车司机；五是影剧院的衣帽厅侍者、节目单发放者、剧场领位员；六是旅游观光场所的导游员、驾驶员等。需要注意的是，对售货员、自助洗衣店的服务员则不必给付小费；对警察、海关检查员、大使馆职员、政府机关职员等公务人员绝不可给付小费。

第三节 涉外接待礼仪

一、迎送礼仪

在外事接待活动中，东道主应当根据来访外宾的身份、访问性质以及两国关系等因素做好相应的接待安排和迎送工作。

(一)做好准备工作

1. 掌握来宾的基本情况

相关人员要充分掌握来宾的基本情况，尤其是主宾的个人简况，例如，姓名、性别、年龄、籍贯、民族、单位、职务、爱好等，必要时还需要了解其婚姻、家庭、健康状况，以及政治倾向和宗教信仰等。

在了解来宾的具体人数时，不仅要掌握准确的数目，而且应着重了解对方由何人负责、来宾的男女比例等。另外，还要了解来宾在此之前有无正式来访的记录。如果来宾，尤其是主宾曾经来访过，则在接待规格上要注意前后一致，若无特殊原因，一般不宜随意在迎宾时升格或降格。来宾如果报出了自己一方的计划，例如，来访的目的、来访的行程、来访的要求等，东道主一方应在力所能及的范围内，在迎宾活动中兼顾来宾一方的特殊要求，尽可能地对来宾多加照顾。

2. 掌握来宾的抵离时间

相关人员应准确掌握来宾乘坐的飞机、火车或船舶的抵离时间，如有变化应及早通知具体迎送人员。迎接人员应在飞机(火车、船舶)抵达之前到达机场(车站、码头），送行时也应在来宾登机（进站、上船）之前抵达，如果有欢送仪式，送行人员应在仪式开始之前到达。如果来宾没能按时来访，也没有告知原因，东道主一方应主动联系对方询问理由，以便做到心中有数。

3. 确定迎送规格

各国对来宾的迎送规格不尽相同。确定迎送规格的主要依据是来访者的身份、访问的目的等，此外，还应适当考虑两国关系，同时兼顾国际惯例，做到综合平衡。

通常，各国对外国国家元首、政府首脑的正式访问，往往都举行隆重的迎送仪式，对其他人员的访问，一般不举行欢迎仪式。然而，对应邀前来的访问者，无论是官方人士、专业代表团，还是民间团体、知名人士，在他们抵达和离开时，均安排同来宾身份相当的人员前往机场（车站、码头）迎送。如果接待方当事人临时身体不适或不在当地，可采用灵活变通的方式，由职位相当的人士或由副职代替，同时，应该礼貌地向对方表示歉意并做出解释。

4. 安排礼宾序列

礼宾序列就是依照国际惯例对参与国际交往的国家、团体和个人的位次所排列的次序。礼宾序列体现了东道国对各国来宾的礼貌和尊重。我国在涉外活动中的礼宾次序一般有下面几种排列方法。一是按外宾的身份与职务高低顺序排列。在官方活动中，通常采用这种方法安排礼宾次序。若外国来宾组团前来，则应按照成员地位高低来安排其先后次序。二是按参加国国名的字母顺序排列。在国际会议和国际体育比赛中，一般都采用这种方法，具体操作时常按英文字母顺序进行排列。三是依照来宾到访的具体时间排列次序，有时还可以按照各国代表团到达活动地点的时间先后来排列礼宾次序。若各国代表团的身份规格大体相等，通常采用这种方法。

5. 拟订接待计划

相关人员应根据来宾的具体情况，制订详细的接待计划。其内容包括迎送方式、交通工具、食宿安排、工作日程、文娱活动、异地游览、会见会谈、礼品准备、经费开支，以及接待、陪同人员的配备等。与此同时，也应将接待计划通报给对方，并听取其建议、意见或要求。正式的接待计划一经拟订，应尽快报请上级主管部门批准。详细地制订接待计划，可避免工作上出现疏漏，从而更好地完成接待任务。

（二）迎送过程中的礼仪

在涉外迎送来宾工作中，主要应掌握并践行以下几个方面的礼仪规范。

1. 热情迎接

迎接国外来宾时,一般应提前到达机场(车站、码头)。迎接一般客人时,如果客人是首次前来,接待人员应主动上前进行自我介绍;如果迎接大批客人,接待人员可以事先准备鲜明的特定标志,例如,小旗帜或牌子等,让客人从远处就能看到,以便客人主动前来接洽。如果来宾身份、地位比较尊贵,还可安排献花仪式。献花时须用鲜花,并应保持花束整洁、鲜艳,忌用菊花、杜鹃花、石竹花和其他黄色花朵。有的国家习惯送花环,或者送一两枝名贵的兰花、玫瑰花等。

来宾抵达后,一般由礼宾人员或主方迎宾人员中身份最高者,先将主方迎宾人员按一定顺序介绍给来宾,然后再由来宾中身份最高者,将来宾按一定顺序介绍给主方人员。

宾主互相介绍后,可进入机场(车站、港口)的贵宾接待室,主方人员可请来宾稍事休息,也可请来宾直接乘坐事先安排好的交通工具前往住宿处。

2. 妥善安排乘车和住房

如果有条件,迎宾人员应该在来宾到达之前,将来宾抵达后的住房和乘车号码等信息通知给对方。这样既可避免混乱,又可使来宾心中有数和主动配合。

3. 文明引导和陪同

一般情况下,负责引导来宾的人,多为主方的接待人员、礼宾人员,或是主方与来宾对口单位的办公室人员、秘书人员。

在宾主双方并排行进时,引导者应主动在外侧行走,请来宾行走于内侧。三人并行时,通常中间的位次最高,内侧的位次次之,外侧的位次最低。在单行行进时,引导者应行走在前两三步,来宾行走在后,以便由前者为后者带路。在出入房门时,引导者须主动替来宾开门或关门。此刻引导者可先行一步,推开或拉开房门,请来宾进入。如果来宾出门,引导者应先拉开房门请来宾先走,随之再轻掩房门,赶上来宾。出入无人控制的电梯时,引导者应先入后出,以便操作电梯;出入有人控制的电梯时,引导者则应后入先出。出行时,如果宾主不同车,一般引导者坐的车应该在前,来宾坐的车居后;如果宾主同车,引导者应后上车、先下车,来宾先上车、后下车。这些文明引导来宾的举止都是为了表示对对方的尊重。

4. 礼貌送别

涉外交往中,送别来宾大体上要依照迎接时的规格来进行,主方的主要迎宾人员应参加送别活动。送行人员可前往来宾住宿处,陪同来宾一同前往机场(车站、码头),也可直接前往机场(车站、码头)恭候来宾,必要时可在来宾接待室与其稍叙友谊或举行专门的欢送仪式。当来宾进入到候机厅(候车室、候船室)前,送行人员要与来宾握手告别,挥手致意。同时,要选择最合适的言辞(如"希望下次再来"等)告别。

二、会面礼仪

(一)称谓礼仪

在国际交往中,一般对男子称先生,对女子根据不同的情况采用不同的称呼。对已婚女子称夫人,未婚女子统称小姐,不了解婚姻情况的女子可称小姐或女士。这些称呼均可冠以姓名、职称、头衔等,如"布莱克先生""议员先生""玛丽女士""秘书小姐""怀特夫人"等。对于具有显赫地位的人,如国家首脑、大使、总督等,可以用"阁下"的尊称。但是,在美国、墨西哥、德国等一些国家没有称"阁下"的习惯,因此,在这些国家对男子可泛称先生。

对教会中的神职人员,一般可称教会的职称,或用姓名加职称,或用职称加"先生",如"福特神父""牧师先生"等;有时主教以上的神职人员也可称"阁下"。

(二)介绍礼仪

在涉外交往中需要进行介绍时,可由第三方介绍,也可自我介绍。无论是为他人介绍还是自我介绍,都要做到自然、大方。为他人介绍,要先了解双方是否有结识的愿望,不要贸然行事。

介绍时,要有礼貌地以手示意,五指并拢,掌心向上,指向被介绍方。介绍有先后之别,应先将职位低、年纪轻的一方介绍给职位高、年长的一方,先把男子介绍给女士,等等。自我介绍时,要主动讲清自己的国籍、姓名、身份和工作单位等。

(三)握手礼仪

握手是大多数国家的人们见面和离别时互相致意的常用礼节。一般情况下会面握手的时间以 3~5 秒为宜,用力六七分即可。男子与女士握手时,应只轻轻握一下女士的手指部分。握手的一般顺序为:由主人、年长者、身份高者、女士先伸手,客人、年轻者、身份低者见面先问候,待对方伸出手后再握手。握手时应双目注视对方,微笑致意。

(四)名片礼仪

名片作为人们交往中的一种媒介物,虽然很小,却在人们之间起到了传递信息的作用。

在涉外交往中使用名片时,注意不能涂改名片,一般不提供私宅电话,不在名片上提供两个以上的头衔。在向他人索要名片时,不要直白地表达,要委婉地表达自己的意思。接受他人名片时,一定要认真阅读,以表示对他人的尊重。然后,要细心地存放名片,可以放在名片夹、笔记本或上衣口袋里,切忌随意放置。

三、宴会礼仪

按照国际惯例,在接待外宾时,一般会举办专门的宴会。目前,我国一般安排的是欢迎宴会。凡举办宴请外宾的正式宴会,应提前发出请柬,准备菜单,排好座次,并安排好主方出席宴会作陪的人员。在宴会开始前,主方的重要成员应有序排列,专门在宴会厅或休息厅门口迎接来宾;当主方人员陪同主宾一行进入宴会厅时,其他出席宴会的作陪人员应起身鼓掌。当主宾一行在主桌前就座后,宴会即可宣告开始,一般先由主方人员致欢迎词,然后请主宾致答谢词,之后即可开始用餐。

(一)西餐礼仪

1. 上菜顺序

最正宗的西餐复杂、烦琐,人们根据现代的生活节奏,简化了西餐的上菜道数。西餐的第一道菜是头盘,也称开胃菜,常见的有鱼子酱、鹅肝酱、熏鲑鱼等。开胃菜口味清淡,常以微咸、微酸为主,且量少而精。第二道菜是色拉,主要以新鲜蔬菜为主,有的配有少量水果,有的配有少量三文鱼。第三道菜是汤,主要有清汤、奶油汤、蔬菜汤和冷汤四类。喝汤时要配面包,吃西餐的全过程中,面包都会摆放在餐桌上。第四道菜是副菜,包括淡水鱼、海水鱼、贝类及水产类菜肴等。第五道菜是肉禽类菜肴,也称为主菜。肉类菜肴包括牛肉、羊肉、猪肉、兔肉等,其中最有代表性的是牛肉和牛排。禽类菜肴包括鸡肉、鸭肉、鹅肉等。第六道菜是蔬菜类菜肴,安排在肉禽类菜肴之后,也可以与肉禽类菜肴同时上桌。一般用生菜、番茄、黄瓜、芦笋等制作。第七道菜是甜品,主要包括布丁、水果、冰激凌、乳酪等。最后是饮料,包括咖啡、茶等。饮料也可以和甜品同时上桌。

2. 餐具摆放

摆在中央的大盘称为主菜盘或展示盘,人们一般会把餐巾置于主菜盘的上面或左侧。

主菜盘右边一般应依次摆放刀和汤匙,刀刃应对着盘子;主菜盘左边一般摆放叉子,叉齿应向下。在桌子上摆放的刀叉,一般最多不能超过三副(如图10-3所示)。可依照用餐顺序,视需要由外侧至内侧使用。三道菜以上的套餐一般会在摆放的刀叉用完后随上菜再放置新的刀叉。

酒杯一般摆放在右前方,最大的是装水用的高脚杯,次大的是用来装红葡萄酒的酒杯,而稍小一些的酒杯是用来装白葡萄酒的,视情况也可以摆上香槟或雪莉酒用的酒杯。

图 10-3　西餐餐具摆放

注:图中餐具依次为:1.汤匙;2.头盘用刀、色拉用刀;3.鱼刀;4.肉刀;5.主菜盘;6.垫盘;7.餐巾;8.肉叉;9.鱼叉;10.头盘用叉、色拉用叉;11.面包盘;12.黄油刀;13.甜品叉;14.甜品勺;15.水杯;16.红葡萄酒杯;17.白葡萄酒杯

面包盘和奶油刀置于左前方,主菜盘的前方则摆放喝咖啡或吃甜点用的小汤匙和叉子。

3. 刀叉的使用

进食西餐时,应将肩膀与腕放松,两臂贴着身体不要张开,一般用右手拿刀,左手拿叉,左右手互相配合使用。刀是用来切割食物的,拿刀时,刀与餐盘的角度应保持在 15 度左右,手肘不要过高或过低,一般可以将食指伸直按住刀的背部,也可以用拇指与食指紧紧夹住刀柄与刀刃的接合处。切食物时,一般在往前压下时用力,刀子拉回时不可用力。叉主要用来将食物送入口中,千万不能用刀取食物送入口中,拿叉时一般可将食指伸直按住叉子的背部(如图 10-4 所示)。

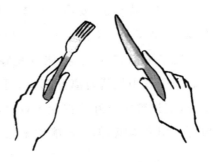

图 10-4　刀叉的使用方法

刀、叉、勺都有大小号之分。人们可以根据不同的需要决定具体用哪个。一般吃肉时使用大号的刀和叉；吃头盘或色拉时，要用中号刀和叉。喝汤时，要用大号勺，而喝咖啡或吃餐后甜点时，则用小号勺或叉。

进食西餐时，若要与人交谈或中途离场，可将刀叉呈"八"字形摆放在餐盘里，意为"尚未吃好"，要继续用餐，这样，服务员就不会把餐盘收走。如果不想再继续用餐，可将刀叉竖直平行摆放在自己面前的餐盘里（这是英国式表达用餐完毕的方式），或者将刀叉与餐盘成45度角摆放在餐盘中（这是法国式表达用餐完毕的方式），那么服务员会在适当的时候把餐盘收走。用餐过程中，在等下一份餐时，也可以将刀叉在餐盘中呈八字形摆放，服务员看到后就会知道你是在等餐。若用餐后对食物或服务非常满意，可以将刀叉平行横放在餐盘中（如图10-5所示）。

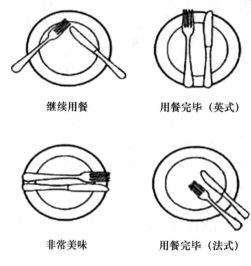

图10-5　刀叉的摆放

4. 餐巾的使用

参加正式宴请，女主人把餐巾铺在腿上是宴会开始的标志；女主人把餐巾放在桌上，是宴会结束的标志。入座后，应将餐巾打开，往内折三分之一，把剩余的三分之二平铺在腿上，盖住双腿膝盖以上的部分。不可把餐巾塞入领口或裙腰处。如用餐中想暂时离开席位，可将餐巾放在椅背上，表示你还要回坐。用餐完毕时，应把餐巾叠好放在盘子右边，表示已用完餐，服务员就不会为你上菜了。餐巾可以用来擦嘴，但是不能用来擦刀叉，也不能用来擦汗。

(二) 鸡尾酒会礼仪

鸡尾酒会通常以酒类、饮料为主招待客人。参加鸡尾酒会主要应遵循以下礼仪规范。

1. 时间要求

鸡尾酒会举办的时间比较灵活,中午、下午、晚上均可。请柬上一般会注明酒会的开始和结束时间,持续时间一般在一个半小时左右。如果是小规模的酒会,主人可以在一两个星期之前以电话形式邀请客人;如果是规模大而隆重的酒会,请柬须在两个星期前或更早一些发出。

2. 着装要求

由于鸡尾酒会属于一种比较自由轻松的场合,因此赴会者在衣着方面不用讲究太多,一般比休闲装正式,比正式的晚装略随意些即可。女士参加鸡尾酒会,服装可以袒露一些,但不宜像晚礼服那样大片裸露,裙长一般在膝盖上下,随流行而定,与之相搭配的鞋子装饰性很强,可选择鲜艳的颜色,也可裸露部分脚面。男士可以穿着深色、暗淡一些的正装或礼服。

3. 其他要求

参加鸡尾酒会,应注意下列行为。一是不要迟到,要应约守时,也不要提前到达。二是要用左手拿饮料、拿餐点,用干净的右手与人握手。三是和别人说话时,要精力集中,不要东张西望。四是不要抢着和贵宾谈话,要给予他人和贵宾谈话的机会。五是不能霸占餐点桌,以致别的客人没有机会接近食物。六是不能把烟灰弹到地毯上或拿杯子当烟灰缸。七是要小声说话,小口啜饮,小量进食。八是赴会时,男士要尊重女士,要主动为女士拉椅子、脱大衣、拿酒等。

 案例分析

> 我国某公司副总经理李明应邀到德国洽谈业务,原定于1月15号下午3:00到达德国。但由于天气原因,李明的航班推迟到1月16号才能起飞。当李明到达目的地的时候已经是16号下午,他急匆匆地赶到德国公司直接去拜见德方董事长卢卡斯先生。但是董事长的秘书告诉他,由于他错过了会面时间,董事长不知道什么原因,也不知道他什么时候能到来,所以16号已经安排其他工作了。于是,李明只好与对方约定第二天洽谈。第二天李明如约而至,并没有看见接待人员,只好自己来到董事长办公室。李明见到董事长后就说:"董事长阁下,很抱歉,因飞机误点我来晚了。"同时,他掏出自己的名片很随意

地递给董事长。董事长面无表情地说:"欢迎你的到来。由于不知道你来的准确时间,我们负责此项业务的人到外地洽谈业务去了。"最后李明只好失望地离开了。

请结合案例分析双方在涉外活动中的失礼行为,并指出正确的做法。

本章小结

1. 涉外礼仪是指人们在涉外交往与工作中,用以维护自身和国家形象,向交往对象表示尊重与友好的各种礼仪规范。

2. 涉外礼仪具有民族性与国际性的统一、原则性与灵活性的统一、谦虚与自信的统一三个特点。

3. 践行涉外礼仪主要应遵循八大原则:维护形象、诚信守约、求同存异、尊重隐私、入乡随俗、热情适度、尊重女士和不要过谦。

4. 涉外日常礼仪是涉外礼仪的主要内容,是人们在涉外的日常工作和生活中应当自觉遵守的,体现律己敬人和真诚友好的行为规范。涉外日常礼仪主要包括着装礼仪、拜访礼仪、国旗礼仪、通信礼仪和给付小费礼仪等。

5. 掌握和践行涉外拜访礼仪,有利于双方开展融洽的交流,建立密切的友好关系。拜访前应做的准备工作包括确定拜访日程、准备必要的物品、做好安全保密工作和了解当地的风土人情。拜访中的礼仪包括事先有约、守时践约、及时通报、礼貌拜访、举止有方和控制时间。

6. 国旗是一个国家的标志和象征,代表着国家的形象和尊严。国旗能够唤起国民的爱国热情、对国家的责任和荣誉感。人们往往通过悬挂国旗来表示对本国的热爱和对他国的尊重。

7. 在现代涉外交往中,通信方式越来越多样化,主要包括书信、电话、手机和网络等方式。无论采用哪种通信方式,都应遵循相关的礼仪规范。

8. 现在,世界上许多国家都有给付小费的习俗。给付小费时主要应注意给付小费的方式、给付小费的金额、收取小费的人群三个方面问题。

9. 涉外接待礼仪是涉外礼仪的重要内容。涉外接待礼仪主要包括迎送礼仪、会面礼仪、宴会礼仪等。

10. 在外事接待活动中,东道主应当根据来访外宾的身份、访问性质以及两国关系等因素做好相应的接待安排和迎送工作。

11. 涉外会面礼仪主要包括称谓礼仪、介绍礼仪、握手礼仪和名片礼仪四个方面。

12. 涉外宴会礼仪主要包括西餐礼仪和鸡尾酒会礼仪。用西餐时主要应了解并践行上菜顺序、餐具摆放、刀叉的使用和餐巾的使用四个方面的礼仪知识和规范。参加鸡尾酒会时主要应注意时间、着装、场地和其他礼仪要求。

复习思考题

1. 简述涉外礼仪的含义及特点。
2. 践行涉外礼仪应遵循哪些原则?
3. 在涉外交往中,着装应遵循哪些礼仪规范?
4. 在涉外拜访中应遵循哪些礼仪规范?
5. 简述悬挂国旗及演奏国歌的礼仪规范。
6. 涉外书信要遵循的"7C"原则是什么?
7. 涉外电话礼仪应注意哪些问题?
8. 简述给付小费礼仪的内容。
9. 开展涉外迎送工作时,应遵循哪些礼仪规范?
10. 涉外交往中,会面礼仪的主要内容有哪些?
11. 简述西餐餐具的使用规则。
12. 参加鸡尾酒会应注意哪些问题?

参 考 文 献

1. 陈明慧.一本书学会交往礼仪[M].北京:光明日报出版社,2011.
2. 金正昆.涉外礼仪教程[M].5版.北京:中国人民大学出版社,2018.
3. 靳斓.风度何来——最受欢迎的商务礼仪与交往礼仪艺术(男士读本)[M].北京:中国经济出版社.2011.
4. 梁洁,王岚.现代社交礼仪[M].北京:科学出版社,2012.
5. 闻君,金波.现代礼仪实用全书[M].北京:时事出版社,2013.
6. 余兵,杨芳.现代商务礼仪[M].天津:天津大学出版社.2011.
7. 张彤.社交礼仪与交往艺术[M].北京:北京理工大学出版社.2012.
8. 周思敏.你的礼仪价值百万[M].北京:中国纺织出版社,2009.